Kerstin Krause

Bärbel Mohr

Neue Dimensionen der Heilung

Ullstein

Besuchen Sie uns im Internet:
www.ullstein-taschenbuch.de

Ullstein Esoterik
Herausgegeben von Michael Görden

Umwelthinweis:
Dieses Buch wurde auf chlor- und
säurefreiem Papier gedruckt.

Ungekürzte Ausgabe im Ullstein Taschenbuch
2. Auflage 2007

Umschlaggestaltung: FranklDesign, München
Titelabbildung: Shivananda Ackermann, www.artshivananda.com
Gesetzt aus der Sabon
Satz: Pinkuin Satz und Datentechnik, Berlin
Druck und Bindearbeiten: GGP Media GmbH, Pößneck
Printed in Germany
ISBN 978-3-548-74353-0

Allegria

Die Autorin

Bärbel Mohr ist Bestseller-Autorin (über eine Million verkaufte Bücher seit 2005). Ihr bekanntestes Buch ist »Bestellungen beim Universum«. Sie hält auch Vorträge und gibt Seminare. Als Mutter von Zwillingen sieht sie jedoch ihre Hauptaufgabe in der Familie und im Schreiben.

Von der Autorin sind in unserem Hause erschienen:

Das Universum, das Wünschen und die Liebe
Neue Dimensionen der Heilung

»Wenn jemand Heilung sucht, frage zuerst, ob er bereit ist, künftig die Ursachen der Krankheiten zu vermeiden. Erst dann darfst du ihm helfen!«

Sokrates

Inhalt

Teil I:
Spirituelle und energetische Heilweisen

Teil II: Hier wird es Stück für Stück ein wenig physischer ☺

Einleitung

Einer der Gründe für das Entstehen dieses Buches war ein persönlicher Absturz – und zwar ein gesundheitlicher! Und das, nachdem ich mich bereits jenseits solcher Probleme wähnte. Aber fangen wir lieber etwas weiter vorne an:

Früher, in »meiner Jugend«, plagten mich allerlei Zipperlein von Allergien über Rückenschmerzen, bis hin zu Magenproblemen, Schilddrüsenproblemen, Krämpfen, Haut- und zig anderen Dies-und-das-Problemen.

Dann begann ich mich mit mir selbst zu beschäftigen, mit Entspannung, mit Arbeit am eigenen Inneren, mit Ernährung, regelmäßiger, aber gemäßigter Bewegung und siehe da: Alle Probleme verschwanden. Wow! Klar, dass ich begeistert war. Leider übersah ich eine klitzekleine Kleinigkeit.

Es ist wie mit dem Verliebtsein: Am Anfang einer Partnerschaft ist man von alleine verliebt, aber je länger sie anhält, desto mehr muss man sich aktiv darum bemühen, die Partnerschaft gesund und heil zu erhalten.

Mit dem körperlich Gesund- und Entspanntsein ist es genau dasselbe: Einmal geheilt heißt nicht, für immer geheilt. Man muss immer am Ball bleiben, um sich den Zustand zu erhalten. Diese Kleinigkeit hatte ich übersehen. Mir ging es so gut wie nie zuvor und schon stürzte ich mich begeistert in den nächsten Raubbau am eigenen Körper. Das ist mir bereits mehrmals passiert und ganz aktuell waren es diesmal: Neugeborene Zwillinge haben, Hausarbeiten machen, Arbeiten, Schreiben, Termine wahrnehmen, Vorträge und Seminare halten, Recherchieren, Planen – alles auf einmal.

Wie das alles in einen Tag passt? Na gar nicht, natürlich. Man muss die Nacht mit dazunehmen. Kann man denn da den Rest der Nacht immer so gut schlafen bei zwei Säuglingen? Nein, natürlich nicht. Deshalb ging es ja auch nicht gut. Irgendwann wog ich nur noch 47 Kilo (bei 170 cm Körpergröße), die Schilddrüse schlug wieder zu, die Gedärme begannen sich zu verkrampfen und zum ersten Mal seit Jahren bekam ich wieder Heuschnupfen – alles auf einmal. Eine deutliche Sprache des Körpers.

Ich war auch zunehmend in angespannter Stimmung und regte mich über Dinge auf, die mich schon seit Jahren nicht mehr aus der Ruhe gebracht hatten. Geist, Körper und Seele bilden eben eine Einheit. Wenn man den einen Teil vernachlässigt, leiden auch die anderen an Mangelerscheinungen und machen sich bemerkbar.

Meine erste Sofortmaßnahme bestand darin, den Stress zu reduzieren. Ich war an diesem Punkt auch schon öfter im Leben, jetzt war es eben wieder einmal so weit. Ein typisches Beispiel für Stress wäre die folgende Situation: Ich sitze im Büro, betrachte den Berg der zu erledigenden Arbeiten, sehe auf die Uhr und stelle fest, der Babysitter ist nur noch kurz da – und dann versuche ich immer schneller zu arbeiten und spanne mich dabei total an. Es funktioniert auch nicht zu denken: Ich möchte jetzt in Ruhe weitermachen, denn wenn ich einmal in Eile bin, komme ich aus diesem Muster nicht mehr so leicht heraus. Inzwischen bin ich zu folgender

Maßnahme übergegangen: Sobald das Stressgefühl mit Magendrücken auftaucht, gehe ich – ins Bett.

Jawohl, ins Bett! Mein Unterbewusstsein wundert sich auch immer. Dieser gewisse Teil, der sich ständig beeilen will, ruft dann völlig entsetzt: »Heh, bist du jetzt ganz verrückt geworden? Es eilt und lauter dringende Dinge sind zu tun. Denk doch nur an die Umsatzsteuer und die Seminarvorbereitung, die Rechnung vom Soundso und den Artikel mit Abgabedatum. Du KANNST jetzt nicht ins Bett gehen!«

Ich gehe aber doch, weil ich wieder gesund und entspannt sein will, und das sage ich dann auch dem Teil, der es so eilig hat: »Mach, was du willst, ich bleibe jetzt so lange im Bett oder beim Meditieren, bis das Gesamtsystem wieder ruhig und entspannt ist. Wenn dann noch Zeit übrig sein sollte, können wir ja weiterarbeiten, ansonsten geht es frühestens morgen weiter.«

Der Stressteil gibt zunächst scheinbar klein bei, wagt aber doch einen letzten Versuch: Er versucht sich beim Entspannen zu beeilen – lach! Das funktioniert natürlich auch nicht. Oder ist es dir schon einmal gelungen, schnell zu meditieren oder zu entspannen? Es ist ein Widerspruch in sich.

Da ich andererseits befürchte, dass ich zu gar nichts mehr komme, wenn ich jedes Mal, wenn ich gestresst bin, entspanne – denn schließlich gibt es immer einen Grund, nicht ganz entspannt zu sein –, habe ich eine Zusatzabmachung mit mir selbst getroffen. Nämlich die, mindestens zwei Stunden pro Tag im Büro zu arbeiten, egal, wie viel oder wenig ich in den zwei Stunden erledigen kann, und egal, was ich sonst für Termine habe. Die zwei Stunden werden absolviert. Damit werden die Dinge erledigt, wenn auch ganz langsam, selbst wenn ich für ein paar Wochen nicht mehr Zeit für das

Büro habe, weil die Kinder gerade viel Aufmerksamkeit brauchen oder etwas anderes Vorrang hat.

Mit der Methode habe ich schon mehrmals im Leben wieder zum Gleichgewicht zurückgefunden. Da ich aber häufig erst relativ spät mit dem Gegensteuern anfange, ergreife ich in der Regel auch Maßnahmen zur Unterstützung auf der Körperebene. Dabei habe ich mich immer wieder auf dem Alternativmarkt für Heilung umgesehen und kenne mich nun schon ein wenig aus in dem, was es alles so gibt.

Ich werde häufig von Lesern angesprochen, die Gesundheitsprobleme haben. Viele von ihnen wissen fast nichts über alternative Heilmethoden, sie kennen höchstens ein paar Heilkräuter aus Großmutters Apotheke (und die werden dann nur halbherzig angewendet). Also habe ich mich entschlossen, meine besten Erfahrungen hier mit allen Interessierten zu teilen.

Es gibt natürlich noch Tausende guter Heilmethoden, die ich in diesem Buch nicht beschrieben habe, und es gibt keinen Grund, warum ich die vorliegenden ausgewählt habe, außer dem, dass ich sie persönlich angewendet und für gut befunden habe. Ich hoffe, dass sie dem einen oder anderen einen hilfreichen Leitfaden für einen Einstieg in eigenverantwortliche Gesunderhaltung bieten, und dass ihr auf der Basis erster eigener Erfahrungen erkennt, wie kraftvoll die Naturmedizin sein kann, und selbst den richtigen Weg für euch findet.

Denn wer öfter mal aus der reinen Schulmedizin aussteigen und zu alternativen Heilmethoden greifen möchte, sollte sich meines Erachtens selbst Gedanken darüber machen, wie unser Körper funktioniert und wie Krankheit überhaupt entsteht. Was sind die wichtigsten

Säulen zum Erhalt der Gesundheit, und was stellt die größte Gesundheitsgefahr dar?

Darüber kann man verschiedener Meinung sein, so wie auch die hier vorgestellten Methoden teilweise von unterschiedlichen Konzepten und Grundlagen ausgehen. Wichtig ist, dass man sich einen eigenen Eindruck verschafft und sich und seinen Körper selbst kennenlernt. Je älter man wird, desto mehr sollte man sein eigener bester Arzt sein. Denn wer kennt unseren Körper mit all seinen Reaktionen, Schwächen und Stärken besser als wir selbst?

Wir können von keinem Arzt, den wir für dreißig Minuten besuchen, erwarten, dass er in diesen paar Minuten einen ganzheitlichen Überblick über unseren Gesundheitszustand und die Hauptstörfaktoren bekommt.

Wer meint, die modernen Hightech-Diagnose-Verfahren würden Fehler in der schulmedizinischen Diagnose weitestgehend ausschließen und man könne doch auf eigenen Einsatz und Eigenverantwortung verzichten, der irrt. »Das wissen doch die Ärzte viel besser als ich, was redet diese Mohr. So ein Sono, Szinti oder CT, die sehen doch alles«, denkt vielleicht der eine oder andere.

Aber Zeitschriften wie die deutsche »Medical Tribune« berichten immer wieder, dass selbst an den Uni-Kliniken trotz dieser Geräte die Fehldiagnosen nicht die Ausnahme bilden, sondern überwiegen! Oha! Lungenembolien sollen beispielsweise bis zu sechzig Prozent übersehen werden. Die Trefferquote sei trotz Hightech allgemein so schlecht wie vor dreißig Jahren. Hoppala – vielleicht ist es doch ganz nützlich, wenn man das eigene Körpergefühl entwickelt und selbst in sich hineinspürt, was los ist, und dann auch bei der Wahl der Therapieform selbst mitentscheidet.

Wobei immer mehr Ärzte und Heilpraktiker zu dem Ergebnis kommen, dass derjenige, der seinen Organismus immer den Naturgesetzen unterstellt, gar nicht krank werden kann! Das klingt gut, oder? Wenn nur diese blöden Naturgesetze nicht wären, obwohl ihre Einhaltung durchaus möglich ist. Wie, das werden wir natürlich auch noch genau untersuchen.

Dieses Buch soll dem Einsteiger auf dem Markt der natürlichen Heilweisen Wahlmöglichkeiten an die Hand geben, indem es ihm zeigt, dass der Grad der Gesundheit sehr häufig weniger Schicksal ist als eine Sache der Entscheidung. Nur – wer sich überhaupt nicht auskennt, weiß gar nicht, dass er diese Wahl hat. Diesem Defizit an Information möchte ich entgegenwirken.

Die Homöopathie stelle ich beispielsweise nicht vor, denn ich gehe davon aus, dass sie nun wirklich jeder kennt. Auch Großmutters Hausapotheke mit Kräutern und Tees kommt nicht in diesem Buch vor, weil das Wissen darüber leicht zu bekommen und ebenfalls weit verbreitet ist (wer sich den Magen leicht verdorben hat, probiert als Erstes Heilerde aus der Apotheke; jeder hat schon das eine oder andere ausprobiert).

Ich stelle die Methoden vor, mit denen ich persönlich gute Erfahrungen gesammelt habe und denen ich gute Chancen einräume, in Zukunft noch bekannter zu werden, weil sie ihre Wirksamkeit vielfach unter Beweis gestellt haben.

Gute Gesundheit und ein glückliches Leben
wünscht

Bärbel Mohr

PS: Noch eine Skurrilität: Die Zeitschrift »bild der wissenschaft« berichtete in ihrer Ausgabe 4/2002, dass es sich positiv auf den Heilungserfolg der Patienten auswirke, wenn ein Arzt eine gute, positive Porträtaufnahme von sich im Sprechzimmer hängen habe. Auch das zeigt, dass der Patient letztlich mit seiner eigenen Erwartungshaltung sehr viel zu seiner Heilung oder Nicht-Heilung beiträgt. Wenn er nämlich den Arzt als kraftvoll und positiv wahrnimmt (z. B. durch solch eine Porträtaufnahme), ist er innerlich mehr auf Heilung eingestellt. Es ist schier unglaublich, wie einfach der menschliche Geist manchmal funktioniert.*

Ein paar Daten zur Weltgesundheit

In den siebziger Jahren startete die Weltgesundheitsorganisation eine Umfrage in den USA, weil sie wissen wollte, wie gesund die Bürger sind, insbesondere wie viele zumindest »relativ gesund« sind (das heißt auch ohne jegliches Zipperlein, also keine krumme Wirbelsäule, keine Verdauungs- oder Schlafbeschwerden, heile Zähne und auch keine Müdigkeitsanfälle tagsüber). Diese Erhebung dauerte aufgrund ihres Umfangs sieben Jahre lang, und nur sage und schreibe 1,5 Prozent der Bevölkerung wurden anhand des Fragenkatalogs als »relativ gesund« eingestuft.

Aufgrund des schockierenden Ergebnisses wurde die Studie in den achtziger Jahren auf weitere zweihundert Länder ausgedehnt. Man wollte wissen, ob es um die Weltgesundheit besser bestellt sei. Diesmal jedoch lag der Anteil der »relativ Gesunden« bei noch unfasslicheren 0,7 Prozent.

Wobei Statistiken genau betrachtet grundsätzlich nur einen relativen Wert haben. Sieht man im Datenreport des Statistischen Bundesamtes nach, bezeichnen sich nur zirka 11 Prozent der Bundesbürger als »richtig krank«. Wenn man das mit der Zahl oben vergleicht, dann bezeichnen viele also einen Zustand mit beispielsweise kleinen Allergien, Kurzsichtigkeit, leicht verbogener Wirbelsäule, Haltungsfehlern, kaputten Zähnen, häufiger Verstopfung, Einschlafbeschwerden oder Müdigkeitsanfällen mitten am Tag immer noch nicht als krank.

Für krank halten sich also nur 11 Prozent. Es machen sich aber, laut demselben Datenreport von 1999, etwa 21 Prozent große Sorgen um ihre Gesundheit. Sie sind in großer Sorge um ihre Gesundheit, aber wenn sie gefragt werden, ob sie krank sind, sagt die Hälfte der Sorgenvollen offenbar doch »nein«. Das ist völlig unlogisch und typisch für Statistiken.

Vielleicht fragen wir lieber uns selbst, was es ist, das uns von einem Zustand optimaler Funktionsfähigkeit und Gesundheit trennt. Wie viele Zipperleins und Krankheiten haben wir selber und seit wie lange geben wir uns womöglich einfach zufrieden mit diesem Zustand?

- Bis vor wenigen Jahren war die häufigste Todesursache bei Kindern der Unfall. Seit kurzem ist die häufigste Todesursache bei Kindern Krebs!
- Bei einigen Naturvölkern sind die Zähne noch zu 99 Prozent gesund. Bei uns haben bereits 80 bis 90 Prozent der Schulkinder Karies!

Manche Naturheilärzte vertreten die fast schon provokant wirkende These, dass Gesundheit ein natürlicher Zustand sei und wir nur deshalb so selten gesund sind, weil wir zu wenig natürlich leben.

1912 erhielt Alexis Carell den Nobelpreis für Medizin dafür, dass er herausfand, dass ein Hühnerherz unsterblich ist, wenn man es im Labor mit einer optimalen Nährflüssigkeit versorgt und täglich zweimal alle Stoffwechselabfälle aus den Zellen abtransportiert. Es bleibt dann unbegrenzt jugendlich frisch wie bei einem jungen Huhn.

Normalerweise leben freilaufende Hühner fünf bis sieben Jahre lang. Carells Hühnerherz verstarb nach 29 Jahren, als ein Mitarbeiter vergaß, über Nacht die künstliche Niere zum Abtransport der Stoffwechselabfälle einzuschalten.

Glaubst du, du könntest länger und gesünder leben, wenn du deine Zellen optimal versorgen und von Stoffwechselabfällen befreien würdest?

Dieses Buch stellt einige sehr kraftvolle naturheilkundliche Alternativen zur Schulmedizin vor und es soll einen Beitrag dazu leisten, die Zahl von 0,7 Prozent an »relativ Gesunden« langfristig gesehen deutlich nach oben zu korrigieren ☺.

Außerdem soll es beim eigenverantwortlichen Mitentscheiden und -auswählen helfen und eine möglichst große Vielfalt aus verschiedenen Bereichen bieten.

Ich fange mit den Heilmethoden an, die mit geistigen Kräften arbeiten, weil sie mir diejenigen mit den größten Zukunftschancen zu sein scheinen.

Im zweiten Teil wird es dann immer »physischer«. Um die für den Einzelnen passende Therapiemethode zu finden, ist es wichtig zu wissen, dass der Körper bei zunehmendem Bewusstsein irgendwann auf die physischen Mittel immer weniger anspricht und dafür immer mehr auf die Energie. Im Zustand des »schlafenden Bewusstseins« – damit meine ich eines, das von seinen geistigen und immateriellen Kräften noch keinerlei Ahnung hat und auch noch kaum eine Wahrnehmung für Energien hat – dagegen reagiert der Mensch oft nur auf stoffliche, physische Realitäten. Ich biete daher beides an – aber beides in naturheilkundlicher Form.

Teil I – Spirituelle und energetische Heilweisen

»Geheime Mechanismen« der Gesundung und Gesunderhaltung

Fast jeder kennt sie, die Geschichten von Leuten, die unmöglich und gegen alle Regeln der gesunden Lebensführung leben und trotzdem fit sind. Haben sie unverwüstliche Gesundheit in den Genen programmiert oder gibt es womöglich »geheime Mechanismen«, die die meisten von uns entweder noch nicht kennen oder die sie, selbst wenn sie eine Ahnung davon haben, nicht umfassend nutzen?

Ein Mönch aus Japan, den mein Verleger Konrad Halbig im Frühjahr 2002 in Japan kennenlernte, hat das Patentrezept für Gesundheit für sich gefunden: Als er schwer krank war und von den Ärzten für unheilbar erklärt wurde, beschloss er, ab sofort nur noch das zu essen, worauf er wirklich Lust hatte. Und in seinem Fall war das nur Tofu, Bier, zwei bis drei Liter Wasser am Tag und sonst gar nichts.

Normalerweise würde man denken, dass er mit einer derart einseitigen und reduzierten Ernährung den nahen Tod noch beschleunigen würde – aber diese Theorie hat einen Haken: Bewusster Mönch überlebte jahrzehntelang und ist heute (im Jahr 2002) 89 Jahre alt. Da er findet, dass er allmählich lange genug gelebt hat und weil er gerne »gehen« möchte, hat er angefangen, wieder Fisch dazuzuessen. Quasi als eine Art Selbstmord auf Raten. Bisher ist er aber noch »fit wie ein Turnschuh« und jeder Besucher seines Klosters wird eingedeckt mit haufenweise »gesundem Bier mit Tofu«.

Oha – macht womöglich die Einstellung zum Essen am meisten aus? Dann vergessen wir doch am besten alle Regeln zur Ernährung, die wir je gehört haben, sofort wieder. »Frau Mohr, wozu das ganze Buch, wenn das einzig wahre Geheimnis die richtige innere Einstellung ist?«

Na ja, das IST zwar das Geheimnis, aber wie weit sind wir dabei denn ganz konkret schon? Du und ich, meine ich. Wenn wir die Sache im Griff haben, dann muss sie sich in vollkommener Gesundheit bei optimaler Leistungsstärke und geringem Schlafbedürfnis manifestiert haben. ICH habe diesen Bereich meines Lebens so weit leider noch nicht im Griff. Für mich gilt noch, die geeignete Mischung aus innerer Einstellung und Ernährung, Bewegung und Entspannung einzuhalten, die meinem Körper am besten bekommt. Ansonsten zeigen mir die körperlichen Symptome, dass ich mit diesem Mönch nicht mithalten kann. Nach dem Genuss einer Pizza überfällt mich bleierne Müdigkeit und das zeigt, dass ich meinen Verdauungstrakt rein mit geistigen Kräften keineswegs im Griff habe.

Ein angesehener Wissenschaftler und Bekannter von mir formuliert das Phänomen so: »Die Menschheit hat jahrtausendelang ihre geistigen Kräfte brachliegen lassen und wie jedes Organ, das man nicht nutzt, sind auch diese Kräfte dabei verkümmert. Zurzeit erleben wieder immer mehr Menschen an sich selbst, dass es diese Kräfte gibt. Aber um sie wieder regelmäßig gezielt gebrauchen zu können, müssen wir trainieren, genauso, wie ein Mensch, der zwei Jahre wegen eines Sportunfalls im Rollstuhl gesessen hat, danach das Laufen wieder völlig neu erlernen muss. Wir sind derzeit noch alle geistige Rollstuhlfahrer …«.

Klingt gut. Aber wieso eigentlich »wieder gebrauchen«? Wann hat die Menschheit sie denn je gebraucht? Das kann man nicht wissen, nur vermuten. Der Mayakalender beispielsweise interpretiert die Gestirne so, dass wir uns als Menschheit 26 000 Jahre lang in einem Bewusstseinsschlaf befunden haben und uns im Moment im Übergang zu einem neuen 26 000 Jahre Zyklus befinden, in dem das Bewusstsein wieder erwachen wird. Wenn dieser Prozess stattgefunden hat, sind alle wieder in der Lage, auf unterschiedlichste Weise ihre geistigen Kräfte zu benutzen. Und nach diesem Kalender braucht man eigentlich gar nichts dafür zu tun, der Prozess findet statt, so sicher wie nach jedem Winter ein Frühling folgt. Niemand kann den Frühling verhindern und niemand kann – langfristig – das Erwachen verhindern.

Also doch nicht trainieren? Ich weiß nicht. Wenn diese Theorie stimmt, dann sind 26 000 Jahre schon eine lange Zeit. Wer weiß, vielleicht ist ohne Training erst die übernächste Generation wieder vollständig in der Lage, diese Kräfte zu nutzen. Ich nutze aber eigentlich ganz gerne auch in dieser Generation schon so viel wie möglich davon.* Ich ziehe es daher vor, den Prozess durch Bewusstmachung zu beschleunigen.

Wohin wir als Einzelne und als Gesamtmenschheit gelangen können, wenn dieses Erwachen vollständig stattgefunden hat, und wie stark diese noch bis vor kurzem geheimen Mechanismen wirklich sein können, davon berichtet das nächste Kapitel.

Können wir unsere Gene selbst reparieren?

Seit 2001 ist der genetische Code des Menschen sogenannt entschlüsselt und katalogisiert. Das Ergebnis ist allerdings nicht ganz so ausgefallen, wie mancherorts vermutet. Immer mehr Ärzte und Forscher veröffentlichen derzeit das erstaunliche neue Wissen. Bruce Lipton und Joachim Bauer sind zwei davon.

So schreibt der Arzt und molekularbiologische Forscher Prof. Dr. Joachim Bauer in seinem Buch »Das Gedächtnis des Körpers – wie Beziehungen und Lebensstile unsere Gene steuern«, dass ein Ergebnis der Entschlüsselung ist, dass jeder Mensch 35 000 Gene besitzt und dass der reine Text der Gene bei allen Menschen zu 99,9 Prozent identisch ist!

Diese Aussage ist mehr als erstaunlich, denn sie bedeutet automatisch, dass es nur sehr wenige Erbkrankheiten geben kann. Wenn die Gene alle identisch sind, dann liegt es an ihnen schon mal nicht. Dr. Bauer beschreibt, woran es wirklich liegt. Und zwar ist nach seiner Beschreibung jedem Gen eine Art »Schaltergen« vorgeschaltet (den Namen habe ich jetzt erfunden – wissenschaftlich Interessierte mögen das auch für Laien sehr gut verständliche Buch lesen). Dieses Schaltergen, oder manchmal auch eine ganze Reihe von Schaltergenen, reguliert die Tätigkeit des Gens. Es kann die Tätigkeit an- oder ausschalten oder dosieren. Und wer entscheidet, was das Schaltergen tut? Das ist das Phantastische: Laut Bauer werden Schaltergene durch Anlagerungen gesteuert und die Anlagerungen können entstehen durch Stoffe aus der Umwelt, durch die Nahrung oder aber am allermeisten durch das, was wir erleben, denken und fühlen. Alles Erlebte führt zu sofortigen neurobiologischen Reaktionen im Gehirn und diese wiederum beeinflussen direkt die Schaltergene. Bereits innerhalb weniger Minuten nach einem starken Stresserlebnis kann der Körper laut Bauer eine andere Genaktivität in Gang setzen.

Je mehr Stress, egal, ob innerlich oder äußerlich, wir ausgesetzt sind, desto mehr Krankheit entsteht im Körper, weil die entsprechenden Gene dementsprechend aktiviert werden. Es ist, als wollte der Körper uns etwas damit sagen (ein Wunder, und so etwas aus schulmedizinischen Kreisen).

Joachim Bauer schreibt: »Oft bleibt das tatsächliche Vorliegen einer Alarmsituation (zwischenmenschlicher Stress zum Beispiel) lange Zeit sogar dem betroffenen Menschen selbst verborgen, bis der Körper, der die Gefahr unbewusst offenbar bereits begriffen hat, intensive Alarmzeichen aussendet. Der menschliche Körper hat die Fähigkeit, unbewusste Wahrnehmungen aufzunehmen und ohne unser Wissen seelische und biologische Reaktionen in Gang zu setzen.«

Wobei es laut Dr. Bauer nie auf die objektive Situation ankommt, sondern darauf, wie derjenige sie bewertet. Hiermit hält die Einstellung zum Leben als Gesundheitsfaktor endlich einen entscheidenden, nachweisbaren Einzug in die Medizin. Dr. Bauer stützt seine Aussagen auf 20 Jahre Spitzenforschung in der Neurobiologie und auf viele Studien und Experimente, die er zum Teil im Buch auch beschreibt. Umgekehrt zum negativen Stress können, wenn wir uns besonders wohl fühlen, sogar Nervenzellen nachwachsen, was bisher als unmöglich galt. Natürlich gibt es auch fixe Einstellungen bei Schaltergenen, sonst gäbe es keine Familienähnlichkeiten. Teilweise sind also auch die Einstellungen der Schaltergene vererbbar, aber eben zu einem weit geringeren Teil als bisher vermutet. Vor allem die Kreislauf-, Blutzucker-, Hormon- und Stressregulation und beinahe alles, was das Immunsystem betrifft, hängen NICHT von den Genen oder von fixen Einstellungen der Schaltergene ab, sondern sie sind flexibel regulierbar. Und die Regulation hängt, wie gesagt, von unserer Umwelt, Ernährung und unserem seelischen Befinden ab. Mit diesen Erkenntnissen macht eine Medizin ohne Beachtung der Seele nie wieder Sinn!

Diese neuen Erkenntnisse erklären auch ein seit Jahren bekanntes Phänomen, das man vor allem in den Kreisen von Sehtrainern (sie trainieren die Augen, damit man ohne Brille auskommt) immer wieder zu hören bekam, bis ein weiterer Irrtum sich aufdeckte. Aber dazu gleich mehr: Menschen mit dem Krankheitsbild der sogenannten multiplen Persönlichkeit können ganz unterschiedliche Sehfähigkeiten in den unterschiedlichen Persönlichkeiten haben. Es treten tatsächlich messbare Veränderungen in der Sehfähigkeit und im Augendruck auf. Da man die Patienten in Hypnose ganz schnell von einer Persönlichkeit in die andere wechseln lassen kann, kann man feststellen, dass ein solcher Patient in einer Persönlichkeit stark kurzsichtig sein kann und wenige Minuten später, in einer anderen Persönlichkeit, so scharf wie ein Adler sehen kann.

Es kommt aber noch drastischer: Es ist nämlich auch möglich, dass ein solcher Patient in der einen Persönlichkeit starken Diabetes hat und insulinabhängig ist, und in der nächsten Persönlichkeit hat er nicht den allerkleinsten Diabetes.

Dieses Phänomen deutet damit eigentlich seit Jahren an, dass es sich bei vielen Krankheiten um keine genetischen Defekte handelt, sondern eher um ein »Softwareproblem« im Gehirn! UND: Diese Software kann innerhalb weniger Minuten umgestellt werden. Joachim Bauer erklärt in seinem Buch das Wirken genau dieser Kräfte.

Der weiter oben angedeutete Irrtum ist der, dass man inzwischen die Diagnose »multiple Persönlichkeit« für einen grundsätzlichen Irrtum hält und die Patienten nun von den Auswirkungen ihrer ehemaligen Therapien therapiert werden müssen. Heute geht man davon aus, dass es immer nur eine Persönlichkeit ist und diese in borderlineähnlichen Zuständen hin- und herwandert. So oder so bleibt eins: Ändert sich das Bewusstsein, ändert sich auch unser Gesundheitszustand.

Das Nächste, was sich zu lesen lohnt, wenn man verstehen möchte, wie die eigene Psyche funktioniert und wie auch Intuition zumindest teilweise funktioniert, sind die neuen Bücher zum Thema Spiegelneurone. Joachim Bauer hat auch hierzu ein spannendes Buch geschrieben: »Warum ich fühle, was du fühlst«.

Auch bei dem Gehirnforscher Manfred Spitzer kann man vieles dazu nachlesen.

Manfred Spitzer verdanken wir sicherlich mit, wenn unser Schulsystem so ganz allmählich doch mehr und mehr reformiert wird oder sich zunehmend Privatschulen bilden, denn er hält aufklärende Vorträge u.a. auch in Schulen. Seine Hauptbotschaft: Wenn wir verhindern wollen, dass Kinder etwas lernen, müssen wir sie unter Druck setzen! Denn unter Leistungsdruck, Stress und Ablehnung oder sozialer Ausgrenzung geht das Gehirn in den »Notfallmodus« und jede Lernfähigkeit wird blockiert. Wohingegen in einem Umfeld von Akzeptiertsein und entspannter Stimmung Lernen die Lieblingsbeschäftigung des Gehirns ist. Mehr dazu unter www.archiv-der-zukunft.de

Ein weiterer, wie ich finde, sehr bemerkenswerter Autor auf dem Gebiet der neuen Zellforschung ist Bruce Lipton. Er formuliert noch klarer, dass der Geist über den Genen steht. Auf seiner Website www.brucelipton.com finden sich auch einige deutsche Texte, und sein Buch »The biology of belief«, das wochenlang ganz vorn in den Bestsellerlisten der USA lag, ist im Herbst 2006 auch in Deutschland erschienen. (deutscher Titel: Intelligente Zellen – Wie Erfahrungen unsere Gene steuern, KOHA-Verlag)

Das Buch von Bruce Lipton ist im Moment mein Lieblingsbuch zu diesem Thema. Bruce Lipton war Professor für Medizin an der Universität Wisconsin und als Forscher tätig an der Stanford University School of Wisconsin. Seine Experimente, die im Detail die Mechanismen untersucht haben, mit denen Zellen Informationen verarbeiten, haben gezeigt, dass Gene nicht unser Verhalten kontrollieren, sondern dass etwas außerhalb der Zelle sie an- und ausschaltet.

Die neueste Zellforschung geht über das Newton'sche Weltbild weit hinaus und kommt damit ebenso wie die Quantenphysik zum Modell eines aus Energie gebildeten Universums, resümiert Lipton.

Lange Zeit dachte man beispielsweise, dass die Entkernung einer Zelle (Entfernung aller Gene, das ist, als würde man einem Menschen das Gehirn entfernen) den sofortigen Zelltod zur Folge haben würde. Inzwischen hat man aber herausgefunden, dass Zellen zwei oder mehr Monate ohne Zellkern leben können. Sie zeigen weiterhin eine regulierte Steuerung ihrer biologischen Prozesse. Das ist der Hit, das ist so, als könnten wir ohne Gehirn normal weiterfunktionieren und selbst solche Fälle scheinen zu existieren nach dem, was Bruce Lipton schreibt.

Damit überholt sich das immer berechenbare Weltbild Newtons immer mehr. Bei der Feier »300 Jahre Newton'sche Prinzipien« in London in der Royal Society hat sich einer der Physiker dort sogar öffentlich entschuldigt, dass die Physiker der Welt 300 Jahre lang versichert haben, alles sei berechenbar. Das habe sich mit der Quantenphysik, und nun auch mit der neuesten Zell- und Genforschung als ein Irrtum erwiesen.

Unsere Rezeptoren, so berichtet Lipton weiter, reagieren genauso auf Energiesignale wie auf Molekularsignale. Unser gesamtes biologisches Verhalten kann daher von »unsichtbaren« Energiekräften gesteuert werden und dazu gehören auch Gedanken.

Bruce Lipton zu lesen ist die reine Freude für jeden Alternativmediziner und Heiler. Endlich bekommen wir erklärt, warum auch jahrtausendealte Energie-Heilweisen und Energieheilung funktionieren können.

Meditation zur Optimierung unseres Gen-Codes

Diese Meditation stammt von Tom Kenyon. Er hat sie per Eingebung von einer Gruppe von Wesen bekommen, die sich die Hathoren nennen (es gibt auch ein Buch über die Hathoren von Tom Kenyon, allerdings gibt es darin diese Meditation noch nicht).

Tom Kenyon ist ein bekannter spiritueller Musiker, Sänger, Wissenschaftler und Forscher (er hat sich u.a. viel mit der aktuellen DNS- und Gen-Forschung auseinandergesetzt), Therapeut, Autor und Lehrer. Mehr über ihn findet man auf seiner Homepage: www.tomkenyon.com.

Die Meditation besteht aus mehreren Schritten:

Der erste Schritt ist, die Alpha-Aktivität im Gehirn durch entspannte Atmung zu verstärken. Tom schlägt vor, dass man einen bequemen Atemrhythmus findet, bei dem das Einatmen lang sowie langsam und angenehm stattfindet. Und das Ausatmen sollte komplett und entspannt erfolgen. Wenn man sich nach etwa fünf Minuten ganz im Fluss und ruhig fühlt, kann man mit der Meditation beginnen.

Als Nächstes kann man sich in Gedanken einen kleinen Ball vorstellen, der im Kopf wie in einer liegenden Acht hin- und herfliegt. Dies hilft dabei, die Gehirnhälften gleichzuschalten, was die Meditation noch verstärkt.

Unverzichtbar und der Hauptbestandteil der Meditation ist das Gefühl von Wertschätzung. Es ist der Schlüssel zur energetischen DNS im Energiekörper des Menschen, der von den alten Ägyptern der Ka-Körper genannt wurde. Er ist auch bekannt als der ätherische oder energetische Zwillingskörper des Menschen. Er hat die gleiche Form wie der physische Körper, besteht aber mehr aus Energie als aus Masse.

Diesen Körper können wir durch unsere Meditation direkt beeinflussen. Die Wirkung kann jedoch Stück für Stück auch in unsere physische DNS quasi herabsinken. Tom legt Wert darauf, dass verstanden wird, dass man »nur« auf den Energiekörper zugreift. Dieser lässt sich recht einfach durch Bewusstsein und tiefe Meditation beeinflussen und er ist wie ein energetischer Spiegel der physischen DNS. Das Verändern dieses energetischen Spiegels hat Folgewirkungen auf das physische Original der DNS.

Im entscheidenden Teil der Meditation lenken wir unsere Aufmerksamkeit auf das Gefühl von Wertschätzung für die noch unbefruchtete Eizelle unserer Mutter, aus der später wir geworden sind! In Gedanken senden wir dabei dieser Eizelle Informationen, was sie uns bei unserer Entstehung noch mit auf den Weg geben möge. Beispielsweise: »Vollkommene Gesundheit«, »ewige Jugend« oder »ein Gefühl von Liebe, Wertschätzung und Freude am Leben«.

Die Stimmung, in der unsere Eltern bei unserer Zeugung waren, und die Qualitäten, die sie bis dahin in sich entwickelt haben, geben sie uns für unser Leben mit. Und genau diese können wir mit dieser Meditation beeinflussen.

Nachdem wir einige Minuten Aufmerksamkeit für die Eizelle unserer Mutter verwendet haben, machen wir das Gleiche mit dem Spermium unseres Vaters. Wir geben dabei dem Spermium dieselben Informationen wie der mütterlichen Eizelle. Wenn wir neue Ideen haben, was wir noch in unsere DNS mit eingeben möchten, dann können wir das bei der nächsten Meditation tun.

Wenn wir so weit gekommen sind, stellen wir uns – für einige Minuten – den Moment der Zeugung vor und empfinden wieder Wertschätzung und geben dieselbe gedankliche Information mit in den Prozess hinein.

Wenn wir Mühe haben, uns dies sehr harmonisch vorzustellen, weil die Eltern inzwischen geschieden und schwer verstritten sind, dann kann es helfen, wenn wir selbst z.B. das kleine Handbuch »Sexuelle Liebe auf göttliche Weise« von Barry Long lesen und uns dann vorstellen, unsere Eltern hätten es damals schon gekannt und angewandt. Damit laden wir uns selbst mit einer neuen Energie auf. Natürlich können wir es dann auch selbst anwenden ...

Der letzte Schritt ist, sich alle Zellen des eigenen Körpers vorzustellen und die DNS-Stränge in allen Zellen (außer in Hämoglobin, das keine DNS enthält). Wir rufen uns wieder das Gefühl der Wertschätzung herbei und senden die Information, getragen vom Gefühl der Wertschätzung, nun in die aktuelle DNS unseres eigenen Körpers.

Während des ganzen Prozesses ist das Wichtigste, ein möglichst starkes emotionales Feld von Wertschätzung aufzubauen (ich beantrage bei meiner DNS immer auch erhöhte Fähigkeit zur Dankbarkeit und Wertschätzung, dann wird Stück für Stück jedes Mal das Gefühl stärker). Ohne dieses Gefühl erreichen wir unsere DNS nicht. Es ist die Eintrittskarte in den Prozess.

Wenn Tom Seminare gibt, dann verbringt er den ganzen ersten Tag damit, zu üben und herauszufinden, wie man dieses Gefühl der Wertschätzung so lebendig wie nur möglich werden lassen kann.

Wie oft soll man die Meditation machen?

Wenn man vollkommen in der Wertschätzung ist und keinerlei Zweifel hat, dann reicht ein Mal. Das trifft aber auf so gut wie niemanden zu. Man kann die Meditation ganz nach Gefühl beispielsweise einige Monate lang täglich machen und dann nur noch ein Mal wöchentlich oder zweiwöchentlich wieder aktivieren. Mach es nach Gefühl und danach, wie die Wirkung sich entfaltet.

Tom hat speziell für diese Meditation eine CD mit dem Titel »Infinite Pool« aufgenommen, die uns dabei helfen soll, in einen aufnahmefähigen Zustand zu gelangen. Es geht auch ohne Musik und es muss auch nicht diese CD sein. Die CD ist lediglich als Verstärker gedacht. Am besten wirkt sie außerdem, wenn man sie über Kopfhörer hört. Normale Kopfhörer stellen jedoch eine starke Strahlungsbelastung dar. Mir ist nur eine Firma bekannt, die gehörschonende und strahlungsreduzierte Kopfhörer produziert. Das ist die Firma Ultrasone in 82377 Penzberg, www.ultrasone.com.

Bücher und CDs von Tom Kenyon bekommt man in Deutschland beim KOHA-Verlag.

Spirituelle Energietherapie

Wenn wir das Vorhergehende für uns wirklich annehmen und unter anderem verstehen, was es wirklich bedeutet, dass alle Menschen nahezu identische Gene haben (eben 99,9 Prozent) und dass die Regulation der Gene zum Großteil von biologischen Reaktionen im Gehirn, von Energie, Gedanken und unserer Wahrnehmung gesteuert wird, dann verstehen wir eigentlich auch, dass man nicht unbedingt technische Apparaturen zum Heilen braucht, sondern dass Psychiater, Selbsterfahrungstherapeuten und energetische Heiler womöglich mehr Daseinsberechtigung und Wirkungsmöglichkeiten haben, als wir bisher annahmen. Wer immer, durch welche Mittel auch immer, auf verantwortungsvolle Weise Wohlfühlgefühle, Vertrauen und positive Kraft und Energie ins System Mensch einbringt, der kann damit die Gesundheit positiv beeinflussen. Ich möchte hier verschiedene Arten von Energietherapie vorstellen. Allen voran den Geistheiler Christos Drossinakis.

Seiner Arbeit ist zu verdanken, wenn das Thema »Geistheilung« mehr und mehr anerkannt wird, denn er hat es sich zur Aufgabe gemacht, Geistheilung wissenschaftlich erfassbar und nachprüfbar zu machen.

Seine Fähigkeiten wurden mittlerweile in über 50 unterschiedlichen Tests an zum Teil internationalen Universitäten getestet und immer wieder bestätigt. Das hat natürlich zur Folge, dass mehr und mehr Menschen sich dem Thema öffnen und der Geistheilung, die sie bisher vielleicht für absurd hielten, eine zweite Chance geben.

Hier nur einige Stichpunkte zu bisher durchgeführten Tests, um sich einen Eindruck zu verschaffen, was mit geistiger Kraft möglich ist:

Unter Aufsicht eines Heidelberger Arztes behandelte Christos Drossinakis im Herbst 1994 neun Schwerstkranke, die als »therapieresistent« (ein eleganteres Wort für »unheilbar«) galten. Im viermonatigen Testzeitraum erreichte er, nach Einschätzung des Arztes, in acht der neun Fälle »Besserungen, die aus schulmedizinischer Sicht rätselhaft sind« – durch bloßes Handauflegen.

Ein zwölfjähriger Junge beispielsweise litt unter starkem Asthma mit Erstickungsanfällen und zusätzlicher schwerer Neurodermitis. Er wurde bereits nach der ersten Behandlung beschwerdefrei und blieb es bis heute.

Ein offenes Bein, bei dem schon der Knochen durchschien, konnte Drossinakis zur Verheilung anregen, eine krebskranke und unter starken Schmerzen leidende Ärztin war nach der ersten Sitzung schmerzfrei und nach vier Monaten waren alle Metastasen inaktiv geworden. In einem Fall von Multipler Sklerose konnte er ebenfalls deutliche Verbesserungen der Gehfähigkeit und Sehkraft bewirken.

Im Jahre 1995 wollte es die Zeitschrift BIO ebenfalls wissen und sandte Drossinakis 11 weitere austherapierte Patienten, die er unter ärztlicher Aufsicht ebenfalls drei Monate lang durch Handauflegen begleitete. Die Resultate waren genauso beeindruckend wie im Heidelberger Experiment.

Aber Christos Drossinakis kann noch mehr. Beim 7. Weltkongress für Geistiges Heilen in Basel beteiligte er sich zusammen mit vier weiteren Heilern an einem Psi-Diagnose-Test unter Aufsicht von Ärzten, Wissenschaftlern und einem Juristen.

Er bekam dabei fünf weiße Briefumschläge nacheinander auf den Tisch gelegt. In den Umschlägen befand sich jeweils das Foto einer Testperson, die Drossinakis nie zuvor gesehen hatte. Er begab sich sodann in einen Zustand der Wachtrance und konnte nicht nur den aktuellen Gesundheitszustand der fünf Testpersonen genau wiedergeben, sondern sogar deren ganze Krankheitsgeschichte mit erstaunlichen Details. Alle Anwesenden waren zutiefst erstaunt bis erschüttert. Prof. A. Schneider und Prof. A. Dubrov, zwei der Anwesenden, bezeichneten die Leistung von Drossinakis als »schier unglaublich«. Seine außersinnlichen Fähigkeiten wären damit zweifelsfrei bewiesen und weltweit einmalig.

Keiner der anderen Heiler konnte bei diesem Ergebnis auch nur annähernd mithalten.

Damit sind wir jedoch noch lange nicht am Ende der wissenschaftlich getesteten Fähigkeiten von Christos Drossinakis. In Moskau testete der Physiker und Mediziner Prof. Dr. Dr. Andrei G. Lee seine Fähigkeiten, mit geistiger Kraft auf einen Detektor einzuwirken, der Ampère-Differenzen als Farbenspiele auf einem Computermonitor sichtbar macht. Lee ist Mitglied der Russischen Akademie für medizintechnische Wissenschaften, Präsident der Nationalen Gesundheitsorganisation »The Health« und Direktor einer Klinik für Neurosepatienten und damit ein sehr ernstzunehmender Wissenschaftler. Er war höchst beeindruckt von den Farbmustern, die Drossinakis mittels Gedankenkraft erzeugte, und sprach von einem »sehr starken

Einfluss«, wie ihn normale Versuchspersonen »niemals zustande bringen«.

Das russische Gesundheitsministerium verlieh Drossinakis im August 2005 den Preis für traditionelle Medizin und er wurde damit als erster westlicher Heiler ausgezeichnet. In Bulgarien soll Drossinakis in Kürze ein Ehrentitel von der Akademie der Wissenschaften verliehen werden, damit er an den dortigen Universitäten dozieren kann. Drossinakis schnitt dort von 200 getesteten Heilern mit Abstand am besten ab.

Zu guter Letzt und damit alle Leser, die bisher nicht an Geistheilung geglaubt haben endgültig mit den Ohren zu schlackern anfangen, möchte ich noch einige Tests zur Fernheilung ansprechen. Der Physiker und Psychologe Dr. Haffelder ist eine der größten Kapazitäten weltweit für Gehirnforschung. Über eine Distanz von 2400 Kilometern (Thessaloniki – Stuttgart) behandelte Drossinakis eine Testpatientin von Dr. Haffelder. Sowohl er als auch die Patientin wurden per EEG kontrolliert. Drossinakis hielt dabei nur ein Foto der Testpatientin in den Händen und konzentrierte sich auf sie. Im Moment der geistigen Kontaktaufnahme konnten die Wissenschaftler parallele Effekte im Gehirn der Patientin und des Heilers entdecken. Auch in wiederholten Tests zeigten sich jedes Mal messbare Wirkungen seiner geistigen Heilungen im EEG.

Da die Veröffentlichung solcher Ergebnisse sofort den Unglauben, aber auch die Neugier weiterer Wissenschaftler weckten, wurde ein ähnliches Experiment in Japan wiederholt. Drossinakis saß dieses Mal in Kyoto in Japan und Wissenschaftler in Stuttgart, Sofia und St. Petersburg registrierten »Fernwirkungen« in physikalisch-chemischen Eigenschaften von Wasserproben sowie in menschlichen Gehirnströmen genau in der Zeit, als der 15 000 km entfernte Drossinakis versuchte diese Ziele mental zu beeinflussen.

Wer es nicht glauben kann und die Namen aller beteiligten Wissenschaftler genau nachlesen möchte, kann das in dem Buch »Die heilende Kraft der Liebe – Christos Drossinakis, ein Geistheiler im Blickpunkt der Wissenschaft« von Dr. Maren Hoffmann oder in der Broschüre: »Das Phänomen Christos Drossinakis«. Alle Versuche sowie viele Fallbeispiele sind dort unter genauen Quellenangaben und mit vielen Farbfotos dokumentiert.

Zu beziehen sind beide Bücher »beim Chef persönlich« unter Christos Drossinakis, Königsteiner Str. 61A, D-65929 Frankfurt-Höchst, Tel. 0049-(0)69-304177 www.drossinakis.de

Wie geht nun eine Behandlung bei Christos Drossinakis vonstatten? Meistens kommen jeweils mehrere Patienten gleichzeitig und nehmen auf bequemen Sofas und Sesseln in der Wohnung von Christos Drossinakis Platz. Er legt sodann jedem Patienten für wenige Augenblicke die Hand auf den Brustkorb. Die Patienten werden aufgefordert, sich hierbei vorzustellen, wie sie mit jedem Ausatmen ein Stück tiefer sinken.

Zirka fünfzehn Minuten haben die Patienten nun die Aufgabe, sich ganz in sich selbst zu versenken und die Energie wirken zu lassen. Nach dieser Zeit kommt Drossinakis wieder in den Raum hinein und diese Prozedur wiederholt sich mehrere Male, bis die Sitzung schließlich beendet ist. Die Behandlung besteht somit jeweils aus einem »Energieschub« des Heilers und der anschließenden Eigenleistung des Patienten. Wer einfach aufsteht und die Zeitung liest, kann mit weit weniger Resultaten rechnen.

Wie oft man kommen muss, ist schlecht vorhersehbar. Viele Personen verspüren Verbesserung bereits nach der ersten Sitzung, andere, schwerer Kranke mieten sich bis zu zwei Monate in Frankfurt-Höchst im Hotel ein und marschieren täglich bei Drossinakis auf. Das muss jeder nach den ersten paar Sitzungen selbst entscheiden, wie stark die Wirkung ist. Einen Versuch ist so gut wie alles wert. Drossinakis hat schon blinde Kinder mit null Aussicht, jemals wieder sehen zu können, vollständig geheilt, Neurodermitis in weniger als zehn Sitzungen aufgelöst, Krebstumoren erfolgreich behandelt und vieles mehr.

Dennoch gibt er nie ein Heilversprechen ab und stellt auch keine Diagnosen. Dies ist ihm vom deutschen Gesetzgeber verboten worden (außer zu wissenschaftlichen Testzwecken wie oben beschrieben) und daran hält er sich.

Warum verbringt er so viel Zeit mit Tests? Christos Drossinakis hat ein klares Ziel vor Augen. Er möchte erreichen, dass Geistheilung wissenschaftlich anerkannt und staatlich gefördert wird. Wenn er staatlich anerkannter Geistheiler wäre, so ist er sicher, wäre es ihm auch erlaubt, jedem seiner Patienten genaue Diagnosen zu stellen. Denn davon sind viele Ärzte überzeugt, die ihn in seiner jahrzehntelangen Heiltätigkeit kennengelernt haben: Präziser als er diagnostiziert keine Gerätediagnose der Schulmedizin. Darin sieht Drossinakis neue Chancen für die Patienten, wenn sie korrekte Diagnosen erhalten.

So stellt er denn auch hohe Ansprüche an seine zukünftigen Auszubildenden. Er wird zunächst offene Heilseminare anbieten und sich seine Meisterschüler unter den Teilnehmern heraussuchen. Denn nicht jeder bringt das gleiche Heilpotenzial mit, so Drossinakis. Nach Ende einer solchen Heilerausbildung bei Drossinakis wird sich jeder künftige Heiler, bevor Drossinakis ihn auf die Patienten loslässt, ebenfalls an einigen Universitäten Tests unterziehen müssen. So will er ganz klar die Spreu vom Weizen trennen und sicherstellen, dass nur wirklich fähige Heiler mit Patienten arbeiten.

Termine zu den ersten Seminaren, sobald es sie gibt, auf www.drossinakis.de.

Nun gibt es aber auch noch einen weiten Markt an weiteren spirituellen Energietherapien, zu denen ich ein paar Informationen für Einsteiger geben möchte.

Früher war es so, dass viele spirituelle Energietherapeuten mit ihrem Geist und ihrer Wahrnehmung die Aura des Klienten durchleuchtet und nach Blockaden abgesucht haben, um dann daranzugehen, diese aufzulösen. Dies funktioniert auch nach wie vor.

Dennoch zeichnet sich ein neuer Trend ab, bei dem der Therapeut sich so weit wie möglich innerlich leer macht, sich in Gedanken mit dem Körper und der Seele des Klienten verbindet, dabei seine Absicht zu helfen kundtut und dann innerlich fragt: »Was kann ich für dich tun?« Dabei wird davon ausgegangen, dass der Körper seine eigene Weisheit hat und immer weiß, was zu tun ist.

»Wir sind zu jeder Zeit Schöpfer unserer Realität. Und unsere bewussten Kreationen sind nicht die, die Probleme machen«, sagt beispielsweise Herwig Schön von der Reconnective Therapy dazu. Es stehe ja schließlich niemand am Morgen aus dem Bett auf, recke sich gemütlich und beschließe dann, sich heute mal einen richtig tollen Kopfschmerz zu erschaffen. Das ist zwar auch eine Kreation von uns selbst, aber eben eine unbewusste.

Da es beim Heilen also vorwiegend darum ginge, »Uminterpretationen im Unterbewusstsein« auszulösen, wie Herwig Schön es beschreibt, ist es auch am besten, dieses Unterbewusstsein selbst zu fragen, statt sich mit der eigenen Verstandeslogik Gedanken dazu zu machen.

Fast niemand, der Knieschmerzen hat, habe wirklich ein Problem im Knie, berichtet Herwig Schön aus seiner Praxis. Da könne auch mal eine vernarbte alte Lungenentzündung dahinterstehen. Das Narbengewebe zieht am Bindegewebe, das verdreht ganz leicht die Hüfte, schon wird auch der Oberschenkelknochen verdreht und was der Mensch dann merkt, ist, dass sein Knie schmerzt.

»Wie soll ich auf so etwas kommen? Das kann mir der Körper nur selbst zeigen, denn es ist bei jedem ein bisschen anders«, so Herwig Schön. In so einem Fall wird die Lunge entspannt und energetisch die Narbe entstört und dann entspannt sich nach und nach der ganze Körper, wird wieder gerade und zu guter Letzt geht es auch dem Knie wieder gut.

Wem das zu esoterisch ist, dem lege ich ganz dringend die Klinik für Biokinematik ans Herz (siehe extra Kapitel in diesem Buch). Dort wird von den gleichen Mechanismen ausgegangen, dass beispielsweise verkürzte Muskeln im Becken am Schluss zu Kopfschmerzen führen können und Ähnliches. Die Behandlung erfolgt jedoch rein mechanisch über gezielte Muskelverlängerung der betroffenen Partien. Da könnte sich so manch ein Patient seine Operationen sowohl im Knie als auch in der Hüfte sparen. Mehr unter http://www.biokinematik.de/ oder hier im Buch weiter hinten.

Zurück zu den spirituellen Energieheilern der Gegenwart. Ramona, eine junge, hübsche und sehr energiegeladene Heilerin hat jedes Mal Probleme, wenn sie gefragt wird, wie sie heilt. »Was sage ich da bloß?«, fragt sie sich und man kann es ihr nicht verdenken. Sie stellt sich nämlich auch einfach vor den Menschen hin und fragt den betreffenden Körper, die Seele und alle Helfer in der geistigen Welt, was sie für denjenigen tun kann. Manchmal gibt sie Übungen als »Hausaufgaben« auf, manchmal ist es eine konkrete Behandlung, Massage, Anleitung zu bestimmten Bewegungen, zu denen sie die Energie leitet, sie weiß es nie vorher.

Dinge, die sie dafür völlig überraschend immer wieder weiß, sind solche wie diese: Sie machte eine telefonische Fernbehandlung (Geld wird einfach vorher überwiesen, dann spielt Distanz keine Rolle) mitten in der Nacht. Plötzlich hatte sie ein inneres Bild von der kleinen Tochter der Klientin, dass diese wach aus dem Bett aufgestanden sei. »Das könne nicht sein«, und »huch«, ließ sich die Klientin im nächsten Augenblick vernehmen, als nämlich Töchterlein schlaftrunken die Treppe heruntergewankt kam.

Wenn ich irgendwelche Energieübungen gemacht habe an dem Tag, an dem sie uns besucht, dann sieht sie immer sofort, was ich gerade gemacht habe und welche Auswirkungen es hatte.

Ramona ist meist nichts für sehr bequeme Menschen, weil der Trend des Heilens ganz klar zum »Do it yourself« geht. Was man nicht selbst zumindest mitmacht, das hält nicht lange, lehrt die Erfahrung. Sie gibt daher häufig ganz individuelle Übungen auf, wie man das Problem selbst langfristig abbauen kann oder wie es wegbleibt, wenn die Behandlung von ihr bereits schnell erfolgreich war.

Ein anderer medial Begabter unterrichtet Menschen darin, durch einfache energetische Gleichgewichtsbildungen ihre innere Weisheit selbst zu befragen. Er macht allerdings auch Energiebehandlungen und Energiekuren, die ich ebenfalls als sehr hilfreich empfinde. Auch er achtet sehr stark auf die Würde der inneren Weisheit und darauf, diese nicht einfach zu überfahren, sondern um Rat und Hilfe zu bitten.

Da spirituelle Therapeuten die seltsame Angewohnheit haben, ständig umzuziehen, gebe ich hier im Buch keine Kontaktadressen mehr an. Ich habe jedoch auf meiner Homepage www.baerbelmohr.de direkt auf der Startseite einen Link »Heiler und Co.«. Dort habe ich mehrere Heiler vorgestellt (die hier beschriebenen und einige weitere), etwas näher beschrieben und die Kontaktdaten dazugestellt. Wann immer mir dann weitere gute Heiler über den Weg laufen, kann ich sie dort auflisten und wann immer einer umzieht, kann ich die Daten korrigieren.

Da ich mit meiner Familie in Bayern wohne, wohnen – Überraschung – die meisten vorgestellten Heiler auch dort. Das liegt nicht daran, dass alle guten Heiler hier wohnen würden, sondern dass ich die anderen nicht kenne.

Die von ganz weit weg kenne ich dann allerdings doch wieder und auch dazu möchte ich einen kleinen Bericht abgeben, um einige meiner Ansicht nach irrige Vorstellungen richtigzustellen. Ich spreche von brasilianischen und philippinischen sogenannten Wunderheilern, die unsteril und ohne Narkose operieren.

Ja, es gibt Scharlatane, die gekonnt nur so tun als ob und Hühnerfleisch zwischen den Fingern herausziehen und erzählen, sie hätten es aus dem Körper des Patienten entnommen. Aber ebenfalls »ja« lautet die

Antwort auf die Frage, ob es auch Heiler gibt, die so etwas wirklich können.

Viele Menschen haben inzwischen von den sogenannten brasilianischen und philippinischen Wunderheilern gehört und fast keiner glaubt daran.

Mit dem Glauben habe ich persönlich es noch nie so recht gehabt, dafür umso mehr mit der Neugier. Also ab nach Brasilien und auf die Philippinen und nachgesehen. Derartige Reisen habe ich deshalb in den letzten fünfzehn Jahren immer wieder unternommen.

In Brasilien war ich zunächst enttäuscht, als ich bei João de Deus nicht das Glück hatte, den echten Geistoperationen und Körperöffnungen unsteril und ohne Narkose zuzusehen. Ich konnte mir das alles nur aus Berichten anhören und auf Videos ansehen.

Dennoch: Es gab viele erstaunliche Heilungsberichte, wenn man sich umhörte. Und auch in der Reisegruppe, mit der ich unterwegs war, gab es bei einigen, wenn auch nicht bei allen, deutlich Besserungen im Gesundheitszustand.

Als eine Reihe von Bekannten von mir ihn aufsuchte, als er hier in Deutschland zu Besuch war, passierte bei den meisten allerdings gar nichts. Einer jedoch wurde durch eine einzige 10-Sekunden-Behandlung zum höchsten Erstaunen seines Arztes zu Hause vom Prostatakrebs geheilt. Eine weitere Bekannte konnte sich nach einmaligem Besuch bei João von ihrem langjährigen Hautleiden verabschieden. Der Rest merkte leider gar nichts.

Interessanter ging es da schon auf den Philippinen zu. Der Heiler, den wir dort im Sommer 2005 besuchten, behandelte erfolgreich das Magengeschwür meines Aupairs. Sie hatte seit neun Jahren eines, konnte bis dahin nie auf dem Bauch schlafen wegen der Schmerzen und spuckte häufig Blut, weil das Geschwür blutete.

Eine Behandlung bei Alex Ampaguey und sie konnte sofort die ganze Nacht auf dem Bauch schlafen, hat nie wieder Blut gespuckt und die Gegenkontrolle vom deutschen Arzt ergab: Kein Magengeschwür mehr in Sicht.

Außerdem hatte ich das riesengroße Glück, bei einer seiner Operationen wirklich in den Körper sehen zu können. Das ist meistens – leider (ich weiß, ich bin da etwas blutrünstig, aber das ist eben der leidige alte Rest-Skeptiker in mir) – nicht der Fall.

In der Regel drückt er mit beiden Fingern in das Gewebe, und es entsteht fast sofort eine kleine Blutlache, aus der heraus er dann alle möglichen Gewebefetzen zieht und in ein Glas tut. Wenn man selbst operiert wird, ist man sich oft nicht sicher, wo genau der mit dem Finger ist, und wenn man zusieht, sieht man, dass man nichts sieht.

Außer eben dem einen Mal. Da war das Universum mir mal wieder gnädig und ließ mich dabei sein, als er die Haut öffnete, fast ohne dass es blutete. Ich konnte also die auseinanderklaffende Haut sehen und die Innereien. Er zog einen Teil der Innereinen heraus, pickte ein paar kleine Gewebeteile davon mit den Fingern ab, stopfte den Rest der Innereien wieder in das Hautloch hinein und ließ los. Schwupp, da war die Haut wie magnetisch auch schon wieder geschlossen.

Wer diesbezüglich Zweifel an meinen Worten hat, der vertraut vielleicht eher dem österreichischen Prof. Dr. Dr. Jörg Birkmayer. Dieser war im Frühjahr 2001 in der Fernsehshow »Vera« zu Gast. Neben ihm war u.a. auch Alexander Orbito, ein weiterer philippinischer Heiler zu Gast (nein, die heißen nicht alle Alexander, nur die zwei, es gibt aber noch mindestens 20 weitere, die auf den Philippinen so arbeiten).

Prof. Birkmayer hatte vor der Sendung Alexander Orbito zu einer Demonstration an einem Patienten eingeladen. In der Sendung berichtete er nun, dass er bezeugen könne, in den Körper des Patienten hineingesehen und dessen Gedärme gesehen zu haben. Es funktioniere also wirklich und wahrhaftig, aber er habe aus medizinischer Sicht keinerlei Erklärung dafür.

Auch in der Sendung wurde versucht, Live-Demonstrationen abzugeben. Wobei die erste aber misslang und die zweite dann unter größeren Anstrengungen gelang. Die Kamera hatte dabei aber eine Position, bei der man sich mal wieder nicht sicher sein konnte, ob er wirklich den Körper geöffnet hatte oder nur mit einem Trick Blut verspritzte.

Im Laufe der Jahre habe ich in meiner Privatsammlung von Videoaufnahmen aber auch Aufzeichnungen des brasilianischen Dr. Fritz. Er öffnet den Körper ebenfalls am unbetäubten und wachen Menschen, aber nicht mit den Händen, sondern ganz ordinär mit dem Messer. Seltsamerweise blutet das kaum und der während der Behandlung befragte Patient gibt an, dass er die Hände des Heilers zwar spüre, aber nicht auf unangenehme Weise. Schmerzen habe er auf keinen Fall.

In einem Fall wird eine Schädeldecke aufgeschnitten und später die Haut wieder genäht, im anderen Fall wird ein handflächengroßes krankhaftes Fettpolster (es sah vorher aus, als hätte demjenigen jemand ein kleines Kissen unter die Haut transplantiert) aus dem Rücken entfernt und die 10 cm lange Wunde mit einem Stich zugenäht.

Die Wunden heilen extrem schnell und narbenfrei. Auch dies ist eine angenehme Nebenwirkung der spirituellen Operationen: immer steril, immer schmerzfrei und immer ohne Narbenbildung.

Menschen, denen ich diese Videos bisher gezeigt habe, wird es nicht selten schlecht. Aber Zweifel an den Fähigkeiten der Heiler hat zumindest danach keiner mehr. Dazu ist es zu deutlich, dass die Patienten wach und unbetäubt sind. Siehe auch www.ze-film.com, ein super Video über brasilianische Heiler.

Wir (meine Familie und viele Freunde und ich) haben im Sommer 2006 außerdem den philippinischen Heiler Roy Ampaguey besucht und haben eine ganze Reihe von außergewöhnlichen Heilungen in der Gruppe erlebt. Berichte dazu sowie die Kontaktadresse von Roy für Reisen auf die Philippinen finden sich auf meiner Homepage www.baerbelmohr.de auf der Startseite unter »Heiler & Co.«.

Unter anderem wurde nach nur einer Behandlung eine junge Frau schwanger, der die Ärzte gesagt hatten, sie würde nie Kinder bekommen können u.v.m.

Jetzt gibt es etwas ganz Wichtiges dazu zu sagen:
Oder eigentlich sogar zwei wichtige Dinge. Das erste ist, dass die meisten dieser Heiler sagen, dass sie in den meisten Fällen genauso gut einfach nur mit Handauflegen und Energieübertragen heilen könnten. Das Problem sei dabei aber das mangelnde Vertrauen und die mangelnde Wahrnehmung für diese Energie aufseiten der Patienten. Sie glauben nicht daran und verschließen durch die Zweifel ihre Energiekanäle. Damit kann die Energie nicht ankommen und nichts bewirken. Wenn sie jedoch schmerzfrei mit dem Skalpell oder manchmal auch einem alten Küchenmesser geöffnet wurden und es hat einer wild in ihnen herumfuhrwerkt, ohne dass es schmerzte, und das Ganze verheilt dann narbenfrei, dann glaubt der Mensch, was er vermeintlich sieht (die Heilenergie sieht er ja genauso wenig wie beim Hände-

auflegen), und nimmt die Heilenergie oder die Heilkraft Gottes, wie viele Heiler sagen, überhaupt erst an.

Geheilt hat am Schluss der Patient sich selbst durch seinen Glauben, seine Offenheit und seine Verbindung mit der Quelle der Heilung und nicht die Show drumherum, aber die Show war nötig, damit der Glaube gestärkt wurde.

Das zweite Wichtige ist, dass der Heilerfolg vom eigenen Einsatz des Patienten abhängt. Wenn derjenige nicht auch entweder seine inneren Muster anschaut und auflöst, die das Entstehen der Krankheit begünstigt haben, oder sich auf eine höhere Ebene der Anbindung an den universellen Geist begibt, dann wird die Heilung nicht von Dauer sein.

Für ein dauerhaft stabiles Ergebnis ist daher die Mitarbeit des Klienten erforderlich. Die gute Nachricht ist die: Diese Art der Arbeit darf, kann und soll auch Spaß machen!

Und: Es ist keine Schande an seinen inneren Mustern zu arbeiten, sondern ein Zeichen von Stärke. Nur wer seine Schwächen wirklich ansehen kann, ohne sich vor ihnen zu fürchten, kann wirklich frei werden von ihnen.

Was ist nun, wenn ich an einem Ort wohne, an dem mir keine Heiler in der Nähe bekannt sind, und ich suche eigentlich eine regelmäßige Begleitung für meinen inneren Heilungsprozess? Wohin gehe ich dann?

Dann gehe ich als Erstes in eine Buchhandlung und kaufe mir das Kinderbuch »Sara und die Eule« von Esther & Jerry Hicks, Ansata Verlag. Diesem Buch mangelt es nämlich nicht an unkonventionellen und sehr guten Vorschlägen, sodass man vielleicht die Energieheiler gar nicht mehr braucht. Merke: Die größte Kraft liegt oft in den kleinen schlichten Dingen des Lebens!

Ein paar Zitate aus dem Buch, das nicht nur ein Kinderbuch, sondern ein Buch für das Kind in jedem von uns ist:

»Du musst dir der Verbindung zur positiven Energie stärker bewusst sein als der gegenwärtigen Situation. Das ist der Schlüssel.«

»Wann immer du etwas Positives in irgendjemandem oder irgendetwas siehst, hast du dein Herz geöffnet und empfängst positive Energie!«

»Aber du kannst nicht ein Glied in der Kette des Schmerzes sein (= jammern, Fokus auf Probleme richten) und gleichzeitig dein Herz offen halten. Entweder das eine oder das andere.«

»Du kannst erst dann wirklich etwas verändern, wenn du deine Gefühle verändert hast!«

»Finde die Gedanken, durch die es dir am allerbesten geht.«

»Achte in jeder Situation darauf, ob dein Herz offen oder verschlossen ist.«

»Triff die Entscheidung, dass es keine Situation – und sei sie auch scheinbar noch so schrecklich – wert ist, dass du deshalb dein Herz verschließt!«

Fast alle Energieheiler, die ich kenne, betonen, dass mindestens 90 Prozent aller Krankheiten in unseren Emotionen entstanden sind. Dasselbe sagen nun, wie weiter oben erwähnt, auf wissenschaftlicher Basis auch die Ärzte Joachim Bauer und Bruce Lipton. Sie schreiben, dass maximal zwei Prozent aller Krankheiten auf einen genetischen Defekt zurückzuführen sind, und auch die meisten Krebskranken benötigen daher einen

Seelenarzt mindestens so sehr wie einen für die reine Körperebene. Ohne das Beachten und Heilen der psychischen Ebene kommt die Krankheit unweigerlich zurück.

Wer daher das kleine Kinderbuch liest und es wirklich beherzigt, der beginnt schon einmal damit seine Emotionen zu heilen und braucht bei kleinen Problemen vermutlich gar keinen Heiler von außen mehr.

Ansonsten kann man sich ja auch in der eigenen Umgebung umhören und testen. Wenn man sich nicht ganz entfremdet hat von sich selbst, merkt man ja schnell, ob ein Heiler einem gut tut oder nicht.

Gute Orte zum Nachfragen nach Adressen für alternative Therapeuten oder auch Energieheiler sind esoterische Buchhandlungen oder manchmal auch Naturheilärzte, Yoga- und Tai-Chi-Zentren und Ähnliches. Und dann hingehen, kennenlernen und auf das eigene Gefühl achten!

Und auf meiner Website gibt es wie gesagt auf der Startseite den Link »Heiler & Co.« und dort sind ebenfalls einige Heiler und natürlich die oben erwähnten aufgelistet.

Prana-Heilung

Wen die Erleuchtung bisher noch genauso viel oder wenig ereilt hat wie mich, der nimmt immer wieder gerne Dienstleistungen in Anspruch, um sich geistig, seelisch und gesundheitlich zu verbessern oder aufzutanken. Dabei werden die Möglichkeiten zunehmend feinstofflicher. Ich möchte dazu auch einen meiner persönlichen »Lieblinge« als letztes Beispiel für rein spirituelle Heilung vorstellen: Prana-Heilung. Für mich war dies gleichzeitig eine der ersten Erfahrungen mit rein energetischen Heiltechniken. Die weiter oben genannten sind in den letzten Jahren an Kontakten dazugekommen.

Vorab einen Gruß vom »Boden der Tatsachen«: Eine sehr feinstoffliche Technik wirkt am ehesten bei Menschen, die zumindest einigermaßen offen für eine solche Erfahrung und Möglichkeit sind. Wer sie von vornherein für völlig absurd hält, dem wird es nicht gelingen, feinstoffliche Energien überhaupt an sich heranzulassen. Es ist dann egal, wie toll die Energie ist, die angeboten wird. Wenn man sich innerlich dagegen sperrt sie anzunehmen, kann der beste Therapeut nichts ausrichten.

Wie immer gilt also: Nicht jede Methode passt für jeden, und einen harten Skeptiker zu einer Prana-Heilerin zu schicken wird vermutlich rein gar nichts bewirken, sondern allenfalls die Wut auf die »abgehobenen und weltfremden Esoteriker« verstärken.

Ob derartige Methoden richtig für einen sind, erkennt man am besten an ihrer Wirkung auf das eigene Sein und daran, wie man sich dort fühlt und ob man überhaupt etwas fühlt. Sehr häufig, wenn man nichts fühlt, gibt es auch nichts zu fühlen, weil man auf die jeweilige Technik oder den Behandler nicht anspricht. Daran ist nichts Schlechtes, wieso sollte man auf Zigtausende von verschiedenen Therapieformen gleichermaßen ansprechen? Die Kunst liegt immer nur darin, die richtige für sich selbst zu finden.

Caroline Myss vertritt in ihren Büchern (z.B. »Chakren, die sieben Zentren von Kraft und Heilung«) übrigens eine sehr interessante These dazu, warum bei wem was wirkt oder nicht. Sie schreibt, dass wir im Laufe unseres Lebens oft verschiedene Seelenanteile abspalten und dann irgendwo in der Vergangenheit hinterlassen oder aber sie voraus in die Zukunft senden. Ein bewusster Mensch hat bereits einen guten Teil dieser Seelenanteile zurückgeholt und wieder in der Gegenwart in sich vereint. Das geschieht automatisch durch das bewusste Erleben der Gegenwart. Je unbewusster ein Mensch ist und je weniger er sich selbst spürt, desto weiter verstreut sind die Seelenanteile noch. Immer wenn die Seelenanteile zu verstreut sind, können jedoch alternative Therapien, selbst die Homöopathie, nicht oder nur teilweise wirken. Denn feinstoffliche Therapien wirken über die Seele auf den Körper. Wenn aber zu viele Seelenanteile »verreist« sind, dann hilft nur eine rein grobstoffliche Therapie, die direkt am Körper angreift.

Aber zurück zum Prana-Heilen und wie es konkret funktioniert. Mir geht es nicht besser als anderen Menschen auch. Das Überangebot an Therapieformen verwirrt mich mitunter und ich habe NICHT vor, dauernd Hunderte von neuen Sachen auszuprobieren. Sie sprießen schließlich wie Pilze aus dem Boden. Das ist ja einerseits gut so, aber wie soll man sich da orientieren? Neues schaue ich mir daher nur näher an, wenn mich das Leben mit ein paar auffälligen Zeichen oder Zufällen oder durch besondere Empfehlung darauf stößt (diese Technik empfehle ich jedem, sie ist in der Regel sehr effektiv, das Leben führt einen dabei oft von alleine zu den richtigen Dingen).

Aber selbst dann kann man ja nicht alles ausprobieren, und so ließ es mich zunächst kalt, als vermehrt Freunde von mir begannen, mir von einer Prana-Therapeutin vorzuschwärmen. Sie nenne sich Prana-Therapeutin und nicht -Heilerin, weil sie mit ihrer Arbeit lediglich die Selbstheilungskräfte des Klienten durch spirituelle Energiearbeit aktiviere. Letztlich sei das aber die kraftvollste Art der Arbeit von allen, da der Mensch sich selbst hilft, und die Selbsthilfe ist das Einzige, was dauerhaft sein kann.

Sie wäre sehr klar und sehr geerdet, sehr feinfühlig und könne Blockaden in der Aura ganz exzellent aufspüren und die Aura hinterher bei einer Prana-Sitzung unterstützen und anleiten, sodass sie sich selbst glättet, stärkt und in Ordnung bringt. Die Sitzungen würden auf Geist, Körper und Gefühl gleichermaßen wirken und könnten das ganze Leben beeinflussen.

Schön, schön, eigentlich hätte ich auch ein kleines Problem gehabt, also warum nicht ausprobieren, dachte ich mir. Aber heimlich hatte ich die Idee im Hinterkopf, dass es sich dabei um etwas eher Banales handeln würde. Aber von diesem Irrglauben wurde ich schnell kuriert. Für mich (und das ist nur sehr bedingt ein Maßstab für andere Menschen – bitte fühlt immer in euch selbst hinein, was für euch wann am besten passt) hat sich Prana-Therapie bei Frau Hanke zu meiner »Lieblingskur Nummer eins für alle Fälle« entwickelt. Wir resonieren anscheinend optimal, denn es gibt bei mir fast nichts, was sie nicht findet, und innerhalb einer Stunde ist es transformiert und völlig aufgelöst. Das erste Mal vor zweieinhalb Jahren bin ich hingegangen, weil ich unter einer mysteriösen Angst litt, die ich nicht orten konnte. Diese Angst trat nur in bestimmten Schlüsselsituationen auf und hielt dann ein paar Minuten lang an, ohne dass ich etwas dagegen tun konnte. Ich fing leicht an zu zittern, wurde völlig nervös und dachte mir seit Jahren in solchen Momenten: »Ach, jetzt ist wieder DAS dran. Na ja, da kann man nur abwarten, bis es vorbei ist.« Zu dem Zeitpunkt, als ich schließlich doch Frau Hanke aufsuchte, war dieses Phänomen gerade mehrmals hintereinander aufgetreten (sonst hatte ich es nur ein- bis zweimal im Jahr) und ich wollte es loswerden. Außerdem litt ich unter temporären Schwindelanfällen und meinte, dass selbige von der Halswirbelsäule kämen. Nein, da kämen sie nicht her, befand Frau Hanke. Das sei der Solarplexus. Ich war anderer Meinung, schwieg aber höflich. Und die Angst, meinte sie, das wäre eine alte Geschichte, die aber sehr tief und sehr fest sitzen würde. Ohne Hilfe auflösen könne man so etwas nur in einer sehr, sehr tiefen Meditation, ansonsten hätte man kaum eine Chance. Sie stimulierte meine Aura mal eben kurz »ruckizucki«, um die Angst und den Schwindel in einer Sitzung aufzulösen. »Wer's glaubt, wird selig«, dachte ich insgeheim. Fühlte mich aber sehr wohl und gut aufgehoben bei ihr und schwebte in angenehmster und trotzdem irgendwie gut geerdeter Stimmung nach Hause (das klingt vielleicht paradox, beschreibt aber das Gefühl am besten). Was sie tut, ist rein äußerlich betrachtet nicht viel. Sie erspürt im Stehen die äußere und innere Schicht der Aura und kann fühlen, an welchen Organen und Stellen Problemzonen vorliegen. Dann legt sich der Klient gemütlich auf eine Matte und sie »zupft« bei schöner Musik in der Aura herum, entfernt Unliebsames, glättet, stabilisiert und baut auf. Rein physisch gesehen, fährt sie in verschiedener Weise in etwa einem Meter Abstand vom Körper über dem Klienten mit den Händen auf und ab. Es gibt keinerlei physische Berührungen. Der Aura wird auf diese Weise lediglich rein energetisch vorgemacht, was sie selber nachmachen soll. In der Nacht nach der ersten Behandlung hatte ich einen Traum, der sich bisher auch ein- bis zweimal pro Jahr wiederholt hatte. In diesem Traum trat immer eine der angstauslösenden Situationen auf und ich war selbst im Traum schon so weit gewesen, dass ich jeweils träumend dachte: »Ach, jetzt kommt wieder dieser Angstanfall – da kann man nur warten, bis er vorbeigeht.«

Dieses Mal jedoch träumte ich dieselbe Situation und blieb völlig ruhig und gelassen. Das war so ungewohnt, dass ich vor Überraschung erwachte und es nicht glauben konnte: »Was? Es ist ja alles anders! Der uralte Traum und immer kam die Angst und heute bleibt sie völlig aus.« Ich war begeistert. Das Leben wollte anscheinend mein Vertrauen in das weitere Ausbleiben der Angst stärken, denn es sandte mir in den beiden folgenden Tagen jeweils eine der seltenen Situationen, die bis dahin das Angstgefühl ausgelöst hatten. Und genau wie im Traum blieb es einfach aus. Aus, vorbei und weg. Ich war tief beeindruckt – und bemerkte ganz nebenbei, dass das Schwindelgefühl auch verschwunden war. Verflixt, dann war es wohl doch der Solarplexus gewesen.

Ich war wirklich beeindruckt und bin es bisher immer geblieben. Ein anderes Mal hatte ich nach einem Vortrag ein Kratzen im Hals und dachte, dass ich in der trockenen Luft zu lange geredet hätte. Außerdem schien ich mir den Magen verdorben zu haben, denn in der Gegend drückte es auch irgendwie. Da ich sowieso einen Genuss-Termin bei Frau Hanke hatte (auch reiner Genuss und allgemeine emotionale und geistige Stabilisierung sind ein guter Grund hinzugehen), dachte ich, dass sie sicher nebenbei auch dagegen etwas tun könnte. Ich ließ sie die Aura scannen und sagte erst einmal nichts, denn ich dachte, diese Kleinigkeiten würden von alleine weggehen, wenn sie die Aura stabilisierte.

Sie ließ mich jedoch gleich wissen, dass ich irgendein Problem mit dem letzten Eisprung oder etwas Ähnliches gehabt haben müsse, denn sie könne eine Blockade in der Aura beim Unterleib fühlen. Ob ich nicht auch ein Kratzen im Hals hätte, denn sie könne spüren, dass diese Energie im Unterleib sich schon in den Hals fortgesetzt habe. In dem Moment fiel es mir ein: Der letzte Besuch beim Gynäkologen! Sie hatte recht, auf diese Idee und diesen Zusammenhang war ich nur gar nicht gekommen. Natürlich waren beide Probleme nach einer Sitzung bereits wieder erledigt.

Mein persönlich beeindruckendstes Erlebnis mit ihr war in meiner Schwangerschaft, als ich eine so starke Schilddrüsenüberfunktion bekam, dass ich einen Ruhepuls von 130 hatte, selbst wenn ich mich zum Schlafen hinlegte.

Die Schilddrüse produzierte von allem das Doppelte der maximal noch verträglichen Menge. Die Schulmedizin wollte mir sofort Schilddrüsenblocker von der Pharmaindustrie verordnen. Gift pur, meiner Meinung nach, das außerdem hätte bewirken können, dass meine Zwillinge gleich mit Schilddrüsenunterfunktion auf die Welt gekommen wären. Nein, nein, das konnte es nicht sein.

Ich rannte also wieder einmal mit fliegenden Fahnen zu Frau Hanke. Ergebnis: Eine Sitzung und der Puls ging runter auf 80! Von 130, das kann sich doch sehen lassen, oder? Der Bluttest, den ich gleich darauf zur Kontrolle wieder machen ließ, ergab, dass die Schilddrüsenwerte wieder normal waren, wenn auch am oberen Rand. Ich habe dann noch vier Tage Ayurveda-Softkur für Schwangere drangehängt und danach waren die Schilddrüsenwerte wieder vollkommen im grünen Bereich. Ätsch – Schilddrüsenblocker unnötig. Nebenwirkungen gespart. Gut für die Kinder und gut für mich.

Wer sich nun von diesen spirituellen Heil-Möglichkeiten gar nicht oder nur halb angesprochen fühlt, für den ist vielleicht im Folgenden etwas dabei. Denn es führen auch bei der Gesundheit viele Wege nach Rom. Die Kunst liegt darin, das zu finden, was zu einem passt. Der Wegweiser ist das Wohlfühlgefühl.

Heilweisen der Indianer Mexikos

Wie heilt man, wenn man in einem Karton in der mexikanischen Wüste lebt und außer ein paar Kräutern, ein bisschen Holz und wenigen Federn nichts zur Verfügung hat?

Zwei sehr schlichte Schamanen aus der Wüste Mexikos lud der Völkerkundler Holger Kalweit zu einem Seminar im Indianerzelt am Bodensee ein, bei dem sie den Teilnehmern demonstrierten, wie einfach Heilung funktionieren kann. Vater und Sohn erklären, wie es geht:

»Zuerst singen und tanzen wir und sitzen einfach eine Weile beisammen. Das machen wir so lange, bis wir spüren, dass die Energie gut genug ist, um mit der Heilung zu beginnen. Manchmal dauert das nur ein paar Stunden, manchmal muss man für mehrere Tage zusammen sein und singen und tanzen, bis alle sich entspannt haben und offen sind für die Heilenergie. Dann beginnen wir mit der Heilung.«

Die Heilung funktioniert mit Räuchern, Wedeln mit Federn (Aura reinigen) und Energieübertragung. Nichts Spektakuläres. Der Trick, den wir übernehmen können, ist einfach nur der, dass viele Menschen zusammenkommen und ein entspanntes Beisammensein ohne Zeitdruck genießen. In solch einer Atmosphäre werden die Energien automatisch besser und eine Heilung kann ganz nebenbei geschehen. Die Heilung versteckt sich hinter einem schlichten, entspannten Wohlfühlgefühl.

Von den Indianern konnte ich vor allem eine große Ruhe und Gelassenheit mitnehmen. Wer drängt einen schließlich in der Wüste Mexikos? Bei den beiden eilte wirklich nichts, aber auch rein gar nichts. Der Unterschied zwischen dem Lebensstil der beiden und meinem beispielsweise ist so groß, dass er beim ersten Atemzug spürbar war.

Mit einem Fremdheitsgefühl zwischen uns hatte das trotzdem nichts zu tun. Die beiden vermittelten mehr zwischenmenschliche Nähe als so mancher alte Freund, den man hierzulande schon seit Jahren kennt.

Die Indianer leben und lehren
- Schlichtheit
- Ruhe
- Zeit für das Wesentliche, das so unwesentlich aussieht und es doch nicht ist
- schöne Momente ohne Erwartung und ohne Zeitdruck einfach mit anderen zu genießen
- und einfach zu SEIN!

Auch einige der frühen mexikanischen Indianervölker scheinen über ein enormes Wissen verfügt zu haben. Es gibt handgemalte Bücher von ihnen noch aus der Zeit der spanischen Eroberung. Ihnen sowie einigen anderen Überlieferungen kann man entnehmen, dass diese Indianer in ihren Liedern, Gebeten, Hymnen oder auch in Hochzeits- und Beerdigungstexten immer wieder Hinweise auf die biologische Abstammung des Menschen mit eingeflochten haben. So wussten die Indianer beispielsweise über den Prozess der Zellteilung und wie daraus in den Anfängen der Schwangerschaft der Fötus entsteht, genau Bescheid. Es gibt Hinweise auf die Doppelhelix der DNS und auf die Funktion der Chromosomen als Träger des genetischen Codes. Unsere Großeltern hatten noch keine Ahnung von so etwas, aber eine jahrtausendealte Kultur sollte schon Bescheid gewusst haben?!

Der Diskus von Phaistos in der Ruine eines Palastes auf Kreta aus der Zeit um 1700 v.Chr. soll ähnliche Symbole enthalten, die aus diesem Blickwinkel völlig neu gedeutet werden können.

Und auch die Sumerer (eine Zivilisation von vor 7000 Jahren) wussten schon mehr, als wir heute wissen. Sie haben ihr Wissen auf Rollsiegeln verewigt. Es gibt Sammlungen von über 10000 dieser Siegel. Oberflächlich betrachtet stellen sie Szenen aus dem Leben der alten Sumerer dar. Aber ein US-Wissenschaftler, der Atomphysiker Prof. Dr. George Merkl, fand heraus, dass die dargestellten Personen auf den Siegeln in Wahrheit Einzelteile genetischer Prozesse symbolisieren.

Merkl baute das, was er nachvollziehen konnte, nach den Anweisungen der Sumerer nach und erhielt lebende »Biomaschinen«, die Proteine produzieren und Energie aus dem Universum generieren können. Das im Detail hier zu beschreiben wäre vielleicht ein wenig zu abgehoben und sprengt den Rahmen dieses Buches. Deshalb habe ich einen Artikel darüber auf meine Homepage www.baerbelmohr.de und dort ins kostenlose Online-Magazin gestellt.

Nur noch eine winzige Kleinigkeit zu den 7000 Jahre alten sumerischen Rollsiegeln: Selbst in mehrtausendfacher Vergrößerung zeigen sie deutlich Formen aus der sogenannten fraktalen Geometrie. Mit heutiger Technik wäre es nicht möglich, diese Formen in ein derartiges Siegel so genau einzugravieren. Vor 7000 Jahren war es offenbar möglich.

Wo um alles in der Welt hatten die Sumerer, die mexikanischen Indianer und die alten Kreter dieses Wissen her?

Bei Castaneda kann man ein bisschen darüber lesen, wie manche Kulturen durch ein gezieltes Training mit natürlichen Halluzinogenen Kontakte zu anderen Bewusstseinsebenen aufnehmen können (allerdings lernen und lehren die das von Kindheit an, und es ist eine Schulung für sich. Beim schnellen Trip ohne Vorahnung verirrt man sich hoffnungslos). Auch einigen Kammern in den Pyramiden von Gizeh wird nachgesagt, dass sie als Einweihungskammern für solche Kontaktaufnahmen mit anderen Welten benutzt worden sein sollen. Wer weiß. Auch heute gibt es gelegentlich in der ganz »abgefahrenen Esoterikerszene« Kurse, um zu lernen, wie man in der Akasha-Chronik liest (Akasha-Chronik = universelles Gesamtwissen aller Zeiten). Auch das Fernwahrnehmungsmedium Josef McMoneagle, das eine extrem hohe Trefferquote hat (er fand in seiner Militärzeit u.a. Entführte, Minen, nukleare geheime Standorte u.v.m. per Fernwahrnehmung, also rein medial), bedient sich gelegentlich in der Akasha-Chronik.

Die Schwierigkeit liegt jedoch darin, eine klare Erdanbindung zu behalten und nicht in Phantasiewelten verloren zu gehen. Und so bleibt es auch in allen Kursen und bei den meisten Medien ein Seltenheitserfolg, wenn nachvollziehbare konkrete Fakten medial aus der »Universumsbibliothek« abgefragt werden können. Vermutlich beharren wir innerlich zu sehr auf unserem Schulwissen, um wirklich in die Stille hineinlauschen zu können und um die Antworten von dort vernehmen zu können.

Aber auf jeden Fall liefern uns alle diese alten Kulturen und Erfahrungen einen Hinweis darauf, dass der Mensch in der richtigen Schwingung und inneren Einstellung Zugang zu Informationen und Energien weit außerhalb seines Tagesbewusstseins erhalten kann. Es ist eigentlich naheliegend irgendwo dort in diesen Bewusstseins- und Informationsfeldern auch nachzufragen, wie wir uns selbst ganz individuell heilen können. Ich könnte mir vorstellen, dass der Mensch der Zukunft das irgendwann wieder beherrschen wird.

Zwischenmenschliche Nähe und die richtige Schwingung

In der richtigen Schwingung sollen wir uns also befinden und die Energie muss gut sein, wenn wir geheilt werden wollen. Seltsam eigentlich, dass diese mexikanischen Schamanen fast dasselbe sagen wie die moderne neurobiologische Forschung: Der Mensch erzeugt selbst die Stimmung, in der Heilung möglich ist.

Schamane oder Wissenschaftler, die einen haben es im Blut, die anderen im Forschungslabor: Beide wissen intuitiv oder durch Forschungsergebnisse, dass unser Körper auf Worte oder kleine Rituale und Absichten hört, reagiert und sich sogar selbst heilt, wenn wir innerlich in der richtigen Verfassung dafür sind. Wow!

Das Basiswissen über Heilung ist offenbar schon immer auf der Erde vorhanden und es hat sich kaum gewandelt: Wenn ich selbst in der Lage bin, mich zu heilen, dann bin ich auch diejenige, die mit ihrem inneren, geistigen und gefühlsmäßigen Gesamtzustand selbst verantwortlich ist für die Manifestationen in ihrem eigenen Körper!

Da forschen wir und forschen für zig Millionen und Milliarden und am Schluss kommt heraus, dass es eigentlich ganz egal ist, ob man nun mit Singen und Tanzen im Stammeskreis oder mit hochtechnisierter Genforschung arbeitet. Das Innere muss in die richtige Schwingung versetzt werden, das heißt die richtige Einstellung haben und sich wohl fühlen – das ist die Hauptsache.

Wenn ich mich allerdings an die seelenruhige Gelassenheit und die naturverbundene Reinheit der beiden Schamanen zurückerinnere und mir dann vorstelle, ich müsste singen und tanzen, bis die beiden zu dem Ergebnis kommen, dass ich nun in der richtigen Schwingung bin, um mich von einer schweren Erkrankung zu heilen, dann befürchte ich, dass ich unter fünf Jahren Singen und Tanzen am Stück nicht davonkommen würde.

Und dabei können Singen und Tanzen und zwischenmenschliche Nähe, so profan es für manchen vielleicht klingt, die entscheidenden Lebensverlängerer sein. Aber wir haben uns einfach sehr weit von unserer eigenen Natur entfernt.

Der amerikanische Herzspezialist Dean Ornish belegt dies eindrucksvoll. Er hat es sich zur Aufgabe gemacht, die Menschen darüber aufzuklären, dass zwischenmenschliche Nähe, Liebe und echte Freude am Leben weit mehr zur Stärkung des Immunsystems und zur Heilung, selbst bei schweren Herzkrankheiten, beitragen als jede andere Therapie.

Dabei reichen oft schon kleine Impulse aus: Bei einer Gruppe von Krebskranken im etwa gleichen Krankheitsstadium bot man der Hälfte der Kranken die Teilnahme an einer Selbsthilfegruppe an. Einmal wöchentlich sprachen die Betroffenen dort mit anderen Kranken und tauschten sich über ihre Gefühle und Ängste aus

(= zwischenmenschliche Nähe) und unterstützten sich mit gegenseitigen Besuchen, wenn einer ein Tief hatte.

Die andere Hälfte nahm an keiner solchen Gruppe teil. Das Ergebnis war, dass die Teilnehmer der Selbsthilfegruppe mit weitem Abstand länger lebten oder sogar ganz gesund wurden, während die ohne Selbsthilfegruppe zum größten Teil relativ schnell verstarben (es waren alles schon Kranke mit fortgeschrittenem Krebs).

Ornish zeigt anhand von weiteren Studien, dass selbst stark blockierte Koronararterien messbar weniger starke Blockierungen zeigen, wenn die Patienten an den Selbsthilfeprogrammen für mehr Liebe und Selbstachtung teilnehmen. Dies gelingt zum Teil in wenigen Wochen und völlig ohne Medikamente.

Das Ausmaß der Reversibilität von Erkrankungen der Herzkranzgefäße ist zudem nie abhängig vom Alter oder der Schwere der Erkrankung, sondern hauptsächlich davon, in welchem Umfang die Patienten ihre Lebensweise ändern.

Wie Ornish zeigt, verbessert damit der Faktor zwischenmenschliche Nähe die Heilungschancen bei Schwersterkrankungen um ein Vielfaches mehr als alle Therapien, Medikamente, Ernährungsumstellung oder sonst etwas.

DAS gibt sehr zu denken!

Wir kommen also der Sache immer näher: Singen und Tanzen mit Gleichgesinnten, gemeinsam etwas unternehmen oder verbindende Gespräche führen, sich von diesen scheinbaren Kleinigkeiten des alltäglichen Lebens innerlich berühren lassen und erkennen, wie viel Kraft in solchen scheinbar banalen Dingen liegt, das sind mögliche Schlüssel zur ganzheitlichen Gesundheitsschwingung.

Das erinnert mich übrigens an das Buch von Thomas Klüh (»Mein Weg zum Glück«, www.thomasklueh.de), das ich gerade gelesen habe. Thomas beschreibt, dass der Mensch drei Glückszentren im Gehirn hat: ein Zentrum für Verbundenheitsgefühle, eins für Genuss und eins für Lust (Lust auf etwas, Lust etwas zu tun).

Das erklärt, warum unsere Seminare (die von Thomas und die von mir), die eigentlich der Intuitionsstärkung, der bewussten Realitätsgestaltung und dem Öfter-glücklich-sein dienen, ganz nebenbei noch die Gesundheit zu stabilisieren scheinen. Dieses Feedback habe ich zumindest schon öfter von Wiederholern bekommen. Je mehr sie Verbundenheit, Genuss, Freude und Lust am Leben verspüren, desto gesünder werden sie.

Auch das zeigt, wie sehr emotionale und körperliche Gesundheit zusammengehören und dass es beim Gesundwerden und -bleiben um Selbsterfahrungsprozesse und die Erfüllung grundlegender menschlicher Bedürfnisse geht: Verbundenheit, Nähe, Freude am Sein, etc.

Wenn einer singt und tanzt, die ganze Familie und die besten Freunde dabei um sich hat und trotzdem in keine gute Schwingung kommt, dann liegt es nicht daran, dass Singen und Tanzen langweilige Beschäftigungen für Primitive sind, sondern dass derjenige den Wert in diesen Dingen nicht mehr vollständig erkennen kann und sich im Extremfall sogar langweilt, weil er »auf Größeres« hofft, aber selbst nicht so genau weiß, was das denn sein soll.

Zu den äußeren Tätigkeiten kommt also dazu, sich innerlich dafür zu öffnen, ihren Wert für sich selbst zu erschließen und sich davon dann auch tatsächlich in die richtige Schwingung »beamen« zu lassen, das heißt sich positiv berühren zu lassen.

Healers Who Share (Heiler, die teilen) ist eine Vereinigung von Heilern, die auf sehr moderne Weise mit Schwingung arbeiten und die ihr Wissen ebenfalls gerne teilen. Ihre Devise: »Wir glauben, dass Heilung von Gott kommt, und Gott hilft denen, die sich selbst helfen.« Sich selbst sehen die Therapeuten von Healers Who Share als Trainer, die den Menschen helfen, ihre Selbstheilungskräfte wieder zu nutzen und zu entfalten.

Die Grundannahme von David Alan Slater, dem Gründer von Healers Who Share ist die gleiche wie in fast der gesamten Naturheilkunde, nämlich dass man aus jedem Krankheitssymptom Rückschlüsse auf die Gedanken und Gefühle des Kranken ziehen kann. Letztere bilden quasi den Nährboden für die Krankheit. Und solange man den Nährboden einer Krankheit nicht entfernt, wird sie immer wieder neu darauf wachsen.

Eine Krankheit beispielsweise, die das Symptom von Ärger, schlechter Stimmung und Resignation ist, kann nur dann dauerhaft verschwinden, wenn man den Nährboden »Ärger, Verstimmung, Resignation« entfernt.

David Alan Slater stellt Schwingungsmittel her, die diesen Nährboden langsam und Stück für Stück abtragen sollen, sodass die Krankheit nichts mehr hat, worauf sie wachsen und entstehen kann. Ähnlich wie homöopathische Mittel enthalten sie keine physische Substanz von irgendetwas, sondern lediglich die Schwingungen. Der Klient nimmt meist über ein bis zwei Jahre hinweg zwei- bis dreimal am Tag zirka zehn verschiedene Tropfen oder Globuli hintereinander. Zwischen den einzelnen Mitteln müssen 20 Sekunden Abstand sein und man darf 20 Minuten vorher und nachher nichts essen oder trinken (außer Wasser ohne Kohlensäure).

David geht davon aus, dass unsere Gene eigentlich alle heil und perfekt, jedoch vielfach mit einer Art Schmutzschicht überzogen sind, die die Fehlfunktionen bedingt (das, was Joachim Bauer als regulierendes Schaltergen bezeichnet). Viele von diesen Schichten sind laut Slater vererbt. David möchte mit seinen Schwingungsmitteln jedoch erreichen, dass diese Schichten abgetragen werden.

Da die Einnahme eine hohe Eigeninitiative erfordert und außerdem über einen langen Zeitraum geht, kann die Schwingung langsam auf das Bewusstsein und die Denkmuster sowie auf die Schichten an den Gensträngen wirken und der Mensch kann sich schrittweise heilen ohne jede Heilkrise, wie sie in der Homöopathie oft auftritt.

Healers Who Share: »Der Prozess erfordert, dass der Nutzer konsequent über einen langen Zeitraum regelmäßig die Mittel einnimmt. Das Resultat hat viel gemeinsam mit dem, das durch das Wiederholen von Affirmationen, mit denen die Person ihre eigene Gesundung beeinflusst, erzielt wird. Wir glauben, dass die Heilung einer Person, die so viel konstanten und bewussten Einsatz für sich selbst erbringt, dauerhaft sein wird, denn Gott hilft denen, die sich selbst helfen.«

Die Mittel werden übrigens unter anderem durch elektronische Schwingungsapparate hergestellt, und getestet wird an Speichelproben von den Patienten. Man schickt den Speichel ein und erhält eine Liste der gefundenen Belastungen sowie des gegenwärtigen Zustands aller Organfunktionen. Daraus abgeleitet wird ein Therapievorschlag, welche Mittel man nehmen sollte. Es werden übrigens auch ererbte Krankheitsdispositionen gefunden, die erst in vielen Jahren zum Tragen kommen könnten. Aber je früher man sie auflöst, desto besser ist es natürlich.

Ich habe mir meinen Speichel ebenfalls austesten lassen und hatte unter den ersten zehn Mitteln so seltsame Dinge wie ein Schwingungsmittel gegen Tuberkulose. So etwas habe ich doch noch nie gehabt. Laut David habe ich aber eine erbliche Belastung in der Richtung und seiner Meinung nach wütet Tuberkulose nicht nur in der Lunge, sondern kann sich in vielen Organen festsetzen.

Es waren noch andere »sehr merkwürdige« Diagnosen dabei, und ich bin gleich zu meiner Lieblingsheilpraktikerin Sybille gerauscht und habe sie testen lassen. Das erste der zehn Mittel enttäuschte uns gleich: Es brachte kaum eine Besserung in meinem Energiesystem (wir haben mit dem RAC getestet, Näheres siehe im Kapitel »Alternative Diagnoseverfahren«). Die nächsten acht Mittel jedoch brachten jedes einzelne exzellente Verbesserungen. Vor allem die von mir voreilig etwas verlachten Tuberkulose-Mittel. Wir waren sehr beeindruckt.

Das zehnte Mittel verbesserte dann wieder nur wenig. Alles in allem hat David Slater eine mehr als überraschende Trefferquote. Man sucht normalerweise oft lange, um ein oder zwei Mittel zu finden, die wirklich so deutliche Besserungen hervorrufen. Aber acht auf einmal zu liefern und das per Speichelferndiagnose, das ist wirklich sehr gut und bewundernswert.

Noch dazu, das fällt mir gerade so ein: Eines der Mittel, das nur wenig verbesserte, habe ich schon fast fertig eingenommen. Die Dose ist nahezu leer. Vielleicht brauche ich es bereits nicht mehr. Im Nachhinein lässt sich das nicht mehr nachvollziehen.

Das hört sich klasse an, dass es eine solche Möglichkeit gibt, aber es gibt uns auch wieder einen generellen Hinweis: Da gibt es also Menschen, die am Speichel mittels Schwingung die Belastungen herausfinden, und dann übertragen sie auf ähnliche Weise die jeweils benötigten Heilschwingungen auf Globuli und Tropfen.

(Falls sich einige wundern, wie man denn so etwas testet: Es gibt verschiedene Methoden. Mit dem Synchrometer, das in dem noch folgenden Parasitenkapitel beschrieben ist, könnte man es beispielsweise messen. Es würde sich dann jeweils eine Tonveränderung ergeben, wenn eine gleiche Schwingung gefunden wird. Aber auch mit dem RAC oder der Meridiandiagnostik ginge es – das kommt später noch ausführlicher.)

Wie ergänzt sich das mit den Informationen von gerade eben?

Wir erzeugen in uns die richtige Schwingung und Stimmung, um offen für Heilung zu sein, und hier erkennen wir an unserer eigenen Schwingung, was genau uns fehlt, und übertragen dann eine heilende Schwingung auf einzunehmende Mittel.

Es schwingt also alles von überall. Und wenn wir mit Tanzen und Singen eine gute Schwingung erzeugen können, dann können wir vermutlich auch selbst solche Heilmittel herstellen! Wie wäre es: Wir besorgen uns selbst »leere« Globuli (sie bestehen aus Milchzucker) und gründen einen Heilkreis, in dem wir unsere Heilmittel selbst erzeugen. Immer wenn wir wieder einmal keine Zeit zum Tanzen und Singen haben, nehmen wir stattdessen selbst hergestellte Globuli ein. Das ist dann Eigenverantwortung total und ich bin davon überzeugt, dass solche Methoden sich ausbreiten und für immer mehr Menschen ganz normal sein werden. Jetzt werden sich dem einen oder anderen vermutlich noch die Haare sträuben und er wird sich fragen, ob ich nicht allmählich komplett verrückt bin. Das macht aber nichts. Vielleicht erinnerst du dich in zehn oder zwanzig Jahren, wenn du gerade ein Heilmittel für deine Enkelkinder gegen Erkältung zusammenmeditierst: »Ach ja, damals hat eine gewisse Mohr mir das ja schon prophezeit, dass ich so etwas einmal tun würde. Aber da dachte ich eigentlich noch, dass die ein totales Rad ab hat …«

Selbstgebastelte Medizin vom Feinsten

Glaube nichts, bevor du es nicht ausprobiert hast. Es müssen keine Globuli sein. Vielleicht gehen auch Trockenfrüchte, getrocknete Blätter, Wasser oder selbstgemachte Amaranth-Honig-Kekse (am besten singen und meditieren beim Kochen). Erstelle dir deine eigenen Heilmittel. Spiel doch wieder einmal wie ein Kind Onkel und Tante Doktor und such dir etwas aus, das dir als selbstgebastelte Medizin so richtig Spaß machen würde. Dann überleg dir, was für dich der schönste Ort der Welt ist und wer die für dich liebsten und wichtigsten Menschen der Welt sind. Vielleicht kannst du mit diesen Menschen an diesem Ort ein Heilritual machen (das ihr euch selbst ausdenkt) und dort stellt ihr eure eigenen Heilmittel her.

Ein Beispiel: Erna, Fred und Tante Larissa treffen sich zum Do-it-yourself-Heilmittel-Herstellen im Rosengarten von Tante Larissa. Erna hat Heuschnupfen, Fred ein kaputtes Knie und Tante Larissa Kopfschmerzen.

Erna liebt getrocknete Feigen, Fred bevorzugt schlichtes Wasser und Tante Larissa die klassischen Globuli.

Dann singen und tanzen die drei, sitzen gemütlich

beisammen und tun das so lange, bis sie das Gefühl haben, die Energie ist richtig gut und heimelig. Dann nehmen sie sich als Erstes Freds Wasser in der wunderschönen Karaffe, die er sich extra hierfür gekauft hat, vor: Sie konzentrieren sich auf Freds kaputtes Knie, rufen eine hierfür passende Heilenergie herbei und bitten das Wasser, für diese als Träger zu fungieren, sodass Fred diese Energie immer wieder einnehmen kann.

Zum Abschluss meditieren die drei. Das heißt, sie versenken sich völlig unheilig und unspektakulär nach innen, beobachten dabei ihre Gedanken und inneren Prozesse, ohne sie festhalten zu wollen, erinnern sich an die glücklichsten Momente ihres Lebens und stellen sich gefühlsmäßig und auf der Herzebene vor, wie dieses Wasser ganz von der nötigen Heilenergie erfüllt wird.

Je nach persönlichem Geschmack kann man Schutzengel, Heilengel und Gott und die ganze lichte, geistige Welt dazu einladen.

Nun ist das erste Heilmittel bereits fertig.

Danach kommen Ernas Feigen und Tante Larissas noch uninformierte Globuli an die Reihe. Ganz einfach. So ein Nachmittag macht bestimmt Spaß. Und wenn man die Mittel einen Monat lang morgens und abends eingenommen hat, trifft man sich wieder und tauscht sich aus, ob und welche Verbesserungen es gegeben hat. Und entscheidet dann, ob man Gefallen an der Methode findet oder doch lieber noch einen fremden Heiler konsultiert oder das Ganze als Unsinn abtut. Das ist alles erlaubt, ich lade lediglich zum Ausprobieren ein. Aber falls Gott und das Universum doch denen helfen sollten, die sich selbst helfen, so hat man mit dieser Methode die besten Chancen, eventuell auch sehr große Veränderungen zum Guten selbst und ohne fremde Hilfe (außer der aus dem Universum natürlich ☺) zu erzielen.

Selbstverständlich kann man auch alleine Heilmeditationen durchführen oder sich eine andere, ganz individuelle Heilmethode für sich selbst ausdenken.

Einen Vorschlag für eine Heilmeditation möchte ich hier noch machen:

Entspannen, atmen, zur Ruhe kommen, wie immer. Sobald du dich ruhig, gut und entspannt fühlst, stellst du dir vor, dass du den kranken Teil deines Körpers herausnimmst und zurück bleibt nur ein rein energetischer Leihkörperteil des Himmels (in deiner Vorstellung).

Du schickst nun deinen reparaturbedürftigen Körperteil (Zähne, den Darm, die Leber, den Fuß, was immer) in deinen inneren Bildern hinauf in den Himmel und ins Licht. Schicke ihn gedanklich auf die Ebene der höchsten Heilung und bitte darum, dass er dort vollkommen repariert und gestärkt wird. Je tiefer du dich von diesen Bildern berühren lassen kannst, desto besser wirken sie.

Wann immer es sich für dich gut anfühlt, stellst du dir vor, dass du nun den reparierten Teil wieder zurückerhältst und du setzt ihn gedanklich wieder in deinen Körper ein. Fertig. Wie gesagt, je tiefer die Entspannung und die Gefühle positiver Berührung dabei sind, desto besser wirkt es. Ansonsten kann man diese Übung auch beliebig oft machen – oder sie nach eigenem Geschmack variieren. Wir sind alle selbst unsere besten Heiler. Wir brauchen uns dessen nur bewusst zu werden.

Und gleich noch ein zweites selbstgebasteltes Heilmittel: Ich habe mich in einer besonders guten und tiefen Meditation ans Universum gewandt (ich wende mich in meinen inneren Bildern immer gerne ans Universum, aber das sagt nichts darüber aus, ob jemand anders sich nicht lieber andere Bilder schafft, es passt für mich, mehr will ich damit nicht sagen) und gefragt, ob es nicht noch eine Methode mit Turbobeschleuniger wüsste, wie ich mir ein hocheffizientes Heilmittel für mich selbst erschaffen könnte. Eins, das alle Gene inklusive Schaltergenen und das Immunsystem auf optimale Funktion einstellt.

Klar, das Universum hat immer ein paar Ideen auf Lager. Ich kann nur empfehlen, selbst nachzufragen, was der ganz persönlich beste Tipp wäre.

Mir gab es folgenden Rat: Begib dich zu deinem Freund Aki auf den Oberstdorfer Kraftplatz. Aki besitzt das Natur- und Energiehotel Waldesruhe in Oberstdorf (www.waldesruhe.com), und direkt am Hotel gibt es einen Kraftplatz, der laut Messungen genauso stark sein soll wie Lourdes. Viele Landschaftsheiler halten diesen Platz für einen der wichtigsten Energieplätze in Deutschland. (Wer Näheres zu der originellen Geschichte des Platzes lesen will, findet unter dem Titel »Klein Lourdes in Oberstdorf« einiges auf meiner Homepage im kostenlosen Online-Magazin dazu).

Auf diesem Platz sollte ich meditieren und mir ein Aufnahmegerät mitnehmen und einen selbstausgedachten Heiltext auf das Band sprechen.

Beispielsweise: »Ich bin vollkommen gesund. Alle meine Körperfunktionen sind optimal. Meine Schaltergene (klar, dass das derzeit reinmuss bei mir, wem es nichts sagt, der lasse es raus, es geht um das, was einen selbst am meisten berührt und erfreut) sind alle für optimale Körperfunktion und Gesundheit eingestellt. Meine Lebenseinstellung ist positiv, weise und liebevoll allem und allen gegenüber, inklusive mir selbst ...«

Beim Aufsprechen des Textes solle ich jedoch – und

das ist der wichtigste Teil – auf meine Stimmlage achten. Ich solle so sprechen, dass meine eigenen Ohren beim Zuhören den Eindruck haben, da spricht eine komplett in Liebe und Gesundheit stabile Person, eine Person, die mit Himmel, Erde und sich selbst im perfekten Einklang ist (quasi eine Erleuchtete ☺).

Das Universum schätzte, dass ich vermutlich zehnmal anfangen müsste, bis ich einen Tonfall treffen würde, den ich mir selbst wirklich glaube.

Aber die Mühe wäre es wert. Denn niemandem glaubt mein Unbewusstes und mein Gehirn mit seinen neurobiologischen Reaktionen mehr als mir selbst. Täglich ist der Tonfall meiner Stimme ein Instrument zur Feinjustierung meiner aktuellen genetischen Aktivierung in Richtung Krankheit oder Gesundheit (sagte das Universum, das ist eine wissenschaftlich völlig unfundierte Aussage, es kann der komplette Blödsinn sein, es war nur meine Info vom Universum für mich in dem Moment, ich bitte dies bei diesem Heilmittelbeispiel immer zu bedenken).

Wenn nun mein gesamtes Körpersystem jeden Morgen beim Aufwachen und jeden Abend beim Einschlafen meine Stimme vorgedudelt bekommt in einem Tonfall und mit einer Energie, die deutlich über meiner bisherigen Durchschnittsenergie liegt, dann glaubt mein Körper, er habe was verpasst und er müsse ganz dringend einige Korrekturen in Richtung mehr Gesundheit vornehmen. Und das macht er dann auch brav – sagt das Universum.

Es fügte dann in meiner inneren Vision noch an, dass ich, wenn ich das Gefühl bekomme, im Tagesdurchschnitt die Stimmung vom Band erreicht zu haben, das ganze Spiel wiederholen kann und eine neue Kassette in der nächsthöheren Stimmung erstellen kann.

Weitere geeignete Orte zum Erstellen von solchen Heiltapes für sich selbst sollen übrigens sein: Seeufer, gerne mit Lagerfeuer, Berggipfel mit wunderschöner Sicht sowie alle Orte in der Natur, an denen man sich besonders wohl fühlt. Der beste Zeitpunkt zur Aufnahme soll der Sonnenaufgang sein.

Zum Abschluss dieses Kapitels fällt mir noch eine Aussage eines Befürworters der Eigenverantwortungs- und Nicht-nur-Körper-sondern-auch-Seele-Heilungs-Theorie ein. Sie betont noch einmal die Wichtigkeit zwischenmenschlicher Beziehungen, wenn es um Heilung und seelisches Heilsein geht. Sie stammt von Urs Hochstrasser (mehr über ihn erfahrt ihr in dem noch folgenden Darmgesundheitskapitel, Unterabteilung Rohkost). Urs ist Rohkost-Gourmet-Koch, beziehungsweise logischerweise nicht Koch, sondern eher Nahrungszubereiter. Seine Buffets sind immer die reinsten Kunstwerke, weil er möchte, dass auch Menschen, die so gut wie nie etwas Rohes anfassen, davorstehen und dass ihnen das Wasser im Munde zusammenläuft und sie es gar nicht erwarten können, sich mitten hineinzustürzen ins rohe Vergnügen.

Das hat einen ganz speziellen gedanklichen Hintergrund bei ihm: Er meint, dass die Natur es eigentlich so gedacht hat, dass wir Menschen nach der Geburt sehr viel herumgetragen werden mit direktem Hautkontakt, so wie es bei einigen Naturvölkern in warmen Klimazonen immer noch üblich ist. Das gibt ein intensives Geborgenheitsgefühl vom Anfang des Lebens an.

Hierzulande jedoch werden die Babys gleich nach der Geburt in Tücher eingehüllt und dann viele Stunden am Tag alleine in ein »Kistchen« gelegt. Kein Hautkontakt, kein spürbares, ständig anwesendes Leben mehr um sie herum wie vorher im Bauch der Mutter.

Urs vermutet, dass wir alle uns bei dieser Behandlung unausweichlich allein gelassen und ungeborgen fühlen müssen.

Intensiven Hautkontakt gibt es für ein Baby am ehesten, wenn es gestillt wird, also beim Essen. Und wenn wir größer werden, ist die Geborgenheit wieder beim Essen am größten, weil jeweils zu den Mahlzeiten meist die ganze Familie zusammenkommt. Essen wird daher sehr schnell mit Geborgenheit assoziiert. Dabei vermittelt natürlich nicht das Essen die wirkliche Geborgenheit, sondern der Kontakt mit anderen.

Aufgrund dieser Fehlassoziation ist aber laut Urs, Kuchen und Essen generell, in allen Spielarten so beliebt. Es tröstet uns immer wieder über ein Gefühl von Ungeborgenheit hinweg. »Zum Rohköstler zu werden oder selbst auch nur mal eine Fastenzeit einzulegen bedeutet zwangsläufig, mit sich selbst konfrontiert zu werden und diese Urgeborgenheit wieder in sich selbst, anstatt im Essen zu finden. Niemand wird dauerhaft Rohköstler bleiben können, der diesen Zusammenhang nicht in sich aufdeckt und dann so das Kompensieren mit der heutigen Esskultur ganzheitlich in sich beendet«, berichtet Urs. In seiner Schule des Lebens lehrt er daher nicht nur, wie man ebenfalls zum Rohkost-Gourmet-Nahrungszubereiter wird, sondern er lehrt auch, wie man Zugang zum ursprünglichen, natürlichen Geborgenheitsgefühl findet.

Dass Essen bei den meisten von uns mehr eine Sucht ist als eine Ernährung im normalen Rahmen, dafür spricht auch die Aussage einer Freundin von mir, die Heilpraktikerin ist. Sie sagt, dass sie manchen Patienten verordnet, drei Tage lang kein Eiweiß zu essen. Aber das würde nie jemand durchhalten oder fast nie. Das ist natürlich bedenklich, wenn man noch nicht einmal drei Tage darauf verzichten kann. Das sieht schon sehr nach verborgenen Suchtmechanismen, wie beispielsweise Ersatz für Geborgenheit, aus.

Immer dasselbe. Schluss mit dem Eremiten- und Einzelkämpfertum. Es war eine wichtige Phase zum Entwickeln der Individualität und da wir das allmählich abgeschlossen haben, können wir uns nun wieder neu, auf einer höheren Ebene, mit anderen verbinden, ohne dabei unsere Individualität aufgeben zu müssen.

Meiner Meinung nach muss das Heilen der Seele auch überhaupt nicht mehr so eine Tortur sein, wie es das früher mal war. Noch vor ein paar Jahrzehnten befanden wir uns tief im Bewusstseinswinterschlaf. Aber nun ist Frühlingserwachen. Im Frühling noch mit einem Eispickel herumzulaufen und sich mit Seelenstriptease-Therapien zu foltern ist einfach nicht mehr passend. Sanfte Therapien, die das Wiederentdecken der Schönheit in uns fördern, statt ewig in alten Komplexen zu wühlen, werden heute immer sinnvoller. Das bedeutet keineswegs, unsere Schattenseiten auszuschließen, sondern es bedeutet ganz im Gegenteil, auch sie anzuerkennen und liebevoll wieder mit einzuschließen, statt sie zu verdrängen, weil man Angst vor dem drohenden Zeigefinger hat: »Pfui, was bist du böse, man darf doch nur Gutes in sich haben …«

Als Mensch habe ich natürlicherweise Schattenseiten, und es ist sinnvoll, diese anzuerkennen, weil sie sich ansonsten mit unkontrollierten Ausbrüchen Geltung verschaffen. Je mehr ich mir meiner selbst in allen Facetten bewusst bin, desto freier bin ich in meiner Wahl, wer ich sein möchte. Nur wenn ich weiß, dass Dummheit in mir ist, kann ich der Weisheit den Vorzug geben. Um das zu tun, brauche ich aber sicherlich keine Schuldgefühle wegen dieser Schattenseiten, und ich brauche auch keinen drohenden Zeigefinger und keine Hammermethoden, um es endlich einzusehen. Nett zu sich selber zu sein ist nicht nur erlaubt, sondern ein sinnvolles Heilungskonzept! ☺

Unterdrückte Gefühle machen krank

Wir hatten es schon im Kapitel über spirituelle Heiler, dass letztlich Krankheit sehr viel zu tun hat mit im Körper gespeicherten nicht fertig gefühlten Gefühlen. Wir waren irgendwann mit diesen Gefühlen überfordert und haben sie einstweilen im Unterbewusstsein verdrängt und zwischengelagert. Und dort modern sie vor sich hin und blockieren den freien Energiefluss in unserem Körper. Und damit blockieren sie auch die Gesundheit.

Ich möchte das an ein paar Beispielen veranschaulichen. Sexuelle Belästigungen im Kindesalter können zum Verdrängen des Erlebten, der damit verbundenen unangenehmen Gefühle und eigener sexueller Bedürfnisse führen. Verspannungen und Erkrankungen des ganzen Gebärapparates können da sicherlich nicht verwundern.

Oder jemand hat das Gefühl, mehr Verantwortung tragen zu müssen, als er eigentlich emotional bewältigen kann. Das Gefühl lastet auf den Schultern und wer ist verspannt und tut weh? Auch die Schultern.

Das Gefühl, sich ständig beeilen zu müssen, kann auch zu Schilddrüsenüberfunktionen führen und vielem mehr. Der Körper nimmt das Gefühl als Signal, in einen Notzustand zu gehen und danach zu funktionieren.

Wir müssen dem Körper und unserem Unterbewusstsein sagen, wenn sie den Notzustand auflösen können.

Sonst wissen sie es nicht und machen so weiter, auch wenn längst keine Gefahr mehr droht.

Es gibt mittlerweile viele spannende Ansätze, um alte gespeicherte Gefühle aufzulösen und zu verändern. Hier einige Tipps, wohin man sich wenden kann:

A) Die Ausgleichsübung: Man fragt sich, welche Angst man gerne auflösen möchte oder welches in der Gegenwart unangenehme Gefühl. Dann versucht man wie ein Schauspieler dieses Gefühl mit einer Körperpose oder einer Bewegung noch zu verstärken, indem man ganz das unangenehme Gefühl wird.

Das hat zwei Vorteile: Zum einen tendieren »ganz gefühlte Gefühle« dazu sich bald aufzulösen und zum anderen kann man sich, wenn man das Gefühl ganz intensiv spürt, fragen, wann man dieses Gefühl zum ersten Mal im Leben hatte.

Das Erinnerungsbild dieser Situation kann man dann verändern. Man überlegt sich, wie es optimal gelaufen wäre, und sendet die nötigen Qualitäten (Liebe, Mitgefühl, Verständnis etc.) an die beteiligten Personen im Erinnerungsbild. Dann verankert man das neue Erinnerungsbild und das alte gespeicherte Gefühl wird dabei überschrieben.

Diese Technik führt in Seminaren oder Einzelsitzungen Dagmar Neubronner vom Genius-Verlag durch. Sie verwendet dazu u. a. das Wissen des Universalgenies Walter Russell. Kontakt: Tel. 0421-6263989, Fax 0421-6267885, www.genius-verlag.de/genius

B) Klopftechnik: www.franke-met.com und dazu das Buch »Sorgenfrei in Minuten – Klopfen Sie sich gesund und glücklich mit Meridian-Energie-Techniken« von Rainer und Regina Franke.

Bei dieser Technik denkt man an die Angst und beklopft eine ganze Reihe von Meridianpunkten. Das Unterbewusstsein lässt sich offenbar in ganz vielen Fällen dadurch überzeugen die alten Muster aufzulösen. Es ist, als würde man die alten emotionalen Verklebungen losklopfen und sie fliegen einfach weg.

C) http://www.emdr-institut.de und http://www.emdr.at Ganz ähnlich simpel ist die Methode des EMDR. Man tut dabei nichts anderes, als unter Begleitung mit den Augen immer wieder abwechselnd nach rechts und links zu schauen. Das kann heftige Prozesse auslösen, so einfach es klingt. Professionelle Begleitung ist für viele daher sinnvoll.

Buch: »EMDR in Aktion – die Behandlung traumatisierter Menschen. Die neue Kurzzeittherapie in der Praxis«

EMDRIA Deutschland e.V., Bergiusstr. 26, 22765 Hamburg, Tel.: 040-69 66 99 37, Fax: 040-69 66 99 38, info@emdria.de

D) www.thejourney.com ist ebenfalls eine Methode, um sich von Ängsten und Traumata zu befreien. Brandon Bays lehrt sie in Seminaren, Büchern (»The Journey« und »The Journey for Kids«) und auf CDs. The Journey ist eine Phantasiereise in unser Innerstes mit gut gewählten Parametern, die die Selbstheilung in Gang setzen. Brandon Bays heilte sich selbst damit in vier Wochen vom Krebs.

E) Der neueste Hit aus den USA heißt psych-k (www.psych-k.com) und wird sicherlich in Bälde auch zu uns herüberschwappen. Es ist eine weitere Methode zum Auflösen alter Muster mit therapeutischer Begleitung.

Reinkarnationssitzungen und Seelenreisen

Ein hochspannendes Thema, und auch hier kann Heilung ohne jedes physische Eingreifen oder Einnehmen von irgendwelchen Substanzen erfolgen.

Vorsicht ist hier allerdings in besonderem Maße geboten: Wie eigentlich bei allen Therapien, egal ob schulmedizinisch oder naturheilkundlich, so gibt es doch speziell in diesem Bereich vom total unfähigen Therapeuten bis hin zum Genie alles. Die Unfähigen fischen beständig im Trüben oder noch schlimmer, stochern ausschließlich in der Dunkelheit herum, weil sie meinen, das würde irgendwen weiterbringen, wovon ich keineswegs überzeugt bin. Und die Genies vollbringen wahre Wunder an lichtvoller Arbeit mit Sofortwirkung auf die Gesundheit.

Mich hat das Thema gleich fasziniert, als ich davon erfuhr, und ich habe mich begeistert in die Selbsttests gestürzt, um hinterher berichten zu können.

Grundsätzlich gibt es zwei Arten von Reinkarnationssitzungen oder Seelenreisen. Ich nenne sie gerne auch einfach nur Seelenreisen, weil meine persönliche Ansicht die ist, dass wir es vielfach nur mit Bildern der Seele und vielleicht weniger mit echten Vorleben zu tun haben. Wobei das für das Ergebnis eigentlich keine Rolle spielt.

Bei der Seelenreise der ersten Art geht man als Klient in einen entspannten Zustand. Den erreicht der eine Therapeut durch geführte Entspannungen, der andere mit Atemtechniken oder wie auch immer. Danach lässt der Klient Bilder aus seinem Inneren aufsteigen und beschreibt diese. Der Therapeut ist dafür zuständig, diese zu protokollieren und durch gezieltes Nachfragen darauf zu achten, dass der Klient nicht einschläft und dass es vorangeht.

Nun ist schon das etwas, das sehr, sehr viel Spaß machen kann. Besonders aufregend aber finde ich Gruppenreisen. Dabei legt man sich zu mehreren auf den Boden, sodass die Köpfe sich berühren (3–5 Teilnehmer pro Gruppe sind optimal), alle schließen die Augen, man einigt sich auf ein »Reiseziel« und los geht es. Der Erste, der ein inneres Bild hat, spricht es laut aus. Alle anderen müssen dieses Bild mit in ihre inneren Bilder aufnehmen und damit weiterspinnen. So entsteht eine gemeinsame Seelenreise.

Das wirklich irrsinnig Spannende daran ist der ebenfalls immense Wert für die Selbsterkenntnis: So wie man sich im Leben in Gruppen benimmt und so wie man auf andere reagiert, so reagiert man auch bei der Seelenreise. Wer im Alltag stets dominiert und alle über den Haufen redet, tut das garantiert auch hier. Wer in einem solchen Fall zum frustrierten Schweigen oder zu höflicher Zurückhaltung bei innerem Groll neigt, der wiederholt dies auch hier. Nur eben in komprimierter und darum schneller erkennbarer Form.

Man kann auch Reisebeobachter dazunehmen. Bei jedem Seelenreisenden aus der Gruppe sitzt einer, der nur zuhört und hinterher Feedback gibt, was ihm aufgefallen ist.

Ich finde das sensationell. Es wird manchmal sehr lustig, manchmal auch traurig, und immer findet man sich selbst mit seiner Persönlichkeit und seinen inneren Mustern in Windeseile wieder.

Auch alleine, nur mit einem »Begleiter« oder Therapeuten zu reisen macht Spaß, wenn man den Therapeuten mag. Wenn einem dieser jedoch beständig das

Gefühl gibt, dass man etwas falsch machen würde, hat derjenige wohl leider den Beruf verfehlt und man sollte nie wieder hingehen.

Es gibt aber auch Kandidaten unter den Klienten, die mit inneren Bildern so wenig Erfahrung haben und die so wenig Vertrauen dazu haben, dass sie in einer einstündigen Sitzung nicht mehr zustande bringen, als beispielsweise einen Blumentopf aufs Fensterbrett zu stellen (vor ihrem inneren Auge) und ihn dann nach einer halben Stunde von dort auf den Tisch zu stellen, und das kostet sie dann schon ungeheure Konzentration.

In solch einem Fall ist der Nutzen an Selbsterkenntnis natürlich sehr gering. Es lässt sich allenfalls sagen, dass derjenige unter einigen massiven Blockaden leidet, und das wird er vorher auch gewusst haben.

Wenn man jedoch ganz locker und fröhlich Bilder in sich entstehen lassen oder sich zumindest in wenigen Sitzungen dafür öffnen kann, kann man sehr viel dabei erleben. In einem geschützten Rahmen (der Rahmen ist, wie gesagt, immer nur so geschützt, wie man dem Therapeuten vertraut, daher ist höchste Achtsamkeit bei der Auswahl desselben gefragt) lassen sich alle Gefühle durchleben, die man vielleicht im Leben aus Angst vermeidet. Man kann erforschen, was in den tiefsten Tiefen des eigenen Seins schlummert, und man kann erkennen, dass es so schlimm, wie man oft fürchtete, gar nicht ist, sondern dass im Gegenteil ganz unten unter dem angeblich so Furchtbaren doch wieder nur ganz viel Liebe liegt.

Wenn man das selbst erlebt, statt dass man es nur erzählt bekommt, ist das sicherlich ein echtes Geschenk.

Was nun das Auflösen von festgefahrenen Verhaltensmustern im Leben angeht, so halte ich diese Methode nicht für jeden zu hundert Prozent nützlich. Sie ist mir persönlich einfach viel zu langsam und zu ineffizient, auch wenn sie sicherlich bei vielen Menschen einiges leisten kann. Wenn man sich als Klient aber vor ein paar Themen gerne drücken möchte, dann kann man relativ einfach in Bilderwelten von weißen Pferden und luftigen Schlössern flüchten, und außer dass ein paar Feen vom Himmel steigen, passiert möglicherweise in vielen Sitzungen wenig bis gar nichts Essenzielles, allen Anstrengungen des Therapeuten zum Trotz.

Dagegen helfen Reinkarnationssitzungen mit Turbobeschleuniger! Die gibt es nämlich auch. Mein Eindruck im Selbsttest war, dass man bei dieser Art im Auflösen alter Muster in einer Sitzung weiter kommen kann als bei der herkömmlichen Methode. Wobei die erste Methode trotzdem sehr gut ist, weil man mit inneren Bildern vertraut wird und damit sehr viel Freude haben kann und weil man ganz andere Entdeckungen mit sich selbst machen kann als bei der Expressmethode. Ich mache auch das gerne und die Gruppenreisen liebe ich einfach sowieso.

Aber nun zum Turbobeschleuniger. Den lernte ich kennen, als mir eine spirituell und medial arbeitende Ärztin berichtete, dass sie da so ihre ganz eigene Methode der Reinkarnationssitzungen entwickelt habe. Sie befrage immer direkt die Geistführer des Patienten und arbeite nur über das Unbewusste, ganz ohne den Verstand, und löse dann alle Thematiken mit Hilfe hoher Lichtwesen, wie sie es nannte, auf.

Klang sehr spannend, musste sofort ausprobiert werden und war auch spannend.

Sie führte ein kurzes Vorgespräch, um was für ein Thema es bei mir im Leben im Moment vorrangig gehen könnte, und bediente sich dabei schon ihrer Souffleure aus der Lichtwesenwelt oder wie man es nennen will. Und diese Souffleure sind nicht von schlechten Eltern. Das ist nicht wie bei einem normalen Schulpsychologen, dem man mal kurz ein paar Märchen auftischen kann. Frau Dr. S. empfängt medial die Themen mit einer sehr hohen Trefferquote. Das meiste stimmte haargenau. Bei vereinzelten Dingen empfand ich das Thema als nur fast richtig und hätte es ein bisschen anders ausgelegt, aber es war nichts dabei, was ich als grundsätzlich komplett falsch bezeichnet hätte. Ich schließe daraus, dass ihr »Informant« sehr genau gewusst hat, was er ihr vorgesagt hat, aber dass der Filter »Mensch« immer wieder doch eine kleine Unschärfe reinbringt. Aber wirklich sehr erstaunlich gering. Ich war beeindruckt und berichte gleich konkreter.

Als es dann mit den Reinkarnationsreisen losging, brauchte ich zu meiner Überraschung gar nicht mit inneren Bildern zu arbeiten, sondern ich sollte meinen Arm im 90-Grad-Winkel nach oben halten. Sie bediente sich der Kinesiologie. Von der habe ich bisher nun wieder gar nicht viel gehalten, weil ich immer das Gefühl hatte, dass man dabei auch schon wieder viel zu leicht mit dem Verstand eingreifen kann. Die Kinesiologie arbeitet, vereinfacht gesagt, mit dem Muskeltest.

Der Therapeut stellt Fragen, und wenn die Antwort des Unbewussten »ja« ist, reagiert der Muskel anders als bei »nein«. Im einen Fall ist der Muskel stark, im anderen schwach. Der Arm lässt sich dann leichter wegdrücken.

Bei manchen Kinesiologen artet das dann in ein Kräftemessen aus, denn wie gesagt, natürlich kann man seine Muskeln auch mit dem bewussten Willen bedienen und stark machen, zumindest umso leichter, je geübter man in Mentaltechniken aller Art ist.

Aber stark machen, das genau durfte man bei Frau

Dr. S. gar nicht. Ich sollte den Arm nur mit geringstmöglicher Kraft gerade halten und sie hat nur ganz leicht dagegengedrückt. Dieser Druck war so fein und so subtil, dass eine willensgesteuerte Anspannung gar nichts dabei zu suchen hatte. Auf einmal konnte ich viel leichter spüren, wie bei manchen Fragen eine sanfte Starre in den Arm überging, die ihn bei dem vorhandenen leichten Druck in seiner Position verharren ließ, und bei anderen Fragen wieder begann der Arm fast schon von alleine zu schwanken und gab beim leisesten Druck nach.

Dieser Effekt verschwand, wenn ich zu stark dagegenhielt. Es funktionierte nur auf der Ebene der Sanftheit und Feinheit. Es war eine starke Erfahrung und hat mich mit der Kinesiologie versöhnt.

Frau Dr. S. fing jedenfalls ganz profan mit der Frage an: »Dürfen wir nun mit der ersten Inkarnation beginnen?« Sie fragte unsere geistigen Helfer und meine Seele, erklärte sie. Der Arm meldete »Ja«!

»Warst du damals ein Mann?«

»Nein«, sprach der Arm.

»Eine Frau?« Ich konnte deutlich fühlen, wie die subtile Spannung im Arm nachließ und er zu schwanken begann (wir hatten vorher festgelegt, dass der Arm bei »ja«, also wenn er sich »ertappt« fühlte, nachgeben sollte).

»Auf welchem Kontinent hast du gelebt? Europa?«

»Nein«, fand der Arm und »Au ja, Asien will ich haben«, dachte mein Verstand. Bei einer herkömmlichen Reinkarnationssitzung wäre ich damit einfach nach Asien gegangen und hätte dort meine Bilderreise fortgesetzt.

Nicht so hier. Der Arm war gegen alles: Europa, Asien, Australien …

»Afrika?«

»Ach nein, nicht Afrika«, dachte der Verstand und »ja«, meldete der Arm. Ein Ärgernis.

So ging es weiter. Dauernd musste ich feststellen, dass der Arm etwas ganz anderes im Sinn hatte, als mein Verstand mit seinen alten Bilderreisen gerne gehabt hätte.

Ich war, nach Meinung meines Armes, also damals eine Frau in einem afrikanischen Hüttendorf gewesen, habe fünf Kinder gehabt und war zwar verheiratet, aber nicht aus Liebe, sondern weil »versehentlich« ein Kind unterwegs gewesen war, und aus dem einen wurden dann schließlich fünf.

»Gab es Vergewaltigung oder Gewalt in der Ehe?«

»Nein«, meldete der Arm. O.K., das war es also nicht. Was sonst war los gewesen in dieser Inkarnation? Frau Dr. S. musste eine Weile suchen, bis sie die richtige Frage fand.

Es stellte sich heraus, dass es mir als Afrikanerin vor Hunderten von Jahren lediglich nicht gepasst hatte, von einem Mann, den ich nicht liebte, abhängig zu sein. Außer dass er etwas geizig war und mich auch nicht liebte, konnte man diesem Ehemann aber nichts vorwerfen. Misses Bärbel Afrika war trotzdem indigniert genug darüber, sodass sie irgendwann ihre fünf Kinder schnappte und mit ihnen in den Busch verschwand, wo sie sie alleine großzog. Mit Erfolg, aber ohne weitere feste Beziehung.

Was will uns dieses eher unspektakuläre Leben sagen?

»Heilung eines übertriebenen Unabhängigkeitsdranges!«, sprach die geistige Welt. Ich gebe zu, in diesem Thema finde ich mich wieder, und zwar sehr. Egal ob es jemals so ein Leben gegeben hat oder nicht, das Bild passt schon: Statt dass ich mich mit dem Herrn Ehegemahl auseinandersetzte und mir die Freiheit innerhalb der Beziehung einfach verschaffte, rauschte ich als beleidigte Leberwurst ab in den Busch und ward nicht mehr gesehen. Tja, was soll man da sagen? Mein Arm kennt mich eben, er hängt ja schon lange genug an mir dran.

Wir haben in den eineinhalb Stunden Sitzung noch drei weitere vergangene Leben (oder symbolhafte Szenerien) abgefragt. Mein Arm wollte das so. Im Ernst. Wir haben immer gefragt, ob wir noch ein Leben brauchen, um ein vollständiges Bild meiner gegenwärtigen Situation im Leben zu bekommen. Und der Arm sprach immer »ja«, bis wir bei vier Leben waren. Die Ärztin hatte keinerlei Einfluss darauf (außer vielleicht mit insgeheim gehegten Erwartungshaltungen, wer weiß). Ich konnte deutlich spüren, dass mein Arm sich in seinen Reaktionen von meinem Verstand völlig unabhängig gemacht hatte.

Einmal war ich Bäuerin, in zweiter Ehe verheiratet und hatte sieben Kinder. Die Ärztin meinte, sie würde lauter Jungs und höchstens ein Mädchen vor ihrem geistigen Auge sehen. »Was, sechs Jungs? Das glaube ich nicht«, befand mein Verstand und ich bat sie, diese Zahl am Arm mittels der Kinesiologie zu überprüfen. Diesmal hielt ich mit dem Willen etwas mehr dagegen als zuvor, weil ich ja mit nur einem Mädchen nicht einverstanden war. Aber es half alles nichts. Der Arm ließ sich durch keinen willentlichen Trick überreden, mehr als ein Mädchen anzuzeigen. Mist! Und: Muss das ein Leben gewesen sein mit sechs kleinen Jungs, auweia.

Beim dritten Leben war ich dann ein adeliger Schlossbesitzer und Heeresführer, dem eine Hand weggeschossen wurde, und im vierten Leben ein kleines Mädchen, dessen Eltern beide starben, als es sechs Jahre alt war.

Eines der Ergebnisse, das bei der Sitzung herauskam und auch deutlich fühlbar für mich wurde, war, dass, egal wie scheinbar katastrophal eine Situation sein mag, ich trotzdem immer eine Wahl habe, wie ich mit dem Rest meines Lebens umgehe. Nach dem, was mein Arm uns ausgeplaudert hat, habe ich mich aber öfter so benommen, als hätte ich keine Wahl gehabt und als wäre eine Katastrophe Grund genug, sich das ganze weitere Leben zu verderben.

Es war einfach klar, dass das nicht stimmt, und es wurde auch klar, in welcher Situation ich wie anders hätte handeln können und es aus heutiger Sicht auch wollen würde.

Hochinteressant war an dieser Stelle für mich dann auch irgendwann die Frage, ob mir mein gegenwärtiges Leben so gefallen würde, wie es jetzt ist, wenn ich in einem eventuell existierenden nächsten Leben darauf zurücksehen würde. Mir kamen da schon ein paar Ideen für sofort mögliche Verbesserungen, auch wenn ich überwiegend sehr zufrieden wäre, wenn man von den Lebensjahren 11 bis 19 einmal absieht. Aber das war ein Thema für eine andere Sitzung.

Ich fand das alles sehr spannend. Bei den Reinkarnationssitzungen der Marke »selber Bilder finden« weiß man immer schon, was sich so anbahnt, während man so vor sich hin erzählt. Bei der Turbomethode hat man keine Ahnung. Es war wie ein packender Kinofilm. Ich hatte wirklich keine Ahnung, was kommen könnte. Das hat mich ziemlich überrascht, denn ansonsten sehe ich oft auch Dinge oder Bilder vor meinem inneren Auge aufsteigen, die sich dann in der Realität bewahrheiten.

Aber in diesem Spiel hat irgendetwas in mir beschlossen, diesen Kanal für die Dauer der Sitzung zuzusperren und meinem Verstand wirklich nicht den allerkleinsten Hinweis zu geben. Umso erstaunlicher war es, wie genau die Geschichten auf mich passten. Oft musste Frau Dr. S. auch sehr viele verschiedene Dinge abfragen, bis der Arm einmal ein »ja« meldete. Er hatte ganz offenbar eine sehr genaue Vorstellung davon, wie es in der Geschichte weitergehen sollte.

Manchmal war Frau Dr. S. über das Ergebnis auch verwundert und stellte die Frage zur Kontrolle noch einmal anders herum. Der Arm blieb stur, er wusste genau, was er wollte.

Als wir die vier Leben gefunden hatten und die Essenz aus den jeweiligen Erfahrungen notiert hatten (bzw. Frau Dr. S. hat notiert), sind wir noch einmal in alle Leben mit der Vorstellung hineingegangen. Dann haben wir die beteiligten Seelen eingeladen und ich habe durch gegenseitige Vergebung und Ähnliches Frieden mit ihnen geschlossen.

Dann kam noch eine geführte innere Reinigungsreise und ein Besuch bei meiner eigenen Seele. Das war beides so ähnlich wie sehr schöne, geführte Trancereisen. Ich fand die Energie auch bemerkenswert stark und so richtig schön zum Abheben.

Als ich gutgelaunt nach Hause schwebte, fiel mir sofort auf, dass mein Heuschnupfen, der diesen Sommer auf höchst unerfreuliche Weise heftig aus der Versenkung aufgetaucht war, sich stark reduziert hatte. Am Morgen noch war es die reine Katastrophe gewesen, jetzt tröpfelte er nur noch ein wenig dahin. Wow! Daran sieht man, dass der Turbobeschleuniger Reinkarnationsreise wirklich Tiefenreinigungsarbeit geleistet hat, denn das blieb so und verschlechterte sich auch in den folgenden Tagen nicht.

Wenn ich wieder mal meine aktuell wirksamsten Muster im Leben anschauen will oder effektiv an mir arbeiten will, dann stehe ich mit Sicherheit wieder bei Frau Dr. S. auf der Matte. Meine Gruppenseelenreisen sind seit dem Besuch bei ihr mehr in den Bereich »freudvolle und angenehme spirituelle Unterhaltung« abgewandert. Der Grad der Effizienz, was die Selbstheilung angeht, ist – zumindest bei mir – verschwindend gering im Vergleich zum Turboprogramm bei Frau Dr. S.

Ich würde aber nie behaupten wollen, dass das, was bei mir am besten wirkt, automatisch auch bei anderen am besten wirkt. An erster Stelle muss man außerdem erst den passenden »Reisebegleiter« für sich selbst ausspähen, sonst wird es sowieso nur halb so gut.

(Anm. 2007: Frau Dr. S. arbeitet nicht mehr in der beschriebenen Weise, aber wenn es dich interessiert, findest du bestimmt einen erfahrenen Energietherapeuten, Kinesiologen oder Heilpraktiker, der es ebenfalls kann).

Atemübungen, um den Atem angenehmer zu machen

Ich habe bewusst diese Überschrift gewählt, weil Atemübungen lange Zeit der blanke Horror für mich waren. Aber alle, denen es bisher womöglich genauso gegangen sein sollte, möchte ich mit dieser Überschrift in dieses kurze Kapitel locken. Der Atem als Übung ist doch nicht so schlimm, wie ich bisher geglaubt habe, und vielleicht kommt der eine oder andere nach dem Ausprobieren dieser Übungen zu dem gleichen Schluss.

Bisher kenne ich zirka fünfzehn bis zwanzig verschiedene Atemübungen. Eine ist schlimmer als die andere (für mich zumindest) und sie haben alle eines gemeinsam, nämlich dass ich – laut den jeweiligen Lehrern – immer alles falsch mache und auf jeden Fall total verkorkst bin. Mag ja sein, dennoch konnte mich keiner der Herrschaften davon überzeugen, seine Übung längerfristig durchzuführen.

Doch nun ist alles anders, ich bin zum Atemfan geworden. Das kam so: Der Verleger dieses Buches ist ein alter Rebirther. Er gibt selbst Rebirthingseminare und schreibt Bücher darüber. Selbstverständlich war ich auch schon irgendwann einmal auf einem Rebirthingseminar und es war furchtbar krampfig und der übliche Horror. (Das war allerdings nicht bei Konrad, meinem Verleger.)

Konrad jedenfalls ließ mich wissen, dass es eine klassische Atemübung im Rebirthing geben würde, die dreißig Sekunden lang dauert (quasi genau der Zeitrahmen, den man sich als typisch verdorbener Großstadtmensch als Einsatz für die Gesundheit idealerweise vorstellt) und extrem wirksam sei. »Also gut, ich schau sie mir an«, dachte ich. Konrad sandte ein siebenseitiges Fax mit genauen Beschreibungen zu der Übung. Ich fasste es mit spitzen Fingern an, legte es beiseite und rührte es über einen Monat lang nicht an.

Dann kam der große Tag. Ich las die sieben Seiten und probierte es einige Tage lang aus. Das Wunder geschah. Ich stellte fest, dass ich diese Atemübung für mich so gestalten kann, dass sie mir richtig Spaß und Freude macht und dass ich sie auch gerne in meinen Tag integriere.

Meine ganz leicht variierte Fassung der Übung geht in etwa so: »Atme viermal kurz und einmal lang. Verbinde alle Atemzüge locker und ohne zu unterbrechen, aber ohne Eile beim Verbinden und atme ansonsten, wie du willst. Wie lang, wie kurz oder wie tief genau, ist egal, und die Atemzüge müssen auch nicht identisch sein, ungefähr viermal kurz, einmal lang reicht. Wiederhole diese Sequenz viermal. Fertig.«

Fertig? Ja, fertig. Die Anweisung: vier kurze und ein langer Atemzug (und das Ganze dann wieder viermal zu wiederholen), ungefähr zu befolgen ist ausreichend, um – laut Aussagen der Rebirther – in einem Jahr ein ungeheures Atembewusstsein zu entwickeln, das die Verdauung und alle Organe stärkt und das zudem den Geist klarer und den Körper kräftiger macht.

Mir war früher beim Verbinden von Atemzügen oft gesagt worden, dass sie nicht fließend und verbunden genug seien, da wäre manchmal ein Bruchteil einer Pause zu erkennen und das sei falsch. Diese Meldung bewirkte, dass ich immer verkrampfter atmete, um nur ja alles richtig zu machen, sodass ich vor lauter Krampf trotz teilweise starker Atemzüge das Gefühl hatte, keine Luft mehr zu bekommen.

So einen Quatsch kannst du dir bei dieser Übung jedoch sparen. Mit »Atemzüge verbinden« ist hier lediglich gemeint, dass du keine absichtliche, längere Pause dazwischen einlegen sollst. Sonst nichts. Um den Unterschied zu spüren, kannst du ja auch mal das Gegenteil ausprobieren: Nach jedem Atemzug oder wann es dir passt, drei Sekunden Pause einlegen und beobachten, wie es sich anfühlt. Beim nächsten Mal verbindest du dann wieder und lässt die bewussten Pausen weg. Das ist alles.

Probier es doch einfach jetzt selbst aus, bevor wir weiterreden. Leg das Buch hin und atme mal so ganz schnoddrig ungenau, gerade so, wie es kommt, ohne großen Anspruch, einfach nur viermal kurz und einmal lang, und das Gleiche viermal hintereinander, sodass es zwanzig Atemzüge ergibt. Zwanzig verbundene Atemzüge im persönlichen Stil des gegenwärtigen Momentes. Sonst nichts. Weder drängen noch zurückhalten, einfach so, wie es kommt. Auf diese Weise sind Atemübungen auf einmal harmlos, einfach und trotzdem machtvoll, wenn man sie regelmäßig anwendet.

Ich finde es gigantisch. Ich bin schon wieder einen Monat weiter. Einen Monat mit dreißig Sekunden bewusstem Atmen pro Tag. Dadurch, dass man ja nichts muss und es keinen Leistungsdruck gibt, können diese zwanzig verbundenen Atemzüge jeden Tag ein bisschen anders sein. Mal fühlt man ganz extrem die Energie des Atems mitfließen, mal fühlt man gar nichts. Na und? Auch in Ordnung. Am nächsten Tag fühlt sich der Atem dafür wieder ganz besonders an. So ist die Übung jeden Tag neu und ich bin immer wieder neugierig: Wie wird sie heute sein und was wird sie mir heute bringen?

Mal atme ich total gleichmäßig, mal wird es eher holperig. Mal tief, mal flacher, mal länger, mal kürzer. An manchen Tagen »mache« ich den Atem, an manchen Tagen geben die Anziehungskraft und die natürliche Muskelkontraktion des Körpers den Atem von alleine vor und wieder an einem anderen Tag atmet die Energie uns beide – mich und den Körper. Und plötzlich befinde ich mich in einer Dreißig-Sekunden-Meditation, die mir viel über den heutigen Tag und meine Stimmung verrät.

Wenn du Spaß dabei haben solltest und tatsächlich jeden Tag dreißig Sekunden frei dafür, dann kannst du irgendwann auch ein wenig variieren und neue Dinge erleben:

Variante zwei (eins sind die normal verbundenen

zwanzig Atemzüge): Zunge zwischen die Zähne schieben und entweder oben oder unten hinter die Lippen legen. Hilft gegen Zähneknirschen und entspannt noch tiefer.

Variante drei: Mit offenem Mund und durch den Mund dieselben zwanzig verbundenen Atemzüge machen.

Bei Variante vier lässt man den Mund ebenfalls offen, atmet aber eigentlich durch die Nase. Dass etwas Atem dabei auch durch den Mund kommt, ist so gedacht. Man muss etwas herumprobieren, um nicht durcheinanderzukommen. Diese Übung soll jedoch die Intuition stärken, die Mühe lohnt sich also.

Nummer fünf ist das lautlose Energieatmen. Man macht dasselbe wie bei der ersten Übung, nur dass man so sanft ein- und ausatmet, dass die Luft völlig lautlos durch die Nase fließt. Diese Übung kann man auch verlängern und dabei meditieren. Sie fühlt sich an manchen Tagen sehr schön an.

Nummer sechs: Anzahl variieren. Statt vier kurzen irgendeine andere Anzahl von kurzen und dann einen langen Atemzug machen.

Nummer sieben: Wild herumexperimentieren und ein eigenes, bewusstes Atemmuster erfinden. Beispielsweise fünfmal kurz und zweimal lang, oder dreimal kurz und dreimal lang oder, oder …

So gut wie alle Menschen atmen gehemmt, und zwar meist schon vom Ende des ersten Lebensjahres an. Bewusstes Atmen, fast egal wie, ist die einzige Antwort auf alle Fragen des Atems, meinen die Rebirther. Ich bin zum ersten Mal geneigt zu glauben, dass sie recht haben.

Zwei Monate später: Man sollte es nicht glauben, aber nun bin ich noch über eine zweite Art von Atemübung gestolpert, die mir mindestens genauso gut gefällt. Bei dieser ist es gar nicht möglich, angespannt zu atmen (was häufig durch die strengen Vorgaben bei den Atemübungen passiert), da man auf den Atem gar nicht achtet. Trotzdem ist es eine Atemübung, aber eben eine indirekte. Näheres dazu im Kapitel »Hsin Tao«.

Wieder ein paar Monate später:

Jaja, der Atem als Thema verfolgt mich gerade. Hier ist schon wieder eine Ergänzung. Hat doch der Emoto in Japan (der mit den Wasserkristallen, siehe u.a. »Die Botschaft des Wassers«) so einen hundert Jahre alten Lehrer. Dieser Lehrer kam mit schwächlicher Gesundheit auf die Welt und man meinte, dass er wohl nicht lange leben würde. Heute ist er über hundert Jahre alt und spielt nicht nur noch immer Golf, er hat mit weit über neunzig Jahren auch noch immer Senioren-Golfmeisterschaften gewonnen.

Mit etwas über achtzig Jahren bekam er mal den Grauen Star, eine Prostatavergrößerung und wurde vergesslich. Aber all das störte ihn wenig, denn auch er hat eine eigene Atemtechnik entwickelt. Mit dieser zieht er sich die Energie der universellen Quelle in den Bauch (einfach einatmen mit dem Bauch und vorstellen, dass die Energie mitkommt) und spannt dann After und Unterbauch für zirka 10 Sekunden an. Während dieser Zeit visualisiert er, was er gerade so braucht: gesunde Augen und Prostata und ein gutes Gedächtnis.

Dann kommt ein normaler Atemzug zum Entspannen, und diese simple Prozedur wird 25 Mal wiederholt!

Das ist so ungefähr der Kern seiner Technik. Verbunden mit seiner Lebenseinstellung und inneren Haltung hat er damit in wenigen Tagen sowohl seinen Grauen Star geheilt als auch die Prostatavergrößerung und dazu noch seine Vergesslichkeit. Er hält seitdem wieder freie Vorträge ohne Manuskript über zwei Stunden und ohne einen Versprecher.

Als er beim Golfen anfing etwas langsamer zu werden als seine 30-jährigen Mitspieler, fand er auch dies unnötig. Eine kurze Universumsatemrunde und er konnte wieder mithalten. Seine 95 Jahre alte Ehefrau scheint die Technik ebenfalls anzuwenden, weil sie auch wie eine rüstige Siebzigjährige wirkt. Konrad (einer meiner Verleger) war in Japan und hat die beiden kennengelernt. Er hat daraufhin das Buch von Dr. Shioya (so heißt der Hundertjährige) ins Deutsche übersetzen lassen. Es heißt nun bei uns: »Der Jungbrunnen des Dr. Shioya«.

Asthma ohne Medikamente loswerden

Und noch ein Atemthema zur Neuauflage dieses Buches als Taschenbuch: Buteyko ist eine Methode, Asthma ohne Medikamente loszuwerden: http://www.buteyko-methode.de/. Es gibt ein Buch mit Anleitungen und bereits eine ganze Bewegung dazu, denn sogar klinische Tests haben bewiesen, dass die Buteyko-Methode sowohl Asthma-Symptome als auch die Dosis benötigter Medikamente reduzieren kann.

Im Buch erfährt man, wie man Asthma vollständig zurückbilden kann und warum Asthma keine Krankheit ist, sondern ein Abwehr-Mechanismus des Körpers gegen übermäßiges Atmen. Telefon Verlag: 0331-2009050

Lachen ist gesund

Konrad (Verleger) mailte mir neulich Folgendes: »Ich war auf einem Clownworkshop und es gab eine einfache Übung: Eine Minute lächeln und dabei die Mundwinkel so weit, wie es möglich ist, nach oben ziehen und oben lassen und nach der Übung dann spüren, wie es dir geht. Es geht dir einfach gut und du bist fröhlich.

Ich habe mit einer Frau gesprochen, die diese Übung mit depressiven Menschen gemacht hat, und zwar fünf Minuten nur diese Übung jeden Tag. Sie kam zu dem Ergebnis, dass man nach dieser Übung nicht mehr depressiv sein kann, denn alle fühlten sich besser.«

Die Lachforschung begann in den sechziger Jahren, als der amerikanische Journalist Norman Cousins sich selbst mit der Therapie des Lachens von der chronischen Entzündung der Wirbelsäule *(Spondylitis rheumatica ankylosans)* heilte. Professor Dr. William Fry begann die Ursachen dieses »Wunders« zu erforschen und ein neues Fachgebiet der Wissenschaft entstand: die Lachforschung oder Gelotologie (von *gelos* – das Lachen).

Mittlerweile beschäftigen sich weltweit über zweihundert Ärzte, Soziologen und Psychologen mit dem Thema. Es gibt Clown-Doktoren und Kliniken mit »Lachtherapie-Zimmern«, die die Notwendigkeit der Einnahme von Antidepressiva stark reduzieren.

Unter www.humor.ch oder www.gelotologie.com findet man umfassende Archive über diese Arbeiten.

So gibt es beispielsweise Forschungen an Gruppen von Menschen, die komödiantische Videos angesehen haben, während die Kontrollgruppe außer Hörweite saß. Alle zehn Minuten wurden vor und während und nach dem Lachexperiment Blutproben genommen. Das Ergebnis war, dass Humor und Sport ähnliche physiologische Prozesse auslösen. Der Körper schüttet durch das Lachen vermehrt positive Hormone aus (wie Endorphine) und die negativen werden verringert (Cortisol, Adrenalin). Die Antikörper produzierenden Zellen vermehren sich und die virenbekämpfenden T-Zellen werden aktiviert.

Einer der Ärzte, die das Experiment leiteten, fasst dies so zusammen: »Lachen bringt ein Gleichgewicht in alle Komponenten des Immunsystems!«

Und das Allerinteressanteste, womit wir wieder bei dem Mundwinkelhochzieh-Experiment von Konrad sind: Vorgetäuschtes Lachen veranlasst den Körper dazu, genauso zu reagieren, als wäre das Lachen echt. Unglaublich, oder?

Wer öfter lacht, lebt offenbar länger, selbst wenn ihm manchmal gar nicht so sehr nach Lachen zumute ist. Der Versuch allein wird offenbar vom Körper schon belohnt. Und dauerhaftes Unglücklichsein wird von der Natur bestraft! Wir sehen wieder einmal, wie groß die Eigenverantwortung ist, die die Natur uns hier im Umgang mit uns selbst überlassen hat: Wenn wir im Unglück schwelgen (egal wie viele Gründe wir dafür haben mögen), verkürzen wir zusätzlich unser eigenes Leben.

Merke: 30 Sekunden atmen, 1 Minute Mundwinkel weit hochziehen und ganz viel Wasser trinken – manche Heilmethoden in diesem Buch mögen zwar extrem schlicht wirken, man sollte die Wirkung bei regelmäßiger Anwendung dennoch nicht unterschätzen.

Energetische Selbstheilungstechniken

Hsin Tao: die Selbstheilungstechnik der Shaolin-Mönche

Mit Hsin Tao könnten wir eine kommende Revolution der Alternativmedizin vor uns haben. Es ist so einfach, dass selbst die meisten Schwerstkranken es noch ausführen können, und es ist so effektiv, dass einer der Shaolin-Mönche, die es lehren, davon sagt: »Wenn Sie diese Technik sorgfältig gelernt haben, können Sie alles damit heilen. Sie können sogar den Alterungsprozess umkehren.«

Hsin Tao entstand, laut den Berichten des Australiers Ratziel Bander (leider konnte ich keine weiteren Zeugen auftreiben, das Ausprobieren und die Wirksamkeit der Methode haben mich jedoch in jedem Fall überzeugt), als vor etwa 1350 Jahren ein buddhistischer Mönch von Indien nach China reiste. In China angekommen, entschied er sich, in einer Höhle, neben einem alten Kloster in Shaolin, zu meditieren, bis er Erleuchtung erlangte. Er meditierte neun Jahre lang, und als er die Höhle verließ, war er ein Buddha (also erleuchtet). Sein Körper jedoch war ein vollkommenes Wrack und unbeweglich geworden. Er nutzte seinen erleuchteten Geist, um eine Technik zu entwickeln, die sein Körper, trotzdem er fast völlig zerstört war, ausführen konnte, und die ihn heilen und verjüngen konnte.

Seitdem ist diese Technik geheim gehalten worden von den Mönchen des Shaolin-Klosters, die damit ihren Körper fit hielten, wenn er schlaff wurde vom vielen Sitzen in Meditation.

Jahre später wurde diese Technik weiterentwickelt in die Kampfkünste des Shaolin. Die berühmteste ist

Kung-Fu, aber auch Schwertkampf, Tai-Chi und Qigong basieren auf dieser Technik des Hsin Tao, das »Der Weg der Götter« bedeutet.

Der Australier Ratziel Bander litt unter dem Post-Polio-Syndrom und hatte zusätzlich einen Lungentumor, als er innerlich um Hilfe bat, um mit möglichst wenig Schmerzen sterben zu können. Ratziel konnte damals weder selbst seine Zähne putzen noch aus dem Bett alleine aufstehen und auch aufgrund von Spasmen nicht gehen.

Obwohl er sich seit Jahrzehnten mit vielen alternativen Heiltechniken (unter anderem auch Yoga, Tai-Chi, Qigong) vertraut gemacht hatte, konnte er sich selbst nicht mehr helfen. Ein Mönch des Shaolin-Klosters, der scheinbar aus dem Nichts in sein Leben trat, bot ihm an, ihn in Hsin Tao zu unterrichten. Ratziel und seine Frau begannen beide, die Technik zu erlernen, und obwohl Ratziel nicht laufen konnte, fand er eine Position im Stehen, in der er mit ganz sanften Bewegungen eine der Übungen ausführen konnte. Die anderen beiden Übungen werden im Sitzen durchgeführt.

Bereits wenige Wochen später traten die ersten deutlichen Besserungen ein und heute putzt Ratziel nicht nur selbst seine Zähne wieder, sondern er reist putzmunter um die ganze Welt, um Hsin Tao allen Interessierten beizubringen.

Das Wunderbare an Hsin Tao ist: Es ist extrem einfach, stress- und anstrengungsfrei, muss nicht exakt ausgeführt werden und zeigt trotzdem, auch bei nur kurzer täglicher Anwendung (zweimal fünf Minuten), bereits erste Wirkungen.

Es ist nicht nur eine Selbstheilungstechnik für den Körper, sondern auch ein Weg, um den Geist in die Stille zu führen. Selbst nach nur einer Sitzung geschieht es, dass Menschen in Meditation fallen, denen es noch nie in ihrem ganzen Leben zuvor gelungen ist, zu meditieren oder in einen Zustand der inneren Stille zu kommen.

Der Geist wird aber nicht nur ruhiger, sondern auch klarer. Hsin Tao öffnet unseren Geist für eine höhere Ebene spiritueller Erfahrungen, selbst wenn man noch nie im Leben eine derartige Erfahrung hatte.

Ratziel berichtet, dass Hsin Tao unter anderem auch den Emotionalkörper neu in dem physischen Körper verankert. Durch emotionale Erlebnisse entstehen vielerlei Blockaden in unserem Körper und die Emotionen werden in ungünstiger Weise in allen Organen gespeichert. Dort bestimmen sie die Art und Weise, wie wir altern oder erkranken.

Die sanften und leichten Bewegungen des Hsin Tao beginnen sehr schnell den ganzen Menschen neu zu strukturieren. Wenn man Hsin Tao immer weiter praktiziert, durchläuft man automatisch Heilungsprozesse, ohne dass diese überhaupt ins Tagesbewusstsein treten.

Hört man allerdings mittendrin mit Hsin Tao wieder auf, kann es sein, dass der laufende Prozess in Form von Emotionen, Ärger, Frust, Schuldgefühlen oder auch einer Erkältung, an genau dieser Stelle sichtbar wird. Aber man braucht ja nur wieder anzufangen – mit zweimal täglich fünf Minuten. Und schon läuft der Prozess wieder sanft und kaum spürbar weiter.

Es gibt drei Übungen im Hsin Tao. Die erste ist die im Atemkapitel schon erwähnte Atemübung, die so schlicht ist, dass man es kaum glauben mag. Man achtet nämlich überhaupt nicht auf den Atem, sondern man bewegt den Körper in einer bestimmten, ganz sachten Art und Weise, die automatisch das Einsetzen eines

Heilatems bewirkt. Man selbst braucht sich keine Sekunde um den Atem zu kümmern. Es geht von alleine.

Zusätzlich wird ganz leicht die Wirbelsäule dabei bewegt, da der erleuchtete Mönch die Botschaft empfing, dass eine bewegliche Wirbelsäule besser Verspannungen und alte Muster loslassen und transformieren könne als eine ganz ruhig gehaltene. Außerdem wird Energie aus der All-Einheit mit in den Körper geholt.

Und all das auf eine minimalistische und einfache Art und Weise.

Die zweite Übung ist eine ebenfalls sachte und anstrengungsfreie, leicht schwingende Bewegung im Stehen.

Und die dritte ist eine extrem langsame Übung »für ganz Faule« im Sitzen, die auf scheinbar magische Weise den Verstand zur Ruhe bringt. Ratziel, bei dem ich es gelernt habe, sagte uns, dass wir uns vorstellen sollen, dass unsere Hände bei den Bewegungen ganz faul sind und dass wir – obwohl die Bewegungen sowieso schon keine Anstrengung erfordern – dennoch danach Ausschau halten sollen, wie man die Bewegung noch »fauler« und einfacher machen kann, sodass man kaum mehr merkt, dass man sich überhaupt bewegt.

Hsin Tao ist in all seiner Schlichtheit denn auch ganz locker in einem Tag zu erlernen und es ist selbstmotivierend.

Ich persönlich glaube zwar, dass es besser ist, es nach Anleitung durch einen Lehrer zu lernen als aus einem Buch. Man kann es jedoch auch nach Ratziels Buch und den Fotos darin lernen: »Hsin Tao – der sanfteste Weg zu Gesundheit und langem Leben«.

Die Ebene der Entspannung, die man am ersten Tag durch die Übungen erreicht, wird bereits in wenigen Tagen zur neuen Ausgangsbasis. Auch körperlich und in Bezug auf Ruhe und Klarheit im Geist bildet das ehemalige Maximum sehr schnell das neue Grundniveau. Es scheint, als hätte der Mönch in seiner Erleuchtung wirklich den Zugang zu einer Methode erhalten, die Körper und Geist gleichermaßen auf tiefen und subtilen Ebenen erfüllt.

Ratziel lehrt, wie bei diesen Techniken göttliche Energie durch das vierte Auge (2,5 cm über dem dritten Auge und das wiederum liegt zwischen den Augenbrauen) in den Körper bis hinab zum Kraftzentrum des Körpers (4 cm unter dem Nabel, innen drinnen im Körper) geleitet wird. Dies würden alle Babys automatisch tun, aber der Erwachsene hätte es verlernt. Beginnt man nun, dies wieder bewusst zu praktizieren, atmet das ganze System Mensch erleichtert auf und verjüngt sich. Ganz nebenbei lassen Bedürfnisse nach Drogen aller Art nach, die, wie die Shaolin-Mönche sagen, nur eine Ersatzbefriedigung sind. Eigentlich suche das ganze System nach der göttlichen Energie. Wenn es die wieder bekäme, würde man seine Zigaretten oder den Alkohol einfach vergessen.

Die Shaolin-Mönche lehren, dass neun Monate lang täglich Hsin Tao zu praktizieren das Leben auf allen Ebenen verändern und verbessern würde. Zum einen verjüngt und energetisiert Hsin Tao den Körper, zum anderen beruhigt und verjüngt es das Denken. Es ist daher auch besonders hilfreich in emotionalen Krisen aller Art. Zudem erhöht es die Menge an göttlichem Geist im System. Der Mensch wird intensiver an seine Quelle angebunden. Kein Wunder also, wenn das ganze Leben sich verändert.

Wer mehr wissen möchte, kann sich in Englisch auf Ratziels Homepage unter www.hsintao.com informieren oder bei den deutschsprachigen Veranstaltern:

http://www.hsintao.at
http://www.hsintao.de
http://www.frankfurter-ring.org

Zhigong: 95 Prozent Heilungserfolg

Diese Methode wurde von Tai-Chi-Großmeister Dr. Pang Ming in China entwickelt. Die einfachste Form davon dauert fünfzehn Minuten und besteht aus einer Kombination von langsamer, meditativer Bewegung verbunden mit Visualisation.

Dr. Ming fing irgendwann an, seine Methode in einem selbst eingerichteten Non-profit-Krankenhaus an jeden, der kommen wollte, weiterzugeben. Es kamen von der Schulmedizin austherapierte Fälle von Krebs, Diabetes, Schlaganfall, Asthma und vielem mehr. Obwohl Dr. Ming keine Werbung machte, hatte er im Handumdrehen ein volles Haus, denn die Erfolgsquote von 95 Prozent hatte sich schnell herumgesprochen.

Innerhalb weniger Jahre wurde die Klinik zum größten medizinlosen Krankenhaus weltweit und beherbergte monatlich bis zu 5000 Menschen. Leider gab es dann ein Großversammlungsverbot in China und es durften keine Kliniken mehr betrieben werden mit mehr als 500 Patienten, sodass die Klinik in viele kleine aufgeteilt werden musste.

Master Luke Chan, einer der besten Therapeuten der Klinik, schrieb ein Buch über die Heilwirkungen von Zhiggong mit dem Titel: »101 Miracles of Natural Healing«. Beispielsweise gibt es ein Video, auf dem man sehen kann, wie ein Tumor sich in der Ultraschallaufnahme in wenigen Sekunden auflöste, als mehrere Meister dem Patienten einfach nur Qi (=Energie) sandten. Im Energiefeld von Tausenden von Zhigong Praktizierenden gehören solche »Wunder« zum Alltag. Und jeder, der Zhigong übt, verbindet sich damit selbst mit dem Qi, mit dem fast alles möglich wird.

In der Klinik arbeiteten auch ehemalige Schwerstkranke als Therapeuten. Sie machten die Übungen einfach nur stundenlang vor. Und die Patienten machten täglich acht bis zehn Stunden mit. Man konnte vom ersten Tag an mitmachen. Und 95 Prozent aller Krankheiten hielten diesen Energiebeschuss nicht aus, sondern lösten sich lieber auf ...

Wobei die in China erreichte Erfolgsquote von 95 Prozent voraussetzte, dass die Menschen in der Klinik mindestens 30–60 Tage am Stück je zirka 8 Stunden am Tag übten und danach auch zu Hause täglich und ausgiebig weiterpraktizierten.

Seien wir ehrlich: Das macht hier kein Mensch. Dementsprechend sind auch die Heilungsquoten hierzulande deutlich niedriger.

Fazit: Die Methode ist sehr kraftvoll und beinhaltet ein großes Potential, aber sie erfordert persönlichen Einsatz und die Begleitung erfahrener Lehrer, von denen dann auch der Erfolg abhängt.

Das deutschte Zhigong Institute plant auf lange Sicht eine solche Klinik auch in Europa einzurichten. Näheres, wenn es so weit ist, auf der Website des Institutes:

Zhigong Institute Germany
Kronenstraße 61
D-44139 Dortmund
Tel.: 02 31 – 9 52 56 9 52
Fax: 02 31 – 9 56 57 75
www.zhigong.de
info@zhigong.de

Es sind sowohl Einzeltermine als auch Workshops buchbar. Außerdem kann man das Video, Bücher (101 Miracles) und CDs bestellen. Das Institut veranstaltet auch Reisen in eine der Kliniken in China, um dort intensiv zu trainieren.

Die Internet-Seite von Master Luke Chan in den USA ist www.chilel-qigong.com oder www.chilel.com (in den USA nennt es sich chilel-qigong, die Namensgebung ist etwas kunterbunt).

Teil II – Hier wird es Stück für Stück ein wenig physischer ☺

Selbstheilung mit Wasser

Der menschliche Körper besteht zu etwa 70 bis 75 Prozent aus Wasser, das Gehirn sogar zu 85 Prozent, und die Erdoberfläche ist ebenfalls zu etwa 70 Prozent mit Wasser bedeckt. Ohne Wasser gäbe es weder auf der Erde noch in unserem Körper Leben.

Das ist uns zwar schon lange klar, dennoch halten wir in der Regel das Wasser nicht für wirklich wichtig. Das Wasser in unserem Körper wird als eine Art Lösungsmittel, Raumfüller und Transportmittel angesehen. Das Wichtige seien ausschließlich die Stoffe, die es transportiert, meinen wir, aber Wasser selbst sei ein chemisch unbedeutendes Verpackungsmaterial.

Es wird außerdem angenommen, dass der Körper mit genügend Wasser versorgt ist, solange man keinen trockenen Mund hat.

Aber auch hier gibt es inzwischen provokante neue Thesen: In Wahrheit ist ein trockener Mund das letzte Durstsignal in einer langen Kette von Warnsignalen des Körpers, die wir fälschlich als Krankheiten interpretieren.

»In Wirklichkeit sind wir nicht krank, wir sind durstig!«, sagt Dr. Batmanghelidj, einer der beachtenswertesten Spezialisten auf dem Gebiet der Wasserforschung in Verbindung mit Gesundheit (»Wasser – die gesunde Lösung«).

Dr. Batmanghelidj ist überzeugt: Alle Abläufe im Körper werden durch das Wasser überwacht und überhaupt erst ermöglicht. Durch die Zellmembranen fließt das Wasser aufgrund der Unterschiede im osmotischen Druck. Dieser Fluss des Wassers durch die Membran erzeugt hydroelektrische Energie, also Spannung, die umgewandelt und in Energiespeichern gesammelt wird. Wasser bildet auch spezielle Strukturen und Formen und scheint wie ein Klebstoff in der Zellarchitektur zu wirken. Mikrokanälchen können angrenzenden Zellräumen gezielt Wasser entziehen oder es umleiten und so Bereiche mit geringerer Zähigkeit schaffen.

Mittlerweile wissenschaftlich erwiesen ist auch, dass das Neurotransmittersystem, das unter anderem durch Histamin gesteuert wird, bei Wassermangel in Aktion tritt und eine Neuverteilung des Wassers vornimmt.

Wenn wir an Wassermangel leiden, verteilt der Körper das Wasser je nach Priorität, sodass wir überleben. Erst wenn wir den Wassermangel vollständig beheben, gelangt jedoch wieder Wasser in alle Bereiche des Körpers und sämtliche bis dahin brachliegenden Regelfunktionen für einen gesunden Körper können wieder stattfinden.

So wie Wasser einen Samen zum Keimen bringen oder einen Baum wachsen lassen kann, so hat es auch die Kraft, unseren ganzen Körper gesund zu erhalten – vorausgesetzt, dem Körper steht genug davon zur Verfügung.

Ganz überwältigend sind die Forschungsarbeiten von Masaru Emoto zum Thema Wasser, denn sie fügen den Fähigkeiten des Wassers noch eine weitere Dimension hinzu.

Er gefriert einzelne Wassertropfen und fotografiert diese Tropfen unter dem Mikroskop. Krankes oder umgekipptes Wasser bildet hässliche Schlieren oder formloses Gemansche. Je gesünder und lebendiger aber das Wasser ist, desto schönere Kristalle bildet es aus.

Emoto hat das Wasser von unzähligen Seen und aus vielen Städten fotografiert und zeigt in seinem Bildband »Die Botschaft des Wassers«, wie gesundes und wie krankes Wasser aussieht.

Besonders interessant wird es, wenn er »neutrales«, destilliertes Wasser nimmt und es mit unterschiedlicher Musik beschallt. Heavy Metal – wen wundert es – bildet keine Kristalle, aber je harmonischer und kraftvoller die Musik ist, desto schöner werden auch die Kristalle, die sich bilden.

Man kann das Wasser aber auch »besprechen« oder mit Gedankenkraft aufladen. Klebt man beispielsweise einen Zettel mit der Aufschrift »Liebe und Dankbarkeit« auf ein Glas mit Wasser, bilden sich wunderschöne Kristalle. Interessanterweise bilden sich sehr ähnliche Kristalle, wenn man »Love and Gratitude«, also dasselbe in Englisch oder sonst einer Sprache aufklebt. Das Wasser erkennt den Inhalt der Worte. Andere Botschaften bilden nämlich andere Kristalle. Nur das gleiche Wort in verschiedenen Sprachen bildet einen fast gleichen Kristall.

Emoto hat einmal mit einer kleinen Gruppe von Menschen an einem umgekippten, stinkenden See meditiert (die Meditation leitete der inzwischen 100 Jahre alte Dr. Shioya aus dem Atemkapitel). Das Wasser bildete danach wieder Kristalle und der Gestank verschwand für ein halbes Jahr. Die ortsansässige Presse war hocherstaunt und konnte sich das Fehlen des Gestankes nicht erklären.

Da wir, wie schon erwähnt, zu zirka 70 Prozent aus Wasser bestehen, geschieht das Gleiche auch mit unserem Zellwasser: Wenn wir überwiegend negativ eingestellt sind, zerfällt die Kristallstruktur unseres Zellwassers. Damit werden, wie Emoto anschaulich zeigt, seine Selbstheilungskräfte zerstört und auch seine Funktion, als eine Antenne für die Kräfte des Universums zu wirken, wird aufgehoben.

Bringen wir uns jedoch wieder in überwiegend harmonische Stimmung, regeneriert sich höchstwahrscheinlich auch unser Zellwasser (Emoto hat noch kein Zellwasser fotografiert, die Vermutung liegt allerdings nach den bisherigen Forschungsergebnissen sehr nahe) und die Selbstheilungskräfte des ganzen Körpers werden wieder in Gang gesetzt. Auch die beschriebene Antennenfunktion nimmt es wieder auf.

Seit dem 25. Juli 2002 gibt es einen von Masaru Emoto organisierten Weltmeditationstag für das Wasser, an dem er dem gesamten Wasser dieser Erde in Liebe und Dankbarkeit gedenkt. Je mehr Menschen sich beteiligen, desto mehr kann dies die Kristallstruktur aller Gewässer dieser Erde verbessern und Selbstheilungskräfte auf dem ganzen Planeten aktivieren. Die Meditation findet seitdem jedes Jahr am 25.7. statt (für Kundige des Maya-Kalenders: Dies ist der grüne Tag zwischen den Jahren, der Neujahrstag ist auf dem Maya-Kalender am 28.7. unseres Kalenders).

Ich selbst habe mit einigen Freunden bereits 2002 teilgenommen und wir waren alle im Begeisterungsrausch über die Stärke der Energie, die wir fühlen konnten. Masaru Emoto spricht Tausende von »Normalbürgern« und auch ganz schlichte Menschen an. Bei ihm wird ohne jede aufgesetzte Heiligkeit und persönliche Wichtigkeit meditiert, sondern einfach nur in Dankbarkeit an das Wasser gedacht. Offenbar produziert das eine Reinheit an Energie, die wirklich beachtlich ist.

Wer Näheres darüber wissen möchte, findet alles Wissenswerte auf http://www.thank-water.net/english/index.htm oder unter www.hado.net.

O.K., nun wissen wir also, wie immens wichtig Wasser ist. Also trinken wir doch einfach mehr Kaffee, Tee, Alkohol oder Limonade. Da ist ja überall Wasser drin ...

Pustekuchen, wie uns Dr. Batmanghelidj wieder wissen lässt! Dies eben ist der große Trugschluss, durch den wir uns fast alle einen chronischen Wassermangel im Körper eingehandelt haben.

Tee, Kaffee, Alkohol und Limonaden enthalten Anteile, die dem Körper Wasser entziehen. Nicht nur ist das Wasser, in dem sie gelöst sind, für den Körper nutzlos, sondern sie ziehen außerdem noch Wasser aus den Reserven des Körpers. Sie trocknen uns weiter aus, anstatt dem Körper mehr Wasser zur Verfügung zu stellen.

Süßstoffhaltige Limonaden verstärken zudem das Hungergefühl und führen dazu, dass die Energiereserven in den Gehirnzellen wahllos eingesetzt und überbeansprucht werden (wer es wissenschaftlich genau erläutert haben möchte, lese: »Wasser – die gesunde Lösung« von Dr. Batmanghelidj). Koffeinhaltige Limonaden regen neben der Tatsache, dass sie süchtig machen, die Nieren an, sodass der Körper weiter entwässert wird. Wir bekommen wieder Durst und trinken mehr Limonade, was den Durst des Körpers nach Wasser aber nur verschlimmert.

Da dies viel zu wenig bekannt ist, obwohl man es, wenn man mal ehrlich in sich hineinspürt beim Limonadetrinken, eigentlich ziemlich deutlich spüren kann, dass der Körper dies für keinen guten Durstlöscher hält, werden laut Jahresbericht der Getränkeindustrie von 1994 pro Kopf jährlich 186 Liter Limonade getrunken.

84 Prozent davon sind Coca-Cola oder Pepsi-Cola. Da natürlich nicht wirklich jeder Mensch Limonaden trinkt, heißt das de facto, dass einige Menschen sich völlig zuschütten mit Limo. Ein Jugendmagazin fand durch Umfragen heraus, dass viele Jugendliche bis zu acht und mehr Dosen Limo pro Tag trinken.

Sie alle glauben, ihren Körper damit angemessen mit Wasser zu versorgen, und sie alle irren. Die bald auftauchenden Folgekrankheiten können sie getrost als Durstsignale des Körpers auslegen und sie werden meist schnelle Heilerfolge haben, wenn sie umsteigen auf täglich 30 Milliliter Wasser pro Kilogramm Körpergewicht.

Dr. Batmanghelidj, empfiehlt daher bei jeder Krankheit zunächst eine Dehydration des Körpers (also Wassermangel) in Erwägung zu ziehen und erst, wenn diese behoben ist und noch Symptome übrig bleiben, andere Heilweisen mit hinzuzuziehen.

Interessanterweise können auch unerklärliche Schmerzen, egal in welcher Körperregion, oft einfach nur dadurch gelindert werden, dass der Patient deutlich mehr Wasser trinkt.

Und zwar natürlich stilles Wasser ohne auch nur den kleinsten Anteil von Kohlensäurebubbles. Die haben im gesunden Wasser nichts zu suchen.

Wenn die empfohlenen 30 ml pro kg Körpergewicht getrunken sind, darf man zusätzlich durchaus noch andere Dinge trinken. Aber eben zusätzlich und nicht stattdessen.

Wasserfilter

Das Einzige, was ich zu diesem Thema sicher weiß, ist, dass es keine gute Idee ist, nichts zu unternehmen in Bezug auf das tägliche Trinkwasser. Der Rest ist mal wieder ein ziemliches Kuddelmuddel an verschiedenen Expertenmeinungen. Es gibt jedoch einen relativ guten Ausweg aus diesem Dilemma.

Zunächst einmal muss einem klar sein, dass unser Leitungswasser keine hohe Qualität hat. Physikalisch nicht und energetisch schon rein gar nicht.

Die physikalische Ebene betreffend, kann man sich jeweils bei den Wasserwerken seines Ortes Listen über die Zusammensetzung des Wassers schicken lassen. Wenn man sie dann bekommen hat und nach dem Erwachen aus dem Ohnmachtsanfall über die vielen zum Teil sehr unerfreulichen Inhaltsstoffe verschreckt die Wasserwerke anruft, dann bekommt man natürlich zu hören, dass dies allerbeste Trinkwasserqualität sei, da alle Werte unter dem Grenzwert lägen. Wie oft dieser Grenzwert allerdings schon nach oben angehoben worden ist oder wo er in anderen Ländern zum Teil liegt, bekommt man vorsichtshalber nicht zu hören.

Der Dipl.-Ing. Eckart Pinnow (http://www.pinnow-international.com/) hat sich näher mit unserem Trinkwasser auseinandergesetzt und berichtet, was fast standardmäßig in unserem Leitungswasser so alles zu finden ist:

- Blei und Kupfer aus den Rohrleitungen der Hausinstallationen
- Asbestfasern aus den Hauptleitungen ab Wasserwerk
- Pestizide, Nitrat/Nitrit und Phosphate aus der Landwirtschaft
- weibliche Geschlechtshormone aus der »Pille«
- Arzneimittelwirkstoffe aus Schlankheitsmitteln und Cholesterinsenkern

- Tenside aus Farb- und Waschmitteln
- Weichmacher aus Kunststoffen
- Keime aus dem Rohrleitungssystem

und leider noch einiges mehr.

Getestet werden im Trinkwasser generell 33 Inhaltsstoffe, und eine Vielzahl von Bakterien wird täglich getestet. Hundekotbakterien, die auch enthalten sind, werden aber leider gar nicht getestet sowie auch einige Hormone nicht. Da es keine Grenzwerte für sie gibt, werden sie auch nicht getestet.

Energetisch sieht es noch viel schlimmer aus. Emoto, der die Qualität von Wasser anhand der vorhandenen oder nicht vorhandenen Kristallbildung des Wassers prüft, hat in seinem Buch »Die Botschaft des Wassers« dargestellt, dass das Leitungswasser in keiner Stadt der Welt energetisch brauchbar ist. Es hat überall die Struktur von krankem oder totem Wasser und es wirkt sich schwächend auf denjenigen aus, der es in diesem Zustand trinkt.

Da beide Bereiche – physikalische und energetische Qualität unseres Wassers – ein ganzes Buch für sich füllen könnten, beschränke ich mich auf einige Denkanstöße.

Es gibt in einigen Städten alternative Wasserstellen, die zum Teil mehrere Systeme zur Wasseraufbereitung anbieten, sodass man probetrinken und den Geschmack entscheiden lassen kann. Leider bieten manche dieser Wasserstellen aber auch schlechte Systeme an, die viel kosten und wenig bewirken. Ich würde nichts kaufen, bevor ich mich nicht über 3 bis 4 Systeme mindestens informiert habe und mich auch mit Heilpraktikern beraten habe, was wirklich Sinn macht.

Grundsätzlich gibt es folgende zwei Richtungen in

der alternativen Wasseraufbereitung: Filtern und Energetisieren.

Filtern:

Die einen filtern mit Aktivkohle (allerdings sicher nicht mit Billigfiltern von Aldi, die können laut Meinung der meisten Wasserexperten keinerlei wirklichen Nutzen hervorbringen, im Gegenteil), die anderen mit Osmose und die nächsten destillieren das Wasser. Das heißt, sie alle entfernen die chemisch messbaren Schadstoffe heraus.

Energetisieren:

Die zweite Richtung geht davon aus, dass nicht der chemische Stoff das eigentliche Übel ist, sondern die schwingungsmäßige Information davon (im homöopathischen Sinne) und diese bleibt auch nach dem Herausfiltern enthalten, wenn man das Wasser nicht zusätzlich energetisiert. Das soll heißen, dass es schwingungsmäßig in eine neue innere Ordnung versetzt werden muss, um wieder die Struktur von lebendem, gesundem Wasser zu bekommen. Es gibt inzwischen vermutlich weit über hundert verschiedene Systeme zur Wasserbelebung oder -energetisierung plus die Wasserlevitation nach Hacheney, die dem Wasser eine gesunde Information und Schwingung wiedergeben sollen. Und die es teilweise auch tun, wie verschiedene Tests beweisen. Urinproben von Menschen, die energetisiertes Wasser tranken, zeigten, dass tatsächlich der Körper durch das Trinken dieses Wassers beginnt, Giftstoffe auszuscheiden. Auch die Tests von Emoto bestätigen dies. Allerdings hat Emoto auch getestet, dass es reicht, einen Zettel mit der Aufschrift Liebe & Dankbarkeit auf eine Wasserflasche zu kleben und schon bildet das Wasser gesunde und lebendige Kristalle und solch ein Wasser trotzt selbst einer Bestrahlung mit Mikrowellen. Bei normalem Wasser wird die Kristallbildung zerstört, wenn man es in eine Mikrowelle tut. Das Liebe & Dankbarkeits-Wasser übersteht die Bestrahlung.

Die billigste Version der Wasserbelebung wäre demnach, im Keller an der Hauptwasserleitung Zettel und schöne Bilder zum Thema Liebe & Dankbarkeit anzubringen. Welches System ansonsten das beste ist, vermag ich bei der Fülle der Angebote unmöglich zu sagen. Da mir die Argumente beider Seiten stichhaltig erscheinen, filtere ich sowohl physikalisch und belebe das Wasser zusätzlich mit einem kleinen Levitiergerät. Mein Gefühl ist, dass dieses Wasser am ehesten wirklich bis in die Zelle vordringt, aber auch nur dann, wenn es frisch ist und nicht 3–4 Tage alt. Das ist die Lösung, für die ich persönlich mich entschieden habe, und eine, mit der man auf der relativ sicheren Seite ist. Ich mag keine Hundekotbakterien in meinem Trinkwasser haben, egal ob die energetische Information davon transformiert wurde oder nicht. Aber vielleicht ist das eine reine Gefühlssache, wenn man bedenkt, dass die Inder selbst das Wasser des Ganges trinken, das rein chemisch gesehen komplett verseucht ist (die verbrannten Leichen schwimmen darin, Schwerkranke baden ihre offenen Wunden darin etc.). Da der Ganges die energetische Qualität von Heilwasser hat, machen die Inhaltsstoffe aber offenbar nichts aus.

Wer sich über verschiedene Systeme kompetent beraten lassen möchte, kann das unter anderem bei www.wasserstelle.de tun.

Falls nun jemand meinen sollte, wozu der ganze Aufwand: Wenn ich natürliches Mineralwasser aus einer Flasche trinke, habe ich doch auch sauberes und bestimmt energetisch gesundes Wasser, denn schließlich kommt es ja direkt aus der Natur. Schön wär's, kann ich da nur sagen. Auch hier einige Informationen, die unter anderem auch von Vorträgen des weiter oben erwähnten Sanacell-Gründers stammen:

Vom sogenannten Tafelwasser weiß man, dass es nur aufbereitetes Brauchwasser und völlig unnatürlich ist. Allerdings weiß nicht jeder, dass in einer Mineralwasserflasche der hochgepriesenen Quelle XYZ keineswegs hundert Prozent von diesem Mineralwasser ist. Das wäre zu teuer und so viel Wasser wie gebraucht würde, enthalten die meisten Quellen auch gar nicht. Man kann sich, wenn man möchte, bei Firmen wie Volvic oder Evian erkundigen, wie hoch der Tafelwasser- und Quellwasseranteil in ihren Flaschen ist.

Zudem, man höre und staune, werden im Mineralwasser nur 10 Inhaltsstoffe getestet (im Leitungswasser waren es 33). Das hat zur Folge, dass die Hälfte aller Mineralwässer nicht in unsere Trinkwasserleitungen dürfte. Volvic beispielsweise hat einen viel zu hohen Arsenanteil.

Wenn das Wasser außerdem in Plastikflaschen verpackt ist, dann gibt es eine Reihe von Stimmen, die vor der Wirkung einiger Stoffe aus dem Plastik auf das Wasser warnen, und wenn es in Pfand-Glasflaschen verpackt ist, dann wissen wir von Hulda Clark (Parasitenkapitel), dass wir immer noch Reste der Flaschenreinigungsmittel mittrinken.

Es bleibt also nichts anderes übrig, als dass jeder sich sein Leitungswasser selbst in der Qualität aufbereitet.

Von Michaela Mertens gibt es übrigens eine Serie schöner Trinkgläser, die nach den Forschungsergebnissen von Emoto mit Begriffen wie »Liebe & Dankbarkeit« und Ähnlichem beschriftet sind. Sie sind von der

Kristallfabrik Spiegelau (mail@spiegelau.com, www.MichaelaMerten.de) und in vielen Glasgeschäften erhältlich.

Ätherische Öle in höchster Qualität: ein ernst zu nehmendes Heilmittel

Gary Young hatte 1973 einen Unfall, nach dem er drei Wochen im Koma lag und insgesamt vier Monate auf der Intensivstation. Danach war er, nach Meinung der Ärzte, lebenslang an den Rollstuhl gebunden. Da er zudem unter immensen Schmerzen und Depressionen litt, versuchte er mehrmals Selbstmord zu begehen. Das misslang und so stellte er stattdessen um, auf nahezu ein Jahr Fasten mit Wasser und Säften. Das erste Wunder geschah: Er konnte seine Zehen wieder spüren. Dies war der Auslöser für ihn, sich umfassend mit alternativen Heilweisen zu befassen, und so konnte er schließlich nicht nur den Rollstuhl ganz verlassen, sondern nahm sogar wieder an Marathonläufen teil und gehörte zu den zehn Prozent der Besten.

Ein Problem wurde er jedoch ganze dreizehn Jahre lang nicht los: seine ständigen Schmerzen. Bis eines Tages der Zufall ihn bei seinen Forschungen im Bereich Naturheilkunde auf ein Seminar über ätherische Öle lenkte. Er war fasziniert und begann eigene Studien. Er war hocherstaunt, wie ätherische Öle den Sauerstoffgehalt im Blut erhöhen und Immunfunktionen unterstützen können. Und am allererstauntesten war er, in welch kurzer Zeit nach Einnahme der Öle seine Schmerzen komplett verschwanden. Dreizehn Jahre Schmerzen und ein paar Tropfen Öl fegten sie einfach hinweg.

Das war Grund genug für ihn, Studien über ätherische Öle auf der ganzen Welt vorzunehmen. Er suchte die besten Spezialisten und Lehrer vieler Länder und Kontinente auf und kam zu einem weiteren interessanten Ergebnis: Die Öle wirken umso besser, je reiner sie sind. Je vermischter, unreiner und unsauberer oder gar mit synthetischen Ölen vermischter sie sind, desto weniger zeigen sie noch irgendeine Wirkung. Der wichtigste Faktor ist daher die Herstellung inklusive Lagerung.

Er fand weltweit keinen Hersteller, der dabei seinen Vorstellungen von Qualität entsprach, und so eröffnete er seine eigene Produktionsstätte.

Bei Gary Young gibt es in der Produktion teilweise modernsten, rostfreien Stahl, um Reaktionen des Öls mit Metall zu vermeiden. Dabei verwendet er jedoch traditionelle alte und sehr sanfte Methoden der Destillation, um die Öle möglichst vollwertig zu erhalten. In einem Behälter wird – solange der Behälter im Einsatz ist – nur ein Öl gelagert und es wird niemals gewechselt. Gary möchte zum einen keine Reinigungsmittel verwenden, die sich mit dem Öl vermischen könnten, und zum anderen kann auch das beste Reinigungsmittel seiner Meinung nach nicht verhindern, dass Spuren des alten Öls im Behälter bleiben, sodass das neue darin aufbewahrte Öl schon nicht mehr ganz rein sein kann.

Dieser Aufwand hat natürlich seinen Preis, aber die Qualität ist gigantisch. Jeder Laie riecht, spürt und fühlt den Unterschied zwischen einem na-ja-ganz-guten, einigermaßen reinen Lavendelöl und Garys Lavendelöl. Es liegen Welten im Qualitätsunterschied, selbst wenn man dachte, man habe schon ganz gute Qualität erworben. Garys Öle haben einfach noch den wilden Geruch der Natur, den die anderen mit viel Aufwand zu verhindern suchen. Der wilde Geruch beinhaltet aber auch noch die wilde und ursprüngliche Kraft der Natur. Wer feinfühlig genug ist (ich vermute in dem Fall fast jeder), spürt beim ersten Atemzug, wie das Öl durch den ganzen Körper zieht.

Leider sind diese Öle bisher nur über die USA, also teuer und gleichzeitig umständlich zu erwerben. Wen das trotzdem nicht abhält, der findet im Anhang die Website von Gary Young und Kontakte zu deutschen Herstellern, die ich nach Gary Young kennengelernt habe, die aber genauso auf Qualitätserhalt und natürliche Herstellung achten.

Denn »Land unter« herrscht auch hierzulande in Bezug auf ätherische Öle ganz und gar nicht, denn auch wir haben echte Fans der Öle unter uns. Im Nachfolgenden ein Bericht über einen Münchner Chemiker und seine hochinteressanten Erkenntnisse über ätherische Öle. Dietrich Wabner sammelt die europaweit besten Öle, vertreibt sie und hält Seminare und Vorträge über ätherische Öle.

Er hat für meinen Geruchs- und alle Erfahrungssinne ebenfalls exzellente Öle.

Dramatisch aufregende Öle

Zu den Forschungsergebnissen von Dietrich Wabner: Eine Flasche Apfelsaft beispielsweise lässt sich hervorragend mit drei Tropfen Rosenöl »dopen«, Sandelholzöl killt noch in einer Verdünnung von 1:64 000 Staphylokokken. Diese sind als Krankenhauskeime inzwischen gegen fast alle chemischen Antibiotika resistent.

Das und noch viel mehr erfährt man von dem Chemieprofessor Dr. rer. nat. und Dr. rer. nat. habil. Dietrich Wabner auf seinen Aroma-Seminaren. Neben Elektrochemie und Umweltchemie (Wasserreinigung) befasst er sich ausgiebig mit ätherischen Ölen. Den Vollblut-Chemiker merkt man ihm sofort an, wenn er in heller Entzückung die Molekülstrukturen von beispielsweise Teebaumöl präsentiert. Aufregend findet er die Tatsache, dass das Molekül regelrecht »auseinander poppt«, sobald der Feind (beispielsweise ein Bakterium) naht, und dramatisch ist die Wirkung, die Teebaumöl auch in einer Verdünnung von 1:12 800 noch immer auf Gonokokkus-Bakterien hat. Um Lungenentzündungsbakterien zu »erledigen«, braucht man allerdings eine höhere Konzentration von mindestens 1:200.

Mit Teebaumöl pur behandelt man Akne oder Mückenstiche, die aufhören zu jucken, wenn man das Öl auf den Stich tropft.

Pur auf die Haut, das darf man allerdings nicht mit jedem Öl machen, und die Fläche darf auch bei Teebaumöl nicht zu groß sein. Eine Ganzkörpereinreibung mit dem puren Teebaumöl ist eine unschöne Form von Selbstmord, weshalb man ätherische Öle in jedem Fall sicher vor kleinen Kindern verschließen sollte. Für Ganzkörperölungen sollte nicht mehr als 1 Prozent des ätherischen Öls in der Trägersubstanz (Creme, fettes Öl wie Mandelkeim oder Sesam) vorhanden sein. Hohe Konzentrationen sind hier absolut schädlich.

Zum Glück dient der Anblick der dramatisch aufregenden Molekülstrukturen (Dietrichs Lieblingsvokabular, in dessen Genuss allerdings nur seine Lieblingsöle kommen) mehr dem künstlerischen Aspekt der Seminare, denn der Rest ist auch für Nicht-Chemiker aufregend pragmatisch (Entschuldigung, jetzt bin ich schon angesteckt) und äußerst unterhaltsam. Auch wenn ich nach dem etwas schwereren, bayrischen Mittagessen etwas schläfrig wurde – dem wusste Dietrich mit Grapefruitöl zum Schnuppern Abhilfe zu schaffen.

Was gibt es über Öle noch alles zu wissen, was man nicht sowieso schon weiß? Viel mehr, als ich dachte. Öl ist nicht gleich Öl. Teebaumöl ist zwar das beste Aromatherapeutikum gegen Akne, aber nur, wenn das Öl frisch abgefüllt ist und noch möglichst wenig Sauerstoff oder gar Licht darangekommen ist. Eine fast leere Flasche enthält zu viel Sauerstoff, den das Öl aufnimmt und schon kehrt sich der Effekt um: Auf einmal bekommt man neue Pickel, statt dass die alten auf magische und schnelle Weise verschwinden. Wenn das geschieht, kann der Teebaum nichts dafür, sondern das Öl hat zu lange in der Sonne, der Wärme oder an der Luft gestanden.

Sachgemäße Lagerung ist eine wichtige Voraussetzung bei allen Ölen, damit sie ihre Wirkung behalten.

Therapeutische Parfumöle

0,2 Sekunden braucht ein Duft, um im Gehirn anzukommen, denn die Riechhärchen sind quasi Ausstülpungen von Gehirnzellen. Der Thalamus fängt im Kernspintomographen direkt beim Riechen an zu leuchten und zeigt an, dass er durch das Öl angeregt wurde. Nach 2 Minuten findet man im Blut körpereigene Opiate, die auf den Geruch des Öles hin ausgeschüttet werden. Das liegt daran, dass der Geruch direkt auf das limbische System wirkt und wir mit Gerüchen somit immer sofort unser Unbewusstes ansprechen. Deshalb lassen sich Düfte auch sehr gut als Hilfsmittel in der Psychoaromatherapie einsetzen.

Apropos Psycho, es gibt eine erstaunliche Abhandlung mit dem Titel »Wie Körpergeruch die Partnerwahl beeinflusst« von Wolfgang Ruppert, Institut für Didaktik der Biologie, Joh. W. v. Goethe-Universität, Frankfurt.

Sie handelt davon, dass wir genetisch so programmiert sind, dass wir Menschen vom anderen Geschlecht dann als besonders angenehm riechend empfinden, wenn sie Gene haben, die sich von unseren eigenen stark unterscheiden.

Die Natur vermeidet damit die ungesunde Inzucht im engeren und im weitesten Sinne. Am gesündesten werden die Kinder, wenn die Gene der Eltern zusammen eine möglichst große Vielfalt bieten und die Natur sich das Beste daraus aussuchen kann.

Insbesondere Frauen haben normalerweise einen sehr genauen Geruchssinn bei der Partnerwahl (wenn sie denn darauf achten), da sie diejenigen sind, die die Kinder bekommen. Für einen Mann im angeregten Zustand riecht offenbar schnell mal etwas gut …

Das soll aber nur eine Tendenz andeuten. Ein guter Bekannter von mir beispielsweise empfand seine Freundin als nicht mehr wohlriechend, als sie die Pille absetzte. Damit zeigt er einen noch sehr gesund differenzierten Geruchssinn. Denn dies ist ein echtes Problem unserer Tage: Frauen, die die Pille nehmen, verändern ihren Geruch UND sie können auch nicht mehr den richtigen Partner für sich erschnuppern. Ihr Geruchssinn kehrt sich um und empfindet genau die Falschen als angenehm.

Und wenn dann auf ein anderes Verhütungsmittel umgestiegen wird, kann man sich gegenseitig plötzlich nicht mehr riechen, im ganz buchstäblichen Sinne.

Ein weiteres Mal rächt sich das Missachten der Natur.

Zurück zu den Ölen und ihren Auswirkungen auf die Psyche: Bisher war uns meist nur bewusst, dass körperliche Probleme sich oft über die Seele lösen lassen. Aber über die Haut funktioniert es auch umgekehrt.

Haut und Gehirn entstehen beim Embryo aus dem gleichen Keimblatt, und Streicheleinheiten und Massagen wirken direkt ausgleichend auf die Psyche.

Wer ein Baby mit Einschlafproblemen hat, der kann dem Baby die Füße mit 0,5 prozentigem Lavendelöl (Lavendelöl auflösen in fettem Öl) einmassieren. Das wirkt sehr beruhigend. Auch die Spitze des Mittelfingers zu massieren, lullt ein. Der Erfolgs-Einschlafschlager schlechthin ist allerdings, wenn man ganz sanft den Bauch des Babys massiert oder nur die warme Hand darauf hält.

Generell soll die Konzentration der Öle bei punktuellen Einreibungen bei 10 bis 50 Prozent liegen (je nach Öl) und bei Ganzkörpermassagen bei 1 Prozent. Bei Babys dürfen es nur 0,5 Prozent ätherisches Öl sein.

Vorsicht in der Sauna: Die Aufnahme über die Haut verdoppelt sich je 10° C. Ätherische Öle als Aufguss können daher auch gefährlich sein, und wer so schnell wie noch nie im Leben vollkommen betrunken sein möchte, der mache einen Wodkaaufguss. Der Alkohol schießt dabei über die Haut ins Blut und macht sofort so betrunken, als hätte man eine Orgie hinter sich. Was allerdings Herz und Kreislauf davon halten, kann sich vermutlich jeder leicht vorstellen.

In einem Quadratzentimeter Haut befinden sich übrigens 15 Talgdrüsen, 100 Schweißdrüsen, 3 Millionen Zellen, 1 Meter Gefäße und 3000 Nervenendkörperchen.

Aus all diesen Gründen lassen sich Parfums aus ätherischen Ölen gut als Therapeutikum einsetzen. Egal ob als Aphrodisiakum (hier wirkt Oud Attar sehr stark), gegen Stress (Bergamotte, Weihrauch, Geranie und Rose eignen sich als Mix hierfür), für eine bessere Konzentration (z. B. Zitrone), zum Heben der Stimmung (z. B.

mit Grapefruit und Rose) oder gegen Wetterfühligkeit. Dietrich hat mit feiner Nase optimale Mischungen für alle Zwecke erstellt.

Wirkstoffe der Öle gelangen durch Einreibungen ins Blut

Reibt man ein ätherisches Öl auf der Haut ein, dauert es 2 Minuten, bis man die ersten Inhaltsstoffe des Öles im Blut findet. Nach zirka 20 Minuten ist das Öl fast komplett ins Blut übergegangen und nach 90 Minuten ist es wieder daraus verschwunden (dieser Test wurde mit Lavendelöl durchgeführt). Wenn man daher per Einreibung gezielt therapieren möchte, muss man diese Überlegung mit einbeziehen und entsprechend oft die Einreibungen wiederholen.

Ätherische Öle haben zwischen 150 und 500 Inhaltsstoffe pro Öl und sind sogenannte Vielstoffsysteme. Da Bakterien nur gegen Einzelstoffe resistent werden, sind ätherische Öle im Gegensatz zu synthetischen Antibiotika wesentlich stärker bakterizid wirksam.

Antibiotika enthalten einen oder höchstens zwei Wirkstoffe, und die Bakterien sind schlau genug, gegen diese schnell immun zu werden. Ein Öl dagegen wirkt bei der hundertsten Anwendung genauso wie bei der ersten.

Lavendel lässt Wunden und besonders Verbrennungen mit doppelter Geschwindigkeit heilen. Das Öl kann pur in die Wunde getropft werden und bei Verbrennungen, bei denen die Oberhaut ganz weggebrannt ist, kann man alle 30 Minuten Lavendelöl draufsprühen (im Fall der weggebrannten Oberhaut muss die Anwendung allerdings durch einen Arzt erfolgen, weil der Wundschock mitbeachtet werden muss).

Englische Kliniken wissen dies längst und verbrauchen jährlich zwei Tonnen an Lavendelöl. Einzige Tragik: Manche der französischen Hersteller pfuschen und schummeln, wo es nur geht, und mischen synthetisches Öl entweder vor der Ernte, nach der Ernte oder beim Destillieren dazu. Auch wenn diese synthetischen Öle meist »naturidentisch« sind, ist dies ein gesundheitliches Problem.

Natürlich oder naturidentisch?!

Wenn das Molekül eines synthetisch erzeugten Öles unter dem Mikroskop genauso aussieht wie das eines natürlichen, darf der Chemiker es naturidentisch nennen. Identisch ist aber dennoch etwas anderes. Ätherische Öle bestehen aus Kohlenstoff, Wasserstoff, Sauerstoff und eventuell noch Stickstoff und Schwefel. Alles entsteht aus Wasser, Kohlendioxid und Licht.

Synthetische Öle werden mit Hilfe von chlorierten organischen Stoffen hergestellt, da sich die pflanzliche Photosynthese im Labor nicht nachbauen lässt. Es entstehen bei der Produktion daher IMMER Stoffe, die Nebenbestandteile aus mehrfachchlorierten Stoffen und/oder andere unerwünschte Stoffe enthalten. Man bekommt selbige auch nicht mehr aus den sogenannten naturidentischen Stoffen heraus. Reste bleiben in ALLEN synthetischen Stoffen übrig (zu 2 Prozent etwa). Auch wenn diese Stoffe naturidentisch heißen, sind sie dennoch vollständig synthetisch.

Diese synthetischen Chlorverbindungen existieren jedoch erst seit etwa 100 Jahren und unser Körper ist bisher noch völlig ratlos, was er damit anstellen soll. Leber und Galle geraten in Panik und man vergiftet sich schleichend, jedes Mal, wenn man die Haut mit einem Öl einreibt, das ganz oder zum Teil aus naturidentischen Stoffen besteht.

Ein Beispiel zum Grad unserer heutigen Vergiftung: In Baden-Württemberg finden sich derzeit in 75 Prozent der Muttermilchproben Anteile von künstlichem Moschus. Was tut künstlicher Moschus in der Muttermilch? Die Bayern waren gleich so entsetzt, dass sie derartige Messungen vor fünf Jahren ganz einfach eingestellt haben, um die Bevölkerung (und die Parfumindustrie) nicht zu beunruhigen.

Das ist tragisch und das Hauptproblem in der Aromatherapie: Wem kann man trauen und wo bekommt man reine Öle her? Die Firma Wala ist dazu übergegangen, alle Öle, die sie verwendet, selbst anzubauen, nach dem Motto: Traue keinem außer dir selbst. Und auch Primavera stellt die Öle zum Teil selbst her und kontrolliert seine sonstigen Lieferanten streng. Es gibt sogar organisierte Reisen für Kunden zu einigen Herstellern, damit der Kunde sich besser vorstellen kann, welcher Aufwand nötig ist, um manche Öle herzustellen. Um 1 Kilo ätherisches Rosenöl zu erhalten, werden beispielsweise 3 500 bis 4 500 Kilo Blüten benötigt. Da Rosenblüten sehr leicht sind, sind das mehrere Eisenbahnwaggons voll.

Bei einem Besuch in der Firma Primavera hatte ich besondere Freude an den Duft-Adventskalendern: 24 verschiedene Düfte zum Erschnuppern statt 24 Süßigkeiten im Adventskalender. Meine Kinder fanden es ganz toll, täglich einen Tropfen Duftöl mit der Pipette auf eine Engelchenfigur aus Ton zu tropfen und daran zu schnuppern.

Ebenfalls beeindruckt hat mich ein Bericht, welche Wirkung Duftöle in Altenheimen haben. Da Düfte uns sehr stark unbewusst beeinflussen, hat das Beduften von Altenheimen zur Folge, dass die Angehörigen der dort lebenden alten Menschen erstens öfter zu Besuch kommen und zweitens länger bleiben! Ganz einfach weil sie sich wohler fühlen. Und das gilt dann natürlich für die dort lebenden Menschen erst recht.

Näheres auf www.primavera-life.de

Dietrich Wabner, um ein letztes Mal auf ihn zurückzukommen, sammelt ebenfalls in vielen Ländern die Crème de la Crème an ätherischen Ölen zusammen und bietet diese, zusammen mit seinen therapeutischen Parfum-Ölen und seinen Ölen zur Schädlingsbekämpfung selbst an.

Und er berichtet von einem erfreulichen neuen Trend. Nicht mehr alle großen Firmen verwenden stur nur synthetische Öle. Dietrich konnte die Babyölfirma Bübchen überzeugen. Dort wurden alle synthetischen Öle gestrichen (Stand 2000) und enthalten sind inzwischen tatsächlich nur noch rein natürliche Öle. Der Erfolg: Auch Erwachsene benutzen das Baby-Öl für sich selbst.

Öle aus der dritten Welt müssen übrigens besonders streng kontrolliert werden. Denn alle Pestizide wie DDT und Ähnliches, die hierzulande strengstens verboten sind, werden nach wie vor fleißig produziert und in die Dritte Welt verkauft. Dort landen sie im Öl und auf Obst und Gemüse und man fragt sich, wozu das Zeug hier verboten ist, wenn man es im Obst und Gemüse aus den Dritte-Welt-Ländern dann doch wieder auf den Tisch und Teller bekommt.

Neemöl gegen Pflanzenschädlinge

Auch Schädlinge lassen sich mit ätherischen Ölen bekämpfen. Die fertigen Schädlingsbekämpfungsmittel von Dietrich, GrünFit und GrünFried enthalten neben ätherischen Ölen wie Teebaum, Lavendel, Pfefferminze, Patchouli und Zeder auch das fette Neemöl, das besonders gut gegen Schädlinge und auch Pilzbefall wirkt.

Fette Öle sind Öle wie Olivenöl und Co. Sie können als Trägeröle für die ätherischen Öle dienen, besitzen oft aber auch eigene therapeutische Wirkungen. Calophyllumöl beispielsweise wirkt gegen Herpes Zoster, Krampfadern und Akne, Hagebutte hellt dunkle Narben wieder auf und ist gut für fast jede Art von kranker Haut. Neurodermitiker können Hanföl innerlich einnehmen, und schwarzes Johannisbeeröl wirkt immunstärkend.

Jojobaöl wird nie ranzig, weil es ein Wachs und kein Öl ist. Es ist ein besonders gutes Basismittel für selbstgemachte Cremes und Parfum-Öle.

Fettes Lorbeeröl ist der Tipp Nummer eins gegen Rheuma und bei brüchigen Nägeln. Ätherisches Lorbeeröl dagegen wirkt ganz anders und wird für Lymphdrainagen verwendet. Fettes Traubenkernöl ist ein gutes Basisöl für Massagen, weil es sehr dünnflüssig ist und lange nicht ranzig wird.

Ich werde, glaube ich, an dieser Stelle erst einmal eine Pause einlegen und ein wenig in Grapefruit- und Cosmic-Chi-Duftmischungen schwelgen.

Glück, Gesundheit und biologische Verjüngung durch Ayurveda

»Nicht überall wo Ayurveda draufsteht, ist auch Ayurveda drin«. Ein Massageteam, dessen Ausbildung sich auf einen Zwei-Wochen-Kurs in Indien beschränkt, kann qualitativ außer ein wenig Entspannung nicht viel leisten.

Wirkungsvolles Ayurveda erfordert jahrelange Ausbildungen, vermag dann aber teilweise Dinge zu vollbringen, von denen die Schulmedizin nur träumen kann.

Nach den Lehren des Ayurveda bedeutet Gesundheit, im Gleichgewicht zu sein, und Krankheit ist Ungleichgewicht. Und zwar seelisch, geistig und körperlich.

Laut Ayurveda gibt es sechs Stadien von Ungleichgewicht oder Gesundheitsstörungen. Die westliche Medizin kann von diesen sechs Stadien nur die letzten zwei, wenn nämlich eine Krankheit schon physisch manifest ist, erkennen.

In den Veden, den Schriften, die die Grundlage für Ayurveda darstellen, heißt es aber, dass keine Krankheit einfach so, aus dem Nichts heraus auftritt, sie kündigt sich vorher auf verschiedenen Ebenen an. Ein guter ayurvedischer Arzt und Pulsdiagnostiker kann die sechs verschiedenen Stadien genau auseinanderhalten.

In den ersten zwei Stadien können oft noch Ernährungsumstellungen für eine Heilung ausreichen. Im dritten benötigt man vielleicht schon zusätzlich Kräuter und Meditation, im vierten könnte eine Panchakarma-Reinigungskur vonnöten sein und so weiter.

Die Therapien bei diesen ersten vier Stufen gelten als vorbeugende Maßnahmen (da man ja laut Schulmedizin noch nicht wirklich krank ist) und sind daher auch in Deutschland erlaubt.

Eine Fünf-Jahres-Studie einer Krankenkasse zeigte, dass Menschen, die die Transzendentale Meditation (kurz: TM), die im Ayurveda gelehrt wird, ausübten, zu 87 Prozent weniger am Herz erkrankten als die übrigen Versicherten. Und auch von allen anderen Krankheiten waren sie zu über 50 Prozent weniger als die übrigen Versicherten betroffen. Krankenkassen in verschiedenen Ländern bieten seitdem 20 bis 30 Prozent Beitragsrabatt für TM-Meditierende an.

Diese Studie zeigt jedenfalls, dass man auch mit den vorbeugenden Maßnahmen zu den Ungleichgewichtsstufen 1 bis 4 sehr viel erreichen kann. Andere Studien belegen sogar sehr deutlich, dass das biologische Altern bei TM-Meditierenden deutlich verzögert ist.

Die Transzendentale Meditation ist eine sehr schlichte und genau deshalb sehr effektive Meditationsform, bei der der Geist vollkommen ruhig und still wird und dennoch wach ist. Es ist wie eine Art vierter Bewusstseinszustand nach den normalen Bewusstseinszuständen von Wachen, Schlafen und Träumen.

Ein- bis zweimal am Tag für 10 bis 20 Minuten ausgeübt, zeigt sie enorme Wirkungen. Kinder verbessern ihre Schulleistungen zum Teil drastisch nur durch zwei 10-minütige Meditationen am Tag, OHNE zusätzlich mehr zu lernen.

Besonders die Auswirkungen auf das biologische Alter sind oft geprüft worden. Persönlich ist mir ein »20-Jähriger« (ich hätte geschworen, dass er keinen Tag älter als höchstens 22 Jahre alt ist) bekannt, der in Wirklichkeit 40 Jahre alt ist. Er hat allerdings schon als Teenager mit TM begonnen.

Aber auch 5 bis 10 Jahre (je nach Ausgangsalter) biologische Verjüngung des Körpers sind ein großes Geschenk und vielfach belegt.

Aus der Sicht eines TM-Ausübenden ist folgende Sichtweise zwar vermutlich Frevel und vielleicht ja auch wirklich falsch, aber mein Eindruck ist, dass das, was TM so stark macht, neben der wunderbar schlichten Technik auch die großen Gruppen sind, die TM ausüben. Man ist nicht alleine und kann immer wieder mit anderen gemeinsam meditieren.

Ich mutmaße jedoch, dass andere Meditationstechniken, wie beispielsweise Ishaya's Ascension (siehe Anhang) oder Hsin Tao (siehe Kapitel Hsin Tao) ähnlich effektiv sind, wenn man sie genauso konsequent anwendet. Eine Meditationstechnik, die einem keinen Spaß macht, bringt auf jeden Fall nie etwas, auch wenn sie für Tausende von anderen Leuten erwiesenermaßen perfekt ist. Man soll schon immer wieder den eigenen inneren Heiler (die Intuition und die innere Stimme) mit befragen, wo man hingehört und was für einen selbst passt. Das ist zumindest mein Eindruck.

Zu den 40 verschiedenen Heilbereichen des Ayurveda …

beziehungsweise zu den Bereichen zum Wiederherstellen des Gleichgewichtes, gehören unter anderem auch eine spezielle vedische Musikform, die Gandharva Vedamusik, die den Körper wieder in Einklang mit den Rhythmen der Natur bringt, sowie die vedische Baukunst und die vedische Astrologie.

Die Letztere ist weit komplexer als die westliche Astrologie und jahrzehntelange Ausbildungen und Erfahrungen sind für die Qualifizierung zur Beratung nötig.

Die wirkliche vedische Astrologie wird daher meist nur von bestimmten Familien praktiziert, in denen die Mitglieder von klein auf in dieser Kunst geschult werden. Und auch nach Jahrzehnten müssen sie zuerst strenge Prüfungen bestehen, bevor sie als vedische Astrologen zugelassen werden.

Während sich die westliche Astrologie mehr mit der Charakteranalyse befasst, macht die vedische Astrologie konkrete Aussagen über Ereignisse in der Vergangenheit und in der Zukunft. Ein guter Berater nennt dem Kunden die exakten Wochen, in denen er in der

Vergangenheit beispielsweise operiert wurde, einen Unfall hatte, geheiratet hat, Kinder bekam und dergleichen.

Solch eine Beratung ist aufgrund der extrem aufwendigen Ausbildung und da es nur wenige so hoch qualifizierte vedische Astrologen auf der Welt gibt, entsprechend kostenintensiv.

Es kann daher sein, dass ein guter »Normal-Astrologe« mit hellsichtiger Zusatzbegabung auch nicht schlecht und weit günstiger zu haben ist. Wobei diejenigen, die wirklich sehr gut sind, schnell so überlaufen sind, dass es ihnen irgendwann auffällt, dass sie etwas Besonderes sind, und dann machen sie es auch nicht mehr ganz so billig, weil sie nämlich dann ihren Hauptberuf, den die meisten vorher noch haben, aufgeben und nur noch dem bisherigen Nebenjob nachgehen. Und kaum müssen sie davon leben, wird es natürlich teurer.

Besonders gefällt mir an der vedischen Astrologie, dass die Ausübenden trotz ihrer extremen Genauigkeit und Gewissenhaftigkeit selbst davon überzeugt sind, dass die Sterne nicht alles sind und dass ihr Einfluss nicht zwingend ist. Vielmehr ist ihrer Meinung nach der Mensch derjenige, der es in der Hand hat, welcher Sterneneinfluss wie zur Geltung kommt. Ein Mensch, der beständig (durch Reinigungskuren, Meditationen wie TM, ein offenes Herz etc.) den Fluss der Energie SELBST in sich aufrechterhält, ist weit, weit weniger von astrologischen Zyklen abhängig oder dadurch beeinflussbar als ein Mensch, der sich passiv in Sorgen, Ängste, schlechte Stimmungen und alte Gewohnheiten und Muster fallen lässt.

Wer sein Unterbewusstes nicht selbst kontrolliert, bei dem WIRD es kontrolliert. Durch die Sterne, durch andere Menschen, durch die allgemeine Stimmung um einen herum, durch das Wetter, eigentlich durch alles.

Es erfordert ein waches Bewusstsein und eine dem Leben gegenüber wohlwollende Präsenz, um selbst zu erschaffen, was man erschaffen möchte!

ABER ALLES IST MÖGLICH und der Mensch hat alle Freiheiten. Davon sind zumindest die Pandits (Gelehrte und Kundige der vedischen Schriften) genauso überzeugt wie ich.

Manche dieser vedischen Astrologen begeben sich einmal jährlich auf Europatournee, einige können in Holland aufgesucht werden und in manchen ayurvedischen Kliniken (z.B. in Bad Ems) kann man eine Beratung auch per Videokonferenz oder Telefon inklusive Übersetzung bekommen.

Vom idealen Hochzeitstermin – denn, wie der Volksmund sagt, ist gut begonnen bereits halb gewonnen – bis zu wichtigen Geschäftsabschlüssen, für alles gibt es, sagen die Pandits, optimale und weniger optimale Zeiten.

Und die vedischen Astrologen treffen Vorhersagen über die nächsten fünf Jahre. Ähnlich wie beim Verkehrsfunk sehen sie sich anbahnende Staus im Leben und geben Umgehungsratschläge.

Manchmal reicht es aus, mehr zu meditieren oder einen bestimmten Edelstein bei sich zu tragen. Bei größeren Problemen gibt es spezielle Ausgleichstechniken, die Yagyas, die von Spezialisten vorgenommen werden.

Yagyas können beispielsweise gesungene Mantras im Namen des Klienten sein. Ähnlich wie in der katholischen Kirche, in der man eine ganze Messe für eine einzelne Person abhalten kann. Auch die tibetischen Mönche singen und meditieren auf Anfrage (und ebenfalls gegen gute Bezahlung) für bestimmte Personen und Themen. Das gemeinsame Feld von meditationserfahrenen, energetisch gereinigten Gruppen wirkt ihrer Überzeugung nach so stark, dass es das Leben einer Person eindeutig verändern und verbessern kann.

Die vedischen Pandits halten manchmal auch Meditationsgesänge für die Heilung der Welt ab. Zu solchen Ereignissen versammeln sich 11 × 11 × 11 Pandits (die Mitgliederzahl einer Kleingruppe beträgt 11 und bei jeder Meditation ist ein Vielfaches der Zahl 11 an Pandits anwesend).

Astrologie, vedische Musik, Baukunst, die Reinigungskur, Kräuterbehandlungen sowie Meditation sind einige von den vierzig Disziplinen zum Wiedererlangen der Gesundheit.

Die »vedic vibration« ist eine weitere, sehr kraftvolle Disziplin, die auch chronische und schwerste Krankheiten zum Teil innerhalb kürzester Zeit heilen kann und die darum (deutsches Heilmittelwerbegesetz etc.) in Deutschland auch nicht erlaubt ist.

Bei einem Großversuch mit 120 chronisch Kranken war mehr als die Hälfte von ihnen bereits nach zehn Minuten Behandlung mit dieser speziellen Vibrationstherapie beschwerdefrei. Ein Herr, der sich seit Jahren nicht mehr bücken konnte, war ebenfalls nach nur zehn Minuten Behandlung wieder dazu in der Lage, und der Erfolg hielt auch zwei Jahre später noch immer an.

Letzteres ist nicht die Norm, denn normalerweise sind Behandlungen auf allen sechs Ebenen nötig, aber bei manchen Menschen reicht die erste Ebene bereits aus.

Wer Näheres dazu und zu den Behandlungsmöglichkeiten in Holland wissen möchte (wie immer hilft auch dies nicht in jedem Fall und bei allen), der sehe auf der Internetseite nach. Siehe Hinweis im Anhang.

Verjüngung durch Ayurveda

1) Dünne Mäuse leben im Versuch doppelt so lange wie dicke Mäuse. Der erste Ratschlag besagt daher, nicht zu viel zu essen, sich nie vollzustopfen bis obenhin und leicht zu essen.
2) Einen Tag in der Woche nur Flüssiges zu sich nehmen (wie Suppen und Säfte) ergibt 52 Reinigungstage im Jahr und ist enorm hilfreich und verlängert das Leben.
3) Viele der ayurvedischen Kräuter und Kräuterpasten sind in der Lage, freie Sauerstoff-Radikale 100 bis 1000 Mal besser zu binden als Vitamine. Je weniger freie Radikale im Körper sind, desto jünger und vitaler ist und bleibt er.
4) Wenn man Sesamöl langsam bis zu seiner »Reifung« (bei ca. 110 Grad C) erhitzt, dann verändert es seine Eigenschaften und ist ebenfalls in der Lage, freie Sauerstoff-Radikale zu binden. Massagen mit diesem sogenannten gereiften Öl sind daher ebenfalls ein Mittel zur Verjüngung und intensiven Pflege.
5) Die Panchakarmakur (10 Tage Entgiftung in einer Ayurveda-Klinik) bewirkt, dass der Körper unter anderem defekte Teile aus Zellwänden entfernt und sie durch gesunde Teile ersetzt. Bereits eine Kur löst mehr Schlacken im Körper, als man sich in einem Jahr durch schlechte Ernährung wieder aneignen kann.
6) Geistige Verjüngung ist ein wichtiger Teil. Zum einen durch Meditation und zum anderen durch …
7) … rege Anteilnahme am Leben um sich herum. Wer sich, wie viele ältere Menschen, vom Leben um sich herum immer mehr zurückzieht und sich wenig beteiligt und interessiert, altert wesentlich schneller.

8) Ein Mensch sollte so ausgeglichen sein, dass er spontan Freude empfinden kann. Man kann sich gegen negative Emotionen nicht alleine mit dem Intellekt wehren, aber wenn man den ganzen Körper in Balance bringt (z. B. mit ayurvedischen Behandlungen und Meditation), sind die Emotionen von alleine harmonisch. Unsere Emotionen zeigen uns letztlich, wie viel wir noch an uns arbeiten können oder müssen, wenn wir jung und frisch bleiben wollen.

9) Positive Dinge über die Sinne aufzunehmen hält jung. Ein Beispiel: Bei Rockmusik wachsen Krebszellen im Reagenzglas recht schnell, bei Klassik hören sie auf zu wachsen und bei Gandharva Vedamusik wachsen nur noch gesunde Zellen nach und die kranken verkümmern.
Wobei man dazu noch anmerken kann, dass unsere Klassikmusik früher auch anders gespielt wurde und dann vermutlich ähnlich wirkte. Heute liegt der Kammerton bei 440 Hertz, vor dem Krieg lag er bei 436 und noch früher bei zirka 420. Außerdem wurden Mozart und Co. mit der Hälfte der Geschwindigkeit gespielt, mit der sie heute gespielt werden. Je höher und schneller die Musik aber gespielt wird (440 Hz ist höher als 420 Hz), desto mehr Stress verursacht sie im Körper. Die langsam gespielte Musik in der Originaltonlage (wie eben bei z. B. Gandharva Vedamusik) bewirkt, dass der Körper seine Energie langsam und über Stunden erhöht, selbst noch Stunden nach dem Hören der Musik.

10) Bewegung, ohne sich zu erschöpfen (z. B. leichtes Yoga, das auch zu den Ayurveda-Kuren dazugehört), Aufenthalte in der Natur und gute Freunde

gehören ebenfalls zu den wichtigen Verjüngungselementen.

Der einzige Haken an all diesen Verjüngungsmethoden ist der: Wenn sie wirklich helfen sollen, muss man sie tatsächlich anwenden und nicht nur einmal kurz darüber lesen.

Entsäuerung: Hilfreich bei allen Krankheitsbildern sowie gegen Glatze und Cellulitis

Unser Körper muss alle Säuren neutralisieren, um nicht verätzt und vergiftet zu werden. Dazu braucht er Mineralstoffe. Wenn er jedoch durch Überbeanspruchung davon nicht mehr genügend vorrätig hat, fängt er an, Mineraliendepots überall im Körper leer zu räubern und die entstehenden Schlacken (die nur neutralisierte Säuren sind) abzulagern, bei Frauen unter anderem oft sichtbar als Cellulitis.

Peter Jentschura und Josef Lohkämper betreiben seit über zehn Jahren Forschungen zum Thema Übersäuerung und deren Beilegung und haben eine wirkungsvolle Kur daraus entwickelt.

Dieses Kapitel ist in verschiedene Teile gegliedert:

- Wodurch entstehen übermäßige Säuren, die der Körper schwer abbauen kann?
- Was passiert mit den Säuren im Körper?
- Wie werden wir die Säuren und Schlacken wieder los und wie vermeiden wir Übersäuerung in Zukunft?
- Erfolge einer wirkungsvollen Entschlackungskur
- Zusammenfassung

Wodurch entstehen übermäßige Säuren?

Harnsäure entsteht bei dem Zerfall körpereigener Zellen und bei Fleischverzehr. Der Anfall von Essigsäure resultiert zum großen Teil aus dem Zuckerkonsum.

Schwefelsäure entsteht beim »Genuss« von Schweinefleisch oder zurückgehaltenen »Winden« bei Blähungen. Salpetersäure ziehen wir uns aus Gepökeltem und vielen Käsesorten zu. Die Acetylsalizylsäure entstammt vielen Schmerzmitteln, und bei übertriebener körperlicher Anstrengung (im Gegensatz zu gesunder Bewegung) entsteht Milchsäure.

Weitere Säurebildner sind beispielsweise Rauchen, Drogen aller Art, Alkohol, Weißmehlprodukte, Kaffee und schwarzer Tee, Stress, Angst, Ärger (»ich bin sauer« ist auch wörtlich zu nehmen), Wasser mit Kohlensäure, Colagetränke und Zahngifte wie Amalgam und Palladium.

Was passiert mit den Säuren im Körper?

Wie schon erwähnt, muss der Körper die Säuren neutralisieren, um sich nicht zu verätzen und zu vergiften. Dazu benötigt er Mineralstoffe. Wenn die dafür vorgesehenen Depots im Körper wegen zu großer Beanspruchung leer sind, greift der Körper auf feste Bestandteile im Körper zurück, die ebenfalls Mineralstoffe enthalten und eine Art »Notlager« bilden (Haarboden, Knorpel, Knochen). Säuren und neutralisierte Säuren können vom Körper nur in einem begrenzten Maße ausgeschieden werden, da die Niere Stoffe, die zu sauer sind, also einen pH-Wert unter 4,4 bis maximal 4 aufweisen, nicht ausscheidet, um durch zu viel Säure im Urin nicht selbst verätzt zu werden.

Die chinesische Medizin weiß es seit Jahrtausenden und formuliert es so: »Was Niere und Blase nicht ausscheiden können, muss der Darm ausscheiden. Was dieser nicht ausscheiden kann, das muss die Lunge tun. Wenn alle zusammen nicht genug Giftstoffe ausscheiden können, muss die Haut einspringen. Und was schließlich die Haut nicht mehr ausscheiden kann, das führt zum Tode.«

Beim Säureausscheiden laufen im Körper von Mann und Frau grundsätzlich etwas unterschiedliche Vorgänge ab, da die Frau als ein Geschenk der Natur über die Monatsblutungen verfügt. Im Körper der Frau parkt der Körper Säuren zuerst im Blut und in der Lymphe, dann in der Plazenta und als Drittes in Form von Cellulitis-Schlacken in Hüfte, Gesäß und Oberschenkeln.

Bei jeder Monatsblutung kann der Körper der Frau große Mengen an Säuren, die die Niere nicht mehr bewältigt, auf einmal loswerden. Sie hat dadurch dem Mann gegenüber einen enormen Vorteil, weshalb sie im Durchschnitt auch länger lebt als ein Mann. Bei Frauen steigt der Schlackenanteil besonders sprunghaft in den Wechseljahren, wenn sie die Mensis nicht mehr haben. Dann können, bei nicht ausreichender Remineralisierung über die Ernährung, Krankheitsbilder wie Osteoporose oder Arthrose (bei Arthrose löst der Körper den Knorpel auf, um die darin enthaltenen Mineralstoffe zur Säureneutralisierung zu verwenden, bei Osteoporose verwendet er das Kalzium aus den Knochen) sprunghaft ansteigen.

Schneller noch merkt es jedoch der Zahnarzt, wenn Übersäuerung vorliegt. Denn nichts anderes ist die Ursache von Parodontose. Der Kieferknochen beginnt sich durch die Übersäuerung abzubauen, es entstehen Lücken zwischen Zahnfleisch und Knochen und so bilden sich erste Taschen. Der Betroffene merkt es oft am Einsetzen von unangenehmem Mundgeruch. Erst im nächsten Stadium wird die Parodontose dann richtig sichtbar oder das Zahnfleisch beginnt zu bluten.

Mundwasser hilft da wenig, es bekämpft wie immer nur das Symptom, ohne an der Ursache etwas zu ändern. Sinnvoller wäre beispielsweise das Kochsalz im Haushalt schnellstens durch Kristallsalz zu ersetzen. Das Original-Kristallsalz enthält über 80 Elemente und trägt entscheidend zur Remineralisierung des Körpers bei (erhältlich in allen Naturkostläden und Reformhäusern und u.a. bei Wasserprinz: Tel. 0 82 94-86 03 61).

Männer jedenfalls haben jene Möglichkeit zur Sonderausscheidung von Säuren und Schlacken, die den Frauen zur Verfügung steht, von vornherein nicht. Während die meisten Babys noch mit 0 Prozent Schlacken zur Welt kommen (außer wenn die Mutter raucht und Medikamente nimmt, in dem Fall ist auch das Baby schon verschlackt), kann bei einem 60-jährigen Mann der Schlackenanteil in seinem Körper schon 40 Prozent ausmachen. Diesen Wert erreicht eine verschlackte Frau im Durchschnitt erst zirka 10 Jahre später. Bei Frauen von 15 bis 30 Jahren macht der Schlackenanteil um die 10 Prozent aus, bei Männern dieser Altersgruppe sind es meistens schon 15 bis 20 Prozent.

Wer welche Beschwerden in welcher Reihenfolge bekommt, hängt natürlich auch von der Veranlagung und den jeweiligen persönlichen Schwachstellen im Körper ab.

Wie werden wir Säuren und Schlacken wieder los …

… und wie vermeiden wir Übersäuerung für die Zukunft? Die Schlacken müssen zunächst gelöst werden, damit sie neutralisiert und ausgeleitet werden können. Lösen kann man die Schlacken mit Kräutertees, neutralisieren kann man die Säuren mit Mineralien und ausleiten kann man sie über die Haut durch basische Bäder. Im Detail kann das so aussehen:

Tees zur Schlackenauflösung sollten alle 55 Elemente enthalten, aus denen der menschliche Körper aufgebaut ist. Der Tee der Basenkur der Firma Orgon beispielsweise enthält dafür fast 50 verschiedene Kräuter. Nur wenn auch seltene Elemente wie Cerium, Osmium, Silber, Tellur, Molybdän, Iridium, Wismut und Rubidium enthalten sind, kann der Körper mittels eines solchen Tees alle Schlacken erreichen und mit der Zeit auflösen.

Auch in einer sinnvollen Nahrungsmittelergänzung zur Remineralisierung und in einem wirkungsvollen Badesalz sollten alle 55 Elemente enthalten sein.

Vorsicht beim Basenteetrinken ist allerdings geboten: Durch die Schlackenlösung mit dem Tee macht man nämlich die ehemaligen Säuren wieder lebendig. Sie schwimmen nun im Körper umher und müssen ausgeschieden werden. Was der Körper über die Niere jedoch damals schon nicht geschafft hat, weil es zu viele Säuren waren, schafft er jetzt auch nicht. So kommt es, dass beispielsweise Menschen mit Arthroseknien, die eine Tee-Fastenkur machen, sehr schnell dick angeschwollene Knie bekommen, weil der Körper versucht, die gelösten Säuren wenigstens zu verdünnen.

Was daher dringend zu einer Fastenkur und zum Basenteetrinken dazugehört, ist die Remineralisierung des Körpers, damit er die Säuren vor dem Ausscheiden neutralisieren kann, sowie eine effiziente Säuren- und Schlackenausleitung über die Haut mit Hilfe von basischen Fuß- und Ganzkörperbädern. Diese sollten optimalerweise einen pH-Wert von 8,5 aufweisen. Da das Blut einen pH-Wert von 7,35 hat, können durch Osmose überschüssige Säuren aus dem Körper über die Haut ausgeschieden werden.

Nach einer Stunde im Basenbad kann man oft ein Sinken des pH-Wertes im Wasser um 0,5 Punkte oder sogar mehr messen. Das bedeutet, dass das Wasser fünfmal so sauer ist wie zu Beginn des Bades, weil der Körper große Mengen an Säuren ausgeschieden hat.

Die Bedeutung einer konsequenten Ausleitung von Schlacken und Säuren über die Haut, verbunden mit einer ebenso konsequenten Remineralisierung kann gar nicht hoch genug eingeschätzt werden. Eine Patientin berichtete sogar vom Verschwinden rheumatischer Beschwerden plus Krampfadern innerhalb weniger Monate (die betreffende Person hatte allerdings täglich zwei Stunden Fußbäder genommen).

Zur Remineralisierung werden neben den entsprechenden Nahrungsmitteln (viel Gemüse) auch Nahrungsergänzungsmittel aus rein pflanzlichen Komponenten benötigt. Diese sollten sowohl alle 55 Elemente enthalten, als auch eine hohe lebendige Energie haben (unerhitzt sein).

Durch eine stetige Mineralienzufuhr und Vermeidung der Risikofaktoren (siehe unter Zusammenfassung, Säuren kommen von alleine) kann eine erneute Übersäuerung vermindert und vermieden werden.

Tipp: Rohes Sauerkraut ist ein wertvoller Germaniumspender und organisches Germanium wiederum ist besonders für Krebskranke (eine Art Übersäuerung im Endstadium) und Übersäuerungsgeschädigte aller Art hilfreich.

Erfolge einer wirkungsvollen Entschlackungskur

Peter Jentschura (Drogist, Herausgeber einer Gesundheitszeitschrift, forscht seit 12 Jahren zum Säurethema) und Josef Lohkämper (ebenfalls Drogist und Pflanzen- und Mineralienforscher) haben mit ihrem Wissen eine dreiteilige Entschlackungs-Basen-Kur zusammengestellt, die von der Firma Orgon vertrieben wird. Die Kur enthält Tee, Nahrungsergänzungskräuter und ein basisches Badesalz.

Manche Menschen empfinden diese Entsäuerungskuren mit der Auflage, jeden Tag ein einstündiges Fußbad zu nehmen, bereits als Zumutung und halten daher nicht lange durch oder fangen erst gar nicht an. Aber wer einmal angefangen hat, hält meist auch durch, weil sich erste kleine Erfolge sehr schnell zeigen.

Bäder aller Art sowie auch Waschungen mit in Basenwasser getauchten Waschlappen regen die Talgdrüsen der Haut an, wodurch sie sich ganz sanft selbst einfettet und man keine Cremes mehr benötigt. Die Haut wird auch nicht schrumpelig, je länger man badet, sondern fühlt sich im Gegenteil immer angenehmer an und das Wasser perlt immer mehr ab, durch den Selbst-Einfettungseffekt der Haut.

Ein erfrischendes Gefühl im ganzen Körper stellt sich oft schon nach einem einstündigen Fußbad ein. Ich beispielsweise habe mir eine beheizbare Fußwanne zugelegt und stelle die Füße ins Fußbad, während ich am Computer arbeite (natürlich decke ich alle technischen Geräte dabei so ab, dass sie keine Wasserspritzer abbekommen können).

Fußpilze und Pilze aller Art mögen das basische Milieu überhaupt nicht. Wer lange genug und oft genug seine verpilzten Füße ins Basenbad stellt, wird, wenn er lange genug durchhält, das schrittweise Abwandern der Pilze beobachten können. Schneller geht es, wenn man dazu über Nacht noch »Salzsocken« anzieht. Das sind ins Badesalz getauchte und dann ausgewrungene Socken, über die man noch ein dickes Paar trockene Socken anzieht. So geht man dann schlafen.

Diese Technik hilft nicht nur gegen Fußpilz, sondern beschleunigt die Entsäuerung in allen Fällen. Bei Nierenschwäche sollte man allerdings aufpassen, dass man sich durch die Salzsocken nicht aufheizt oder unterkühlt – besser ist eine Absprache mit dem Heilpraktiker!

Männer mit Glatze, die um die 30 bis 40 Jahre alt sind, können nach zirka einem Jahr mit dem Zuwachsen ihrer Glatze rechnen. Aber auch 60-jährige Männer haben es nach 2 Jahren Remineralisierung und Entsäuerung über Fußbäder geschafft, ihre Haare wieder zum Wachsen zu bringen.

Frauen mit Cellulitis müssen meist weniger lange warten. Ein erster Rückgang der Cellulitis ist schon nach ein paar Wochen zu beobachten, was natürlich zum Durchhalten motiviert.

Auch dem Zahnstein kann man den Garaus machen, indem man die Zähne mit dem basischen Salzgemisch des Badesalzes putzt. Im Sommer Löwenzahnblätter zu kauen hilft ebenfalls. Zahnstein ist grundsätzlich sauer und löst sich bei dieser Behandlung innerhalb einiger Wochen oder Monate (je nach Stärke des Befalls) auf. Der Zahnarzt wird sich wundern, wenn er nie wieder Zahnstein entfernen muss.

Grundsätzlich gilt, dass Entschlackungskuren stärkend und lebensverlängernd wirken. Wer es eilig hat, kann auch die intensive Drei-Monats-Entschlackung machen, die besonders hilfreich bei Neurodermitis, Schuppenflechte, Allergien, Polyarthritis und anderen Beschwerden dieser Art wirkt.

Erste basische Hilfen bei Säureattacken wie Herzinfarkt, Schlaganfall, Migräne, Rheumaschüben, Muskelkater, Gehörsturz u.v.m. können ein Basentrunk, basische Abreibungen und lokale basische Wickel sein.

Zusammenfassung:

Säuren kommen von alleine durch:

- Fleischgenuss
- besonders schädlich: Schweinefleisch
- Kaffee und schwarzen Tee
- Colagetränke
- Zucker
- Blähungen
- Gärung (rohes Essen nach 18 Uhr wird nicht mehr komplett verdaut, sondern fängt an, im Darm zu gären)
- Fäulnis
- Weißmehl
- Stress
- Ärger
- Lärm
- Angst
- Enttäuschungen
- zu starke körperliche Anstrengung

Unsere Basendepots:

- Haare und Haarboden
- Nägel, Haut, Knochen
- Gefäße bzw. Adern
- Knorpel, Kapseln, Sehnen
- Blut (dient auch als Pufferlösung)

Unsere Basenlieferanten:

- Kräutertees
- Gemüse
- Salate
- Säfte
- Muße
- Muse

- Liebe
- basische Bäder
- Nahrungsergänzungsmittel
- Licht und frische Luft

Entschlackungskur:

- Schlackenlösung durch Kräutertee, der alle 55 Elemente enthält, die im Körper vorkommen
- Säureneutralisierung (durch Mineralstoffe in der Ernährung)
- Säure- und Schlackenausleitung (basische Bäder, Wickel, Abreibungen)

Ein ebenfalls starker Basenlieferant können hochwertige Nahrungsergänzungsmittel sein, wie in dem Video »Der Kampf um die Gesundheit« beschrieben www.credence.org.

Infos zu Nahrungsergänzungen siehe Anhang zum Kapitel »Nahrungsergänzungsmittel«.

Kurz vor Druckschluss kam noch die Info von einem Basengel, das man nur in die Haut einzureiben braucht. Es soll ab 2004 über die Homepage www.vitabalis.de erhältlich sein. Ich habe es aber noch nicht testen lassen.

Auch aufschlussreich ist das Buch: »Die pH-Formel für das Säure-Basen-Gleichgewicht« von Robert O. Young und Shelley Redford Young. Produkte dazu siehe Anhang.

Der Körper entscheidet, nicht der Therapeut: Mögliche Tücken der Entsäuerung und wie man sie umschifft

»Echte Naturheilkundler fragen den Körper des zu Behandelnden, was er braucht, anstatt ihm einfach das zu verordnen, was sie selbst denken.

Das ist der größte Unterschied zwischen Schulmedizin und echter Naturheilkunde, dass die Naturheilkunde ihr eigenes Wissen oder ihre Erfahrungen nicht über die innere Weisheit des Körpers des Individuums stellt.«

So der Heilpraktiker Michael Münch aus Neufahrn. Besonders wichtig erscheint ihm dies auch beim Thema Übersäuerung. Warum? Es wird selten darauf hingewiesen, dass jedes Gewebe im Körper einen eigenen pH-Wert hat und auch haben muss. So hat arterielles Blut beispielsweise einen etwas anderen pH-Wert als venöses Blut und jeder Abschnitt des Verdauungssystems hat ebenfalls seinen ganz eigenen pH-Wert.

Während im Magen ein pH von 1 bis 2 herrscht, liegt der pH nur einen Zentimeter weiter, im Zwölffingerdarm, bei 7 bis 14.

pH 1 bis 2 ist extrem sauer. Aber wenn unser Magen nicht sauer sein darf, dann wird er auf andere Weise sauer. Dann kann er nämlich die Eiweiße nicht mehr richtig verdauen, was zu Fäulnisbildung führt. Fäulnis aber ist nach Dr. Seeger ein Faktor für Tumorenbildung und viele andere Krankheiten. Menschen, die ein Basenpulver entweder vor dem Essen oder kurz nach dem Essen einnehmen (anstatt mindestens eine Stunde nach dem Essen und danach länger nichts essen), schaden sich langfristig, da sie zur gefährlichen Fäulnisbildung beitragen.

Säureblocker bei Sodbrennen führen dazu, dass das

Blut zu stark alkalisch wird, was ebenfalls krankheitsbildend wirkt. Wir sollten also nicht lustig herumpanschen und ohne nachzudenken einfach mal alles in uns hineinstopfen, was irgendwo als gut angepriesen wird. Ohne Fachberatung könnte das ein Schuss nach hinten werden.

Ich habe den Heilpraktiker Michael Münch gefragt, wie es bei ihm in der Praxis läuft. Er berichtete, dass er sehr sorgfältig in mehreren Schritten vorgehe, um das Richtige für den Patienten zu finden.

Die Diagnose bei ihm schließt beispielsweise Pathophysiognomik (Erkennung von Krankheiten aus dem Gesicht) inklusive Augen- und Zungendiagnose genauso ein, wie klassische klinische Untersuchungsmethoden, bei denen der Patient mit allen Sinnen wahrgenommen wird (z.B. Bauchraum klopfen, Geruchssinn, Hörsinn etc. einsetzen).

Wenn er dann solchermaßen Anhaltspunkte gesammelt hat und die ersten Ideen hat, dann wird der Körper des zu Behandelnden selbst befragt. Mittels Radiästhesie oder anderer Biofeedbackmethoden.

Konkret sieht das so aus, dass Michael Münch eine Idee hat und erst mal in sich geht und in der inneren Stille beispielsweise über die Radiästhesie Kontakt aufnimmt mit dem Zwischenhirn des zu Behandelnden. Das Zwischenhirn ist Sitz der Instanz im Körper, die den Gesamtüberblick hat und abwägen kann, was wirklich im System gebraucht wird. Dieses Zwischenhirn wird nun befragt, was es von der Idee oder dem Mittel hält. Nur wenn ein Mittel auf mehrfache Weise mit einem eindeutigen »Ja« auch vom Körper des Patienten ausgewählt wird, wird zusätzlich noch die genaue Dosierung und Art der Anwendung erfragt. Denn auch die ist nicht bei jedem gleich.

Wie wichtig das ist, wird klar, wenn man überlegt, wie es überhaupt dazu kommt, dass Mittel als Heilmittel auf den Markt kommen. Sie werden ausprobiert und wenn sie bei einer gewissen Anzahl von Probanden eine gewünschte Wirkung erbracht haben, gelten sie als wirksam und können zugelassen werden. Mit der Zulassung ändert sich dann aber nichts daran, dass das Mittel beispielsweise nur bei 70 Prozent der Leute wirkt. Die Schulmedizin entscheidet anhand der Diagnose, was sie verabreicht. Aber ein echter Naturheilkundler ist eben bestrebt herauszufinden, ob dieser Patient einer von den 70 Prozent ist, bei denen das Mittel wirkt, oder ob er einer von den 30 Prozent ist, die etwas anderes brauchen.

Beispielsweise kann man sagen, dass bei einem gesunden Menschen der pH-Wert des Morgenurins nicht unter 6,2 liegen sollte (testbar mit ph-Wert-Streifen aus der Apotheke, die man in den Urinstrahl halten kann), weil sonst nicht genügend Säuren ausgeschieden werden können, sondern im Körper abgelagert werden. Bei bestimmten Krankheitsbildern jedoch ist es wichtig, dass der pH-Wert noch niedriger ist. Wer den pH künstlich hochjagt mit Basenmitteln, ohne zu testen, der unterbindet damit unter Umständen Heilungsprozesse im Körper. Nur Testen kann Aufschluss geben.

Auch wichtig ist, dass stark wirksame Mittel nicht immer die besten Mittel sind. Um mit Entgiftungs- oder Umstellungsreaktionen bei einem starken Mittel fertig zu werden, braucht der Körper viel Energie. Man sollte unbedingt vorher überprüfen, ob dem Körper so viel Energie im Moment überhaupt zur Verfügung steht. Ein starkes Entgiftungsmittel kann einem jungen Menschen zu einem tollen Heilungsschub verhelfen. Dasselbe Mittel kann jedoch einen alten oder schwachen Menschen im Extremfall auch umbringen oder ihm zumindest deutlich schaden.

Emotionale oder toxische Blockaden oder Mangelzustände (an Wasser, Mineralstoffen oder Vitaminen) können die Wirksamkeit von Mitteln ebenfalls beeinträchtigen. Das Ineinanderwirken der verschiedenen Faktoren ist jeweils so komplex und individuell, dass wir einsehen müssen, dass Pauschalempfehlungen keinen Sinn machen. Alles sind Anhaltspunkte, die individuell überprüft werden sollten, wenn man wirklichen und dauerhaften Erfolg haben möchte.

Dann jedoch, wenn man den Wünschen des Körpers lauscht und ihm ganz individuell genau das liefert, was er am meisten benötigt, dann schaltet ein solcher Heil-Künstler, denn das Heilen auf diese Weise ist eine hohe Kunst, mitunter auf erstaunlichste Weise die Selbstheilungskräfte des Körpers ein.

»Man muss sich das so vorstellen«, meint Michael Münch, »als gäbe es verschiedene Bereiche im Körper, die, wenn sie krank oder energieschwach werden, auf einmal nicht mehr richtig vom Körper genutzt werden können. Das ist dann so, als hätte einer Kaugummi ins Türschloss dieses Körperbereiches gesteckt, und kein Schlüssel passt mehr rein. Mit welchem Trick ich den Kaugummi wieder aus der Tür bekomme und welche Tür es wirklich ist, das kann ich als Therapeut immer nur erahnen. Aber oft genug täusche ich mich, und der Körper belehrt mich eines Besseren. Wenn wir jedoch gemeinsam den Kaugummi aus dem richtigen Schloss gezogen haben, können wir zuschauen, wie sich das ganze System von selbst erholt.«

Heilpraktiker Michael Münch
Vogelweide 2c

85375 Neufahrn bei Freising
www.diagnostiker.de
Tel.: 0 82 65-51 04

Parasiten und Umweltgifte: Hauptkrankheitsursache im Verborgenen?

Das Zentrum für Krankheits-Kontrolle entdeckte kürzlich, dass der durchschnittliche Amerikaner zwei Pfund Parasiten im Körper hat (etwa dreihundert Arten), die keineswegs dorthin gehören. Diese Parasiten können uns erhebliche gesundheitliche Probleme verursachen! Frau Dr. Hulda Clark aus Mexiko sieht sogar die Hauptkrankheitsursache in diesen Parasiten.

Und aufgrund ihrer teilweise immensen Erfolge erscheint es durchaus sinnvoll, sich ihre Theorien näher zu Gemüte zu führen.

Fangen wir einfach mit ein paar Patientenberichten an. Berichte solcher Art lassen sich zu Hunderten im Internet oder bei Clark-Therapeuten finden:

Ich litt unter Fibromyalgie, welche 1971 diagnostiziert wurde. Das Ausmaß war so stark, dass mich die Sozialversicherung 1998 als Invalide anerkannt hat. Ich war 85 Prozent der Zeit im Bett, litt unter dauernden Schmerzen und konnte nicht einmal für mich selber sorgen. Ich entdeckte das Clark-Buch, und als ich am ersten Tag zappte, dachte ich, dass ich sterben müsste. Aber am nächsten Tag war die Veränderung wie ein Wunder. Ich staubsaugte mein ganzes Haus und tanzte zu Georg Strait, wie ich es früher gemacht hatte. Mein Mann war höchst erstaunt. Ich hatte auch Toxoplasmose, welche sich erstmals 1975 in meinem linken Auge manifestierte, und seither neunmal wiederkam.

Ein früherer Bluttest hatte ergeben, dass die Konzentration von Parasiten gefährlich hoch war. Man schickte mich zu Spezialisten, aber sie konnten mir nicht helfen. Doch ich wurde immer schwächer. Nachdem ich mit den Clark-Programmen begonnen hatte, machte ich einen weiteren Bluttest, und der Wert war nur noch 0.3! All dies passierte im August 1999 und ich bin ein wandelndes Wunder zur Bezeugung von Dr. Clarks Genialität und Menschenfreundlichkeit. Ich habe seither vielen anderen geholfen und sah zwei Arten von Krebs, Diabetes und andere Krankheiten heilen.

(Nachdruck des Patientenberichtes mit freundlicher Genehmigung des Dr. Clark-Zentrums in der Schweiz, www.drclark.de, Tel. 031-8 68 31 31)

Kein Wunder, wenn die Clark-Fans also sehr überzeugt sind und die Ursache Nummer eins für Krankheiten aller Art in den Parasiten sehen. Irgendwie amüsant ist es dennoch, dass so viele Therapeuten meinen, die »einzige, wirkliche Ursache aller Krankheiten« gefunden zu haben. Bei den einen ist diese Hauptursache die Übersäuerung, bei den anderen der Zustand des Dickdarmes und nun sind es eben die Parasiten in Verbindung mit Umweltgiften.

Wobei bei allen dreien die Urursache das wäre, was wir unserem Körper zuführen: die Nahrung. Sie kann übersäuern, den Dickdarm verunstalten oder Parasitenwachstum im Körper begünstigen. Vielleicht schließen sich die Theorien daher gar nicht aus? Vielleicht wachsen und gedeihen Parasiten im sauren Milieu und mit verstopftem Darm noch viel besser als im basischen, sauberen Darm? Und vielleicht verstopft der Darm schneller, wenn er von Parasiten befallen und übersäuert ist und umgekehrt?!

Das hier folgende Kapitel ist jedenfalls eines der gruseligsten, wie ich finde. Es zeigt einfach, dass wir als Gesamtmenschheit einen Bewusstseinswandel für unser langfristiges Überleben wirklich mehr als dringend benötigen. Wenn irgendwelche Außerirdischen uns dabei beobachten sollten, was wir hier so treiben, dann könnten sie wirklich nur zu dem Schluss kommen, dass wenig bis kein intelligentes Leben auf der Erde vorhanden ist. Denn wieso sollte ein intelligentes Wesen sich selbst derart offensichtlich vergiften?

Aber noch weiß ja keiner, wovon ich rede, also auf ins Gruselkabinett. Keine allzu große Sorge übrigens, es gibt Lösungen, sie erfordern nur wirklich ein Umdenken auf allen Ebenen unseres Seins.

Dass Kleinstparasiten überall dran und drin sind, weiß im Grunde jeder. Durch die Düngung mit Gülle von den Tieren landen sie auf den Feldern und sind daher an jedem Salat, jedem Kraut, Korn und Gemüse zu finden.

In Milchprodukten und Fleisch, besonders in rohen Produkten wie rohem Schinken sind nicht nur Salmonellen, sondern es liegt einfach in der Natur tierischer Nahrungsprodukte, dass sie die unterschiedlichsten Parasiten enthalten.

Je unnatürlicher übrigens die Tiere ernährt werden (beispielsweise mit irgendwelchen gemahlenen Resten von – ich sag lieber nicht was, wir wissen es eh fast alle aus der Presse), desto mehr Parasiten enthalten ihr Kot, ihr Fleisch und auch ihre Milch. Tiere, die wirklich artgerecht gehalten werden, haben die wenigsten Parasiten. Wenn wir Menschen uns selbst artgerecht »halten« würden, hätten wir auch keine Probleme damit, wie wir noch sehen werden. Aber leider befinden wir uns in einem ungesunden Kreislauf der Entfernung vom Artgerechten.

Unsere Haustiere sind ebenfalls voll mit Parasiten, besonders wenn sie mit Fertigfutter ernährt werden. Es gilt auch für Hund und Katze das Gleiche: Ohne Fertigfutter, bei artgerechter Haltung haben auch sie weit weniger Parasiten und übertragen dann logischerweise auch weniger Parasiten.

Die ganzen Parasiten wären unserem Körper aber immer noch so gut wie egal, wenn es da nicht ein kleines Zusatzproblem gäbe. Und dieses Zusatzproblem heißt Umweltgifte, insbesondere Lösungsmittel. Gelangen diese in den Körper, dann gelingt den Parasiten, was ihnen sonst nicht gelingt: Sie nisten sich ein, und zwar nicht nur im Darm, sondern mitunter in jedem Organ und sogar im Gehirn.

Igitt, igitt, wer isst denn aber auch Lösungsmittel? So blöd kann doch wohl keiner sein. Irrtum! Die Forschungen von Dr. Hulda Clark aus Mexiko haben ergeben, dass so gut wie jeder von uns sogar mehrmals täglich Lösungsmittelreste zu sich nimmt – und damit auch voll ist von Parasiten, die wir bisher nur in irgendwelchen Dschungelstaaten verbreitet wähnten. Leider irrtümlich, wie sich gleich zeigen wird.

Benzol, Isopropanol und Methanol sind die gebräuchlichsten Lösungsmittel und sie werden verwendet, um die Maschinen zu reinigen, mit denen unsere Nahrungsmittel verarbeitet und verpackt werden. Es fängt schon damit an, dass die Bauern zweimal täglich ihre Melkmaschinen laut Vorschrift mit einem Reinigungsmittel reinigen müssen, das offenbar meistens Methanol enthält. Reste davon gelangen in die Milch (auch in die Biomilch, es sei denn einer würde noch mit der Hand melken oder neue Reinigungsmethoden für seine Melkmaschinen erfinden und diese genehmigen lassen).

Methanol begünstigt unter anderem die Ansiedlung des sogenannten Bauchspeicheldrüsenegels Euretrema, den, so sagt Frau Dr. Clark, alle Diabetiker haben. Entfernt man den Egel rechtzeitig, solange die Bauchspeicheldrüse noch regenerierbar ist, so verschwindet auch der Diabetes. Kaum zu glauben, oder? Das ist aber noch eine der harmlosen Meldungen von Frau Dr. Clark.

Untersuchen wir aber zunächst ein bisschen weiter, wie die ganzen Lösungsmittel in unseren Körper gelangen. Wenn du zum Beispiel auch so gerne Fruchtsäfte aus dem Bioladen trinkst wie ich, dann trinkst du, ebenfalls wie ich, das Lösungsmittel Isopropanol, einige magnetische Schwermetalle und Schimmelpilze mit. Da kann der Bioladen nichts dafür. Es gibt Vorschriften, wie die Maschinen zum Abfüllen der Säfte und natürlich auch die Pfandflaschen gereinigt werden müssen. Nämlich mit diesen Lösungsmitteln, und es bleiben immer Reste davon in den Flaschen.

Isopropanol wird in Krankenhäusern direkt zum Desinfizieren der Hände verwendet. Eine gesunde Niere braucht zwar nur vier Stunden, um das Lösungsmittel wieder aus dem Körper hinauszutransportieren. Wenn man aber nach dem Händewaschen mit Lösungsmittel vielleicht noch mit den Händen an den Mund kommt und dann noch eine Flasche Wasser trinkt, so hat man schon wieder die nächste Ladung Lösungsmittel intus.

Und die Dosis macht auch hier das Gift. Wobei die einzelnen Dosen wirklich klein sein können, aber das ständige Zuführen davon jeden Tag ist eben zu viel.

Benzolhaltige Reinigungsmittel werden bei der Verpackung von fetten Produkten zur Maschinenreinigung verwendet. Wir finden es daher beispielsweise in Ölflaschen. Das tollste und teuerste Olivenöl aus dem Bioladen nutzt nichts in dieser Hinsicht, denn die Tests der nach Clark arbeitenden Therapeuten haben gezeigt, es gibt auch im Bioladen fast kein Öl ohne Benzolreste.

Bratfett, Margarine, Körperpflegemilch, Kaugummi und Eiscreme sind weitere typische Produkte, in denen oft Benzolreste zu finden sind.

Benzol schädigt besonders die Thymusdrüse und das Knochenmark und verursacht Immunschwächen.

Die Parasiten siedeln sich aber nicht nur aufgrund der durch die Umweltgifte verursachten Immunschwäche bei uns an, sondern die Lösungsmittel lösen auch die Schalen der Larveneier auf, sodass die Parasiten bei uns im Körper vorzeitig schlüpfen, bevor sie einfach beim nächsten Stuhlgang wieder mit ausgeschieden worden wären.

Die Eier des Spulwurms, auch Ascaris genannt, sind extrem unempfindlich. Man kann sie kochen oder einfrieren, solange man will. Wenn sie danach wieder in ein Milieu mit Körperwärme gelangen, schlüpfen sie trotzdem. Und wenn dann noch Isopropanol mit im Körper ist, dann werden alle restlichen Eier, die nicht von alleine schlüpfen, unfreiwillig durch das Lösungsmittel »mitgeschlüpft«.

Es gibt speziell gegen Ascaris-Eier unter anderem die Technik des Doppelkochens. Wenn man etwas kocht, lässt man es kurz vor Ende der Fertigstellung auf Körperwärme abkühlen. Die Spulwürmer schlüpfen dann hocherfreut und man kocht ein zweites Mal auf. Dann »hat man sie«.

Wenn man eine fünfprozentige Salzsäure in der Apotheke kauft und wiederum fünf Tropfen davon in eine Schüssel mit Wasser gibt und darin seine Salate und Gemüse schwenkt, bevor man sie isst, so sind die Parasiteneier allerdings auch erledigt. Diese Konzentration an Salzsäure entspricht in etwa der unserer Magensäure und schadet uns nicht. Außerdem können wir das Gemüse ja auch noch einmal kurz abspülen, wenn uns das lieber ist. Manche ältere Menschen nehmen aber sogar absichtlich ein paar Tropfen dieser hochverdünnten Salzsäure mit ihrem Essen zu sich als Verdauungshilfe, wenn die eigenen Magensäfte nachlassen.

Allerdings – einen Haken hat die Sache doch wieder. Wenn man Salzsäure in einer normalen Apotheke kauft, kann sie wieder hoch verunreinigt mit Lösungsmitteln sein. Reine Salzsäure ohne unerwünschte Zusätze ist aber auch erhältlich. Infos siehe Anhang.

Wenn die Ascaris oder Spulwürmer einmal geschlüpft sind, können sie durch die Darmwand ins Blut gelangen und sich in fast jedem beliebigen Organ festsetzen. Angeblich gibt es auf der Welt keinen Asthmatiker, der nicht Spulwürmer in der Lunge hätte.

Auch bei fast allen Arten von Gelenkbeschwerden ist immer der Spulwurm in den Gelenken zu finden sowie häufig zusätzlich Bandwurmlarven.

Bei wem die Würmer sich in welchem Organ festsetzen, hängt von den ganz persönlichen Schwachstellen im Körper ab und ist daher ganz verschieden.

Ein sehr gefährlicher Parasit ist der große Darmegel. Er kann bis zu acht Zentimeter lang und ziemlich dick (zwei bis drei Zentimeter Durchmesser) werden. Sitzt er überraschend bei uns im Darm, macht er da auch noch nichts, solange kein Isopropanol dazukommt. Das aber nehmen wir in unserer Zivilisation ständig zu uns. Darmegel plus Isopropanol jedoch sieht Frau Dr. Clark als die Hauptursache von Krebs an. Man entferne den Egel und laut Frau Clark ist das Auftreten von bösartigen Tumoren dann nicht mehr möglich.

Für Allergien ist unter anderem der Schafleberegel zuständig, den etwa jeder vierte Bundesbürger in der

Leber sitzen hat. Er verursacht chronische Müdigkeit, Allergien und stört den Stoffwechsel.

Neben Lösungsmitteln begünstigen auch viele andere Umweltgifte das Parasitenwachstum in unserem Körper. Ob man es glaubt oder nicht, nachdem wir hierzulande Asbest erfolgreich in der Außenwelt beim Bauen und so weiter reduziert haben, essen wir ihn inzwischen auf. Wie das? Vermutlich liegt es unter anderem an alten asbesthaltigen Förderbändern, die bei uns verboten und dann schlau in die Dritte Welt abgeschoben wurden. Jedenfalls enthalten fast alle Produkte aus Dritte-Welt-Ländern Asbest: Tee, Kaffee, Obst, Rohrzucker etc.

Aus dem Kaffee kann man den Asbest herausfiltern, falls man filtert (Filterkaffee wird hiermit für gesünder als löslicher Kaffee erklärt), und vom Obst kann man ihn abwaschen. Aber auch hiesiges Getreide enthält erstaunlich oft Asbest, und wenn man das Getreide zu Mehl verarbeiten möchte, ist Abwaschen ein Problem, da man es danach wieder trocken föhnen müsste. Viele Vollkornprodukte enthalten daher derzeit Asbest.

Asbest schädigt unseren Verdauungstrakt und zerstört die weißen Blutkörperchen.

Da wir schon beim Getreide sind: Durch falsche Lagerung des Getreides enthalten fast alle Vollkornprodukte zusätzlich Schimmel, der auch beim Backen nicht abgetötet wird. Dem könnte relativ leicht abgeholfen werden, indem man Vitamin C mitbäckt, da dies den Schimmel neutralisieren würde. Schimmelgifte werden als krebserregend angesehen.

Ausgerechnet bei den ansonsten wenig gesunden Weißmehlprodukten, die kein Asbest enthalten, weil die Schale ja entfernt wurde, wird meist schon Vitamin C zur Konservierung mitgebacken. Weißmehl ist also derzeit bei uns insofern gesünder, als es weder Asbest noch Schimmel enthält. Dafür fehlen auch alle guten und wichtigen Inhaltsstoffe. Die Lösung heißt entweder massive Herstelleraufklärung oder selbst backen.

PCB ist ein weiteres bekanntes Umweltgift. Es ist eine Chemikalie, die viel beim Hausbau verwendet wurde. Sie lagert sich im Fettgewebe ab und geht in alle geschwächten Organe, wo sie die weißen Blutkörperchen ausschaltet. PCB findet man vor allem in Reinigungsmitteln, Körperpflegeprodukten und allen möglichen Sorten von Waschmitteln.

Das Formaldehyd, das nach wie vor zum Desinfizieren verwendet wird, dünstet noch immer aus vielen Teppichen, neuen Kleidungsstücken und neuen Möbeln aus. Auch in Klebern und Lacken ist es zu finden.

Auch Farbstoffe, die vorwiegend in Süßigkeiten vorkommen, stören das Immunsystem und begünstigen die Ansiedlung von Parasiten. Absurderweise enthält aber auch Gemüse und Obst häufig diese Farbstoffe. Es wird mit Farbstoffen angesprüht, damit es leckerer aussieht (wenn es schon nach Pappe schmeckt!).

Rätselhafterweise wird zudem immer wieder schwarzer Farbstoff in fast allen Milchprodukten, einschließlich Butter und Sahne gefunden, leider auch in Bioprodukten. Das ist vermutlich auch auf Verunreinigungen beim Verpacken und Verarbeiten zurückzuführen. Die Heilpraktikerin Frau Ausfelder vermutet, dass dieser schwarze Farbstoff Hauptauslöser der immer häufiger werdenden Unverträglichkeiten von Milchprodukten ist.

Wobei sich dieser störende schwarze Farbstoff sowie auch Benzol und viele Bakterien relativ leicht zersetzen lassen, indem man die Milchprodukte in ein Ultraschallgerät stellt und für zehn Minuten durchschüttelt.

Das können alle Milchallergiker ja einmal ausprobieren.

Es reicht ein Ultraschallgerät zur Schmuckreinigung, das man beispielsweise bei der Metro bekommt, völlig aus. Auch OP-Instrumente werden übrigens mit Ultraschall gereinigt.

Ein letzter Störfaktor im System Mensch, der noch erwähnt werden soll, sind magnetisierte Schwermetalle. Unsere weißen Blutkörperchen verschlucken sie, sobald sie sie sichten. Da diese Metalle jedoch magnetisch sind, kleben die weißen Blutkörperchen nun zusammen und bilden Klumpen.

Übrigens lösen sich, laut Frau Dr. Clark, auch beim Kochen in Edelstahltöpfen einzelne Moleküle, landen mit im Essen und schwuppdiwupp, schon kocht man sich die Schwermetalle selbst mit ins Essen. Da sie nicht magnetisch sind, sind sie weniger gefährlich, aber dennoch kein geeignetes Nahrungsmittel für den Menschen. Auch von Metallbestecken ist Frau Dr. Clark wenig angetan und ganz entsetzlich findet sie Alufolien (womöglich noch beim Grillen) als Verpackung für Lebensmittel. Ihre Untersuchungen haben gezeigt, dass sich einzelne Moleküle davon ablösen und hochtoxisch im menschlichen Körper wirken.

Es ist also eigentlich fast egal, was man isst. Wir haben es als Gesamtmenschheit geschafft, nahezu jedes Nahrungsmittel zu vergiften. Im Mai 2002 konnte man beispielsweise folgende zu diesem Kapitel passende Meldung in der Zeitschrift Ökotest lesen:

»ÖKO-TEST Karotten: Viele sind nicht verkehrsfähig«

Schlechter hätte das Ergebnis kaum ausfallen können: Fast die Hälfte der 30 von ÖKO-TEST untersuchten Karotten enthielt mehr Spritzgifte, als der Gesetzgeber erlaubt. In 14 der Testprodukte steckten Pestizide, die hierzulande verboten sind, in sieben fanden die Labors verbotene Holzschutzmittel.

Die von ÖKO-TEST untersuchten Karotten wurden in großen deutschen Städten gekauft, stammen aber aus Italien und Spanien. Dort gehen die Anbauer bekanntermaßen nicht zimperlich mit der Giftspritze um. Rätselhaft waren zunächst die Funde von Pentachloranisol in sieben Produkten, darunter auch in der einzigen untersuchten Bio-Möhre. Der Stoff ist in Deutschland verboten, weil er unter Krebsverdacht steht. Er wird aber mutmaßlich eingesetzt, um die Transportkisten aus Holz zu desinfizieren.«

Wie wird man nun all dieser Katastrophen Herr oder kann man nur noch auswandern auf einen anderen Planeten?

Ich möchte an dieser Stelle betonen, dass es vereinzelt Menschen gibt, die sich ganz normal ernähren und trotzdem keine Parasiten haben. Es muss also »geheime Mechanismen« geben, die so stark sind, dass selbst alle Umweltgifte ihnen kaum etwas anhaben können. Diese »geheimen Mechanismen« wurden bereits zu Beginn des Buches behandelt: Es sind rein innere Kräfte. Somit erfordern sie echte Arbeit am Selbst, die manchmal anstrengender zu sein scheint als alle Schindereien im Außen.

Heilen und ab sofort vorbeugen ist jedenfalls die Devise von Frau Dr. Clark. In Deutschland gibt es bereits einen Verein für Gesundheit durch unbelastete Nahrungsmittel, der sich vorwiegend die Aufklärung der Hersteller zum Ziel gesetzt hat, sowie das Verbreiten der entsprechenden Herstelleradressen bei interessierten Verbrauchern.

Geheilt wird bei Frau Dr. Clark auf relativ einfache

Art und Weise. Viele Völker scheinen auch instinktiv, oder woher auch immer, zu wissen, wie man Parasiten ausrottet. Indem sie nämlich regelmäßig Wermut-Tee trinken, Sauerkraut und Knoblauch essen sowie Fenchel und Kurkuma (Gelbwurz), beugen sie schon einem großen Teil des Parasitenbefalls vor.

Und so besteht die Darmkur gegen Parasiten auch hauptsächlich aus schwarzer Walnusstinktur, Wermut und Nelken. Nichts Exotisches also. Zusätzlich wird allerdings gezappt. Der Zapper ist ein kleiner einfacher, batteriebetriebener Frequenzgenerator mit zwei Handelektroden. Er verfügt über extrem viele Oberschwingungen, durch die er mit den verschiedenen Erregern in Resonanz tritt. Laut Dr. Clark soll der elektrische Impuls des Zappers Parasiten einschließlich Bakterien und Viren abtöten. Er aktiviert auch die Entgiftung und die Leukozyten (weiße Blutkörperchen).

Wie jetzt? Bakterien und Viren auch noch? Ja, das hatte ich bisher noch nicht erwähnt: Parasiten sind Bakterienträger und die wiederum tragen Viren in sich. Killt man nun die Parasiten durch Nelke und Wermut, dann werden augenblicklich die Bakterien frei und kurz darauf auch die Viren. Es kann sein, dass man sofort eine Erkältung bekommt, wenn man nicht zappt. Zum Zappen nimmt man für dreimal sieben Minuten die Handelektroden des Zappers in die Hand und macht dazwischen jeweils zwanzig Minuten Pause. Der Sinn liegt darin, dass beim ersten Zappen auch wieder nur den Parasiten der Garaus gemacht wird. In der zweiten Runde zwanzig Minuten später killt man dann die frei gewordenen Bakterien und danach die Viren, die frei werden, wenn die Bakterien sterben. Aber ganz genau kann man sich diesen Vorgang bei Interesse von einem Clark-Therapeuten erklären lassen.

Ich möchte nur noch erwähnen, dass der Darmkur, die sehr einfach ist und auch nur drei Wochen dauert, in der Regel eine Nierenkur folgt. Auch sie ist sehr einfach durchzuführen. Ein Spezialtee und Petersilienwasser sind die Hauptkomponenten, mit denen sich sogar Nierensteine entfernen lassen. Da die Niere unser Hauptausscheidungsorgan ist, ist ihre Reinigung besonders wichtig. Sie reguliert zudem den Säure-Basenhaushalt und sollte immer in Hochform gehalten werden.

Auch für die nachfolgende Leberkur ist eine starke Niere wichtig, weil bei der eintägigen Leber- und Gallenkur sehr viele Gifte frei werden können.

Das Spannendste hierbei ist, dass Gallensteine schmerzfrei mit ausgeschieden werden können. Sogar bis zur Größe einer Kastanie. Diese Größe verursacht normalerweise eine Menge Schmerzen, aber dann nicht mehr, wenn man sie mit der Clark-Kur sanft und einfach ausleitet.

Die Hauptbestandteile hierbei sind Olivenöl (von einem speziellen Hersteller ohne Benzol), Grapefruitsaft und Bittersalz.

Bei Allergien ist es sehr erfolgreich, die Leberkur zirka fünfzehn Mal im Abstand von je zwei Wochen durchzuführen. Dann können alle noch vorhandenen Gifte, Gallensteine und Parasiten nachsacken und die Leber ist wieder richtig sauber und funktionsfähig.

Das klingt nach einfachen und effektiven Mitteln, oder? Eigentlich gar nicht so schlimm. Manche der Fans der Clark-Therapie haben überhaupt einen ganzen Haufen nützlicher kleiner Hilfsmittel in ihrem Repertoire. Ätherisches Weihrauchöl, zirka sechs Tropfen unter die Zunge gelegt, soll gegen alle Arten von Viren helfen, berichtete die Münchner Heilpraktikerin Uschi Ausfelder (eine der größten Spezialistinnen in Deutschland für die Clark-Medizin) bei ihrem Vortrag über Parasiten in München (Kontaktmöglichkeiten im Anhang, wie immer).

Und Oregano-Öl soll gegen Streptokokken und bei allen Schmerzzuständen helfen! Ein sehr einfaches Mittel!

Kolloidales Silber ersetzt nach ihren Aussagen – ganz ernsthaft und ohne Scherz – Antibiotika. Es ist nur aufwendiger in der Herstellung. Man kann sich allerdings eine kleine Herstellungseinheit für zirka 120 Euro selbst erwerben und hat das ganze Leben lang einen nebenwirkungsfreien Antibiotikaersatz zu Hause.

Wen das näher interessiert, der lese den kleinen Ratgeber »Immun mit kolloidalem Silber«, ISBN 3-932098-31-5 von der VAK Verlags GmbH in 79199 Kirchzarten. Hier möchte ich es nur als Tipp am Rande erwähnen.

Nachdem sich die Clark-Therapie bis hierher recht harmlos und einfach durchzuführen gestaltet, kommt jetzt allerdings noch ein Haken: Erstens sollte man für die Zukunft möglichst viele Umweltgifte vermeiden und das ist so gut wie unmöglich.

Zum anderen beginnt Frau Dr. Clark immer mit einer Zahnsanierung, da sie alle Metalle inklusive Gold im Körper für fatal hält. Lediglich Polyurethane und Acrylate hält sie als Zahnfüllungen für einigermaßen akzeptabel. Alles andere, inklusive aller Störherde, die man nur mit einer Rundum-Röntgenaufnahme findet, muss raus.

Sie weigert sich insbesondere Schwerkranke ohne Zahnsanierung überhaupt zu behandeln, da das Ganze sonst, nach ihren Erfahrungen, nur sehr wenig nützt. Wer daher schon etwas älter ist, viele kaputte Zähne hat und überzeugt von ihrer Methode ist, greift zur Not sogar zum Gebiss und reißt alles andere raus, wenn überall Metall oder Herde drin sind. Wenn man dadurch sein Überleben sichert, kann es das ja wert sein. Aber ich bin ehrlich gesagt von dieser Vorgehensweise nicht überzeugt. Ich stehe mehr auf Zahnerhalt.

Aber da ist leider wieder die verflixte Eigenverantwortung gefragt: sich informieren und entscheiden, welchen Weg man nehmen möchte. Darum kommt keiner herum, der sich mit Naturheilmethoden befasst. Wobei das in der Schulmedizin eigentlich auch nicht wesentlich anders ist: Fünf Ärzte ergeben in manchen Fällen auch fünf verschiedene Diagnosen und Therapievorschläge. Eingangs hatte ich kurz von den trotz Hightech-Medizin immer noch hohen Fehldiagnosequoten berichtet, die das belegen.

Ach ja, auch nicht ganz unwichtig: Wie finden denn die Clark-Therapeuten heraus, ob und welchen Parasiten man hat? Das ist ganz interessant. Sie benutzen die Schwingungsmedizin dazu. Sie haben alle Parasiten in kleinen Fläschchen (oder zumindest die Schwingung der Parasiten) und auch alle Umweltgifte. Dann wird der Mensch – grob gesagt – in den Stromkreislauf eines Testgerätes (Synchrometer) mit eingebunden und es wird eine Art Grundton des jeweiligen Menschen gemessen (klingt wie so ein heller Brummton). Wenn man nun einen Parasiten auf die Testplatte des Gerätes stellt, ändert sich der Brummton nur dann, wenn das Gerät die gleiche Schwingung im Körper des Menschen wiederfindet. Es findet quasi eine hörbare Resonanz dazu statt. Bleibt der Grundton des Menschen unverändert gleich, heißt das, es gibt keine Resonanz und das bedeutet, derjenige hat den getesteten Parasiten oder das getestete Umweltgift nicht im Körper.

Eine sehr einfache, schmerzfreie und schnelle Methode. Man kann alles testen, was einem so einfällt.

Ja, und nun? Mohr, was schreibst du da wieder? Wir können doch nicht alle Heilmethoden auf einmal anwenden? Nein, sicher nicht, der Meinung bin ich auch. Was ich persönlich mache: Wenn ich akute Probleme habe, entscheide ich, auf welchem Weg ich sie derzeit angehen möchte oder ich bestelle mir ein Zeichen von innen, das mir sagt, was jetzt am besten passt.

Um auch im Alter möglichst fit und gesund zu sein, entscheide ich mich einmal im Jahr für eine Kur. Und das kann jedes Jahr eine andere Kur sein. Ich wähle nach Gefühl und den vorhandenen Informationen aus, und wenn sich zeigt, dass eine Methode mir besonders gut tut und besonders viel bringt, kann ich diese ja öfter anwenden.

Was für mich ziemlich klar ist in all dem Durcheinander, ist das eine, dass für uns alle dauerhafter Handlungsbedarf besteht. So wie wir in unserer Zivilisation leben, überfluten wir uns mit Stressfaktoren von innen und außen. Wenn wir trotzdem ein gesundes (oder relativ gesundes) Leben führen wollen, müssen wir uns in irgendeiner Form mit Gesundheit beschäftigen und etwas dafür tun. Bei dem einen oder anderen mögen die »geheimen Mechanismen« der richtigen inneren Einstellung ausreichen, andere – und zu denen gehöre ich auch – brauchen zusätzliche Hilfe für ihren Körper auf physischer Ebene, weil die geistigen Kräfte dafür noch nicht ausreichen.

Wo man steht und was man braucht, erfährt man am besten in der Kommunikation mit der eigenen inneren Stimme. Und dann kann man es ja ab und zu prüfen lassen. Wenn ich das Gefühl habe, ich bin fit genug, sodass mein Körper alle Parasiten trotz Lösungsmitteln von alleine eliminiert, dann sagt mir ein fünfminütiger Test, ob es stimmt oder ob ich mir nur etwas vormache.

Sich Stress zu machen und hektisch alles auf einmal anwenden zu wollen – eine Versuchung, in die ich persönlich immer wieder komme, weil sich doch alles so logisch und wichtig anhört ☺ – ist sicherlich kontraproduktiv. Damit richten wir unsere Aufmerksamkeit viel zu sehr auf Krankheit und dann bekommen wir auch genau das. Frage dich lieber, was spricht dich derzeit am meisten an, wenn du deine Aufmerksamkeit auf Gesundheit lenkst: Was melden dir dein Körper, dein Geist und deine Seele jetzt in diesem Moment dazu? Was möchten sie von dir haben? Vielleicht nur öfter eine Mittagsmeditation und mehr Kontakt mit guten Freunden! Letzteres stärkt das Immunsystem nachweislich (siehe Kapitel Geheime Mechanismen) am meisten. Also auf ans Telefon und den besten Freund, die beste Freundin angerufen: »Heh, ich würde dich wirklich sehr gerne mal wieder sehen. Je öfter ich dich sehe, desto weniger Nelken-und-Wermut-Kuren brauche ich.« ☺☺☺

Hier noch einige weitere Anwenderberichte aus dem Repertoire und mit freundlicher Genehmigung von

Dr. Clark-Zentrum,
Bielstrasse 12, CH-3053 Münchenbuchsee,
Tel. in der Schweiz: 031-868 31 31,
Fax: 031-868 31 32,
www.drclark.de

Ein Leukämie-Fall berichtet von Christine Doyle:

Neulich hatte ich einen wirklich inspirierenden Fall. Eine Frau wurde plötzlich mit akuter Leukämie diagnostiziert und der Arzt gab ihr noch 5–7 Tage. Man gab ihr chemotherapeutische Mittel, aber nicht zur Behandlung, sondern um ihre Schmerzen zu lindern, dazu noch Morphium. Ich wurde zu Hilfe gerufen von einem Familienmitglied, welches von meinen Erfolgen von der kranken Frau selbst gehört hatte.

Ich eilte ins Spital am 2. Tag der 5–7 Tage. Die Frau blieb die ganze Nacht wach und las das Krebs-Buch und wusste am Morgen genug, um zu sagen: »Ja, ich will diese Therapie machen«. Sie fing an zu zappen und verwendete Kolloidalsilber für ihr infiziertes Zahnfleisch, und sie nahm die Mittel, die Dr. Clark empfiehlt.

Ihre Blutwerte gingen auf 2.9 Hämoglobin (normal 12–16), weiße Blutkörperchen 0.64 (normal 4–10), Neutrophile fielen auf 0.8 (normal 2–8) und Blutplättchen 6 (normal 150–400). Während der ganzen Zeit respektierte die Familie den Wunsch der Frau und half ihr beim Zappen und beim Einnehmen der Mittel. Gutes Wasser wurde beigebracht und alle Nahrungsmittel wurden, zubereitet nach den Vorschriften von Dr. Clark, ins Spital gebracht. Die Äderchen in ihren Augen zerplatzten aufgrund der starken chemotherapeutischen Medikamente, und die Ärzte sagten, sie werde jetzt jeden Moment sterben. Aber sie schaffte es!

Die Ärzte können es kaum glauben und erklären, dies schreibe Medizingeschichte. Sie wollen den Fall dokumentieren für ihre Fachmagazine und stellen Fragen über die Therapie, weil sie, wie sie sagen, noch nie so etwas gesehen haben. Die Ernährungsberaterin im Spital will alles über Dr. Clarks Regeln zur Ernährung wissen. Die Ärzte bringen ihre Kollegen ins Krankenzimmer, um ihren Mund zu begutachten, welcher seit dem ersten Tag der Behandlung mit Kolloidalsilber sauber war: keine Blutungen, kein Eiter, kein Problem mit

Pilzen; dies sind riesige Probleme für solche Patienten und werden normalerweise mit Nystatin und Corsodyl behandelt, welche giftig sind.

Sie ist jetzt wieder zu Hause und dankbar, dass sie noch am Leben ist, und als ich das letzte Mal anrief, war sie am Bügeln.«

»Ich habe mir nun einen Zapper gebaut und vor drei Wochen auch angewendet. Leider hat sich bisher mein Diabetes noch nicht verändert. Dennoch gibt es überraschende Erfolge zu vermerken: Mein Sohn und seine Freundin leiden schon seit Jahren an Akne. Seit sie den Zapper benutzt haben, ist bei beiden nicht ein Pickel mehr hinzugekommen und die alten heilen ab.

Ein guter Freund leidet seit 32 Jahren unter sehr starken Schweißausbrüchen. Er hat schon alles Mögliche und auch Unmögliche versucht, um sich davon zu befreien, alles vergeblich. Er hatte schon einen Termin bei einem Chirurgen in der Tasche, der das Problem operativ lösen wollte, als er bei mir den Zapper fand und ihn nur mal so aus Spaß benutzte. Er machte sich noch ein wenig lustig über das Gerät und verabschiedete sich bald. Zwei Tage später klingelte das Telefon und mein Bekannter erklärte fassungslos, dass er seit dem Zappen keinen Schweißausbruch mehr gehabt habe und das sei seit 32 Jahren das erste Mal, sonst habe er in diesem Zeitraum mindestens 10 Ausbrüche erlitten. Das ist jetzt 14 Tage her und er ist immer noch frei davon.

Ich werde weiter testen, was der Zapper zu leisten vermag, ich muss gestehen, dass ich überrascht von den bisherigen Ergebnissen bin.«

Karen ist eine 52-jährige Frau, mäßig übergewichtig und insulinabhängig seit 20 Jahren. Bei unserer ersten Begegnung benötigte Karen bis zu 60 Einheiten Insulin pro Tag. Mehrere Wochen nach Beginn des Programms begannen sich ihre Fasten-Blutzuckerwerte zu senken und das Insulin konnte reduziert werden.

Während der nächsten Monate senkten sich die Blutzuckerwerte dramatisch und Insulin konnte dementsprechend weiter gesenkt werden. Bei unserer letzten Begegnung meldete Karen, dass sie nur noch 5 bis 7 Einheiten pro Tag brauche, das entspricht einer ca. 90-prozentigen Reduktion. Karen war zuversichtlich, dass sie eine 100-prozentige Besserung in Kürze erreichen könne. Sie berichtete weiter, dass sich chronische Gefühllosigkeit und kalte Füße aufgelöst hätten und dass sie, ohne eine Diät zu befolgen, mehrere Zentimeter und Kilos abgenommen habe. Sie hat nun ihr Normalgewicht wiedererlangt. Auch ihr langjähriges Asthma war spontan geheilt. Karen konnte schließlich das Insulin ganz absetzen.

»Zuerst möchte ich euch danken, denn ich bin eine Erfolgsgeschichte. Am vergangenen Wochenende probierte ich die Leberreinigung und sie war erfolgreich. Am Freitag, 10. Mai wurde mir mitgeteilt, dass ich Gallensteine hätte und dass ich einen Termin machen müsse für eine Untersuchung, um zu sehen, wie viele Steine es wären und wo sie sich genau befänden. Mein Arzt sagte mir auch, dass ich bald meine Gallenblase entfernen müsste. Ich ging unverzüglich ins Internet und fand am gleichen Tag mehrere Websites über Gallensteine. Ich fand Ihre Website und entschloss mich, es auszuprobieren. Am Sonntagmorgen schied ich viele Steine aus und das Resultat war ausgezeichnet.

Ich ging am Montag trotzdem zum Arzt zur Untersuchung, und als ich wieder aufwachte, sagte er, am Freitag hätte ich Steine gehabt und jetzt sähe er keine Anzeichen mehr davon. Ich zeigte ihm ein paar Steine, die ich ausgeschieden hatte. Er gab sie mir gleich zurück und sagte, es wären keine Steine und er wüsste nicht, was es sei, aber es seien keine Gallensteine. Er war verärgert, weil ich jetzt keine Operation mehr brauchte! Als er den Raum abrupt verließ, sagte er noch, wenn ich irgendwelche Schmerzen hätte, solle ich gleich einen Termin ausmachen, um die Gallenblase zu entfernen. Ich sagte ›vielen Dank, Doktor‹.

Meine ganze Familie wird es jetzt ausprobieren, da ich ihnen gezeigt habe, dass es funktioniert. Ich möchte Ihnen danken. Ohne einen Computer oder das Internet wäre dies nicht möglich gewesen. Meine ganze Bekanntschaft ruft mich an und fragt nach der Web-Adresse und nach dem Rezept. Ich habe mit Freude beides weitergegeben.

Vielen Dank nochmals, CF«

Und was sagen andere ganzheitliche Ärzte dazu?
Auch diese Frage habe ich gestellt, denn wenn man das Parasitenkapitel so liest, dann braucht man sich eigentlich nie wieder um eine andere Therapie zu bemühen … Ich habe auch diese spektakulären Erfolgsberichte ausgesucht, um Mut zu machen: Mut, die für einen selbst passende Therapie zu finden – insofern man denn wirklich geheilt sein möchte und selbst dazu beitragen möchte.

Ob es dann aber für jeden wirklich und ausschließlich die Parasiten sind, wage ich leider zu bezweifeln.

Sowohl andere Ärzte als auch das Holistic DiagCenter befanden die Heilungsberichte der Clark-Szene für übertrieben, da sie diese in dem Ausmaß nicht bestätigen können.

Obwohl fast alle anderen Heiler und Ärzte damit konform gingen, dass Parasiten in der Gesellschaft eine weit unterschätzte Krankheitsursache bilden, hielten sie sie dennoch nicht für die einzige und in den meisten Fällen auch nicht für die ausschlaggebende.

Der Ratschlag lautete dahingehend, zu testen, ob und wie stark man mit Parasiten befallen ist (dies kann z. B. das Prognos-Gerät testen, siehe Kapitel Alternative Diagnoseverfahren) und erst dann mit einer Parasitenkur zu beginnen. Man könne im Übrigen auch die Zutaten der Parasitenkur individuell austesten, da nicht jeder Mensch die Standardzutaten gut vertrage.

Ob man ein typischer wie von Hulda Clark beschriebener Parasitenfall ist, merkt man allerdings auch nach ein paar Mal zappen. Wenn eine deutliche Wirkung ausbleibt, dann war es das eben nicht hauptsächlich.

Das Holistic DiagCenter hat übrigens viele der am Markt befindlichen Zapper auf ihre Wirksamkeit hin überprüft. Es befand für wirklich gut wirksam vielfach erst die Zapper ab 400 Euro aufwärts. Nach vielen Tests hat das Zentrum jedoch einen Zapper gefunden, der für 140 Euro schon genauso gut arbeitet, wie die ganz teuren Geräte. UND dieser Zapper hat einen ganz entscheidenden Vorteil: Man braucht nur einmal täglich 4 Minuten damit zu zappen (nicht dreimal 7 Minuten mit je 20 Minuten Pause, wie üblich). Das liegt daran, dass die Impulsfrequenz dieses Gerätes nicht konstant ist, sondern zwischen 10 und 33,9 kHz »wobbelt«. Dies bewirkt die große Wirkungssteigerung.

Nähere Infos bei Holistic DiagCenter
Buchbichl 52, 83737 Irschenberg
Tel.: 08025-281042
Fax: -281045
E-Mail: info@diagcenter.de

Die Gesundheit sitzt im Darm

Das klassische Zitat lautet zwar: »Der Tod sitzt im Darm« (von Paracelsus), aber wir legen den Fokus lieber auf die Gesundheit, denn sie hat ihren Hauptsitz ebenfalls im Darm.

Im Bereich Darmsanierung und Ernährung gibt es unzählige Angebote und es herrscht ein ziemlich heilloses Durcheinander, wie es mir vorkommt.

Hört man beispielsweise einem Fan von ausschließlich gekochter Nahrung zu, um mit der Ernährung als Beispiel anzufangen, dann erklärt einem dieser logisch und schlüssig, weshalb gekochtes Essen leichter verdaulich und besser für den Körper zu verwerten ist. Unsereiner hört andächtig zu und ist sogleich überzeugt.

Dann trifft man womöglich einen Tag später einen Anhänger der Rohkosternährung. Jener nun erklärt genauso stichhaltig und scheinbar unwiderlegbar, wieso auf jeden Fall Rohkost als Einziges für den Körper richtig verwertbar und viel leichter zu verdauen ist. Ich als Zuhörer bin sofort wieder überzeugt und begeistert. Allerdings beginne ich mich zu fragen, wie das sein kann, dass beides sich so logisch anhört.

Der nächste Ernährungsberater hält mir dann eine Rede, warum der Mensch Milch braucht als Kalziumlieferanten und die Konkurrenz schwört, dass man beim Milchkonsum in der Gesamtbilanz im Körper sogar Kalzium verliert, und dass man die Milch nach dem dritten Lebensjahr sowieso nicht mehr richtig verdauen kann. Völlige Verschleimung sei das Einzige, was man sich damit noch einhandle.

Die einen plädieren für Vollkorn, die nächsten weisen nach, dass in Vollkornprodukten mehr Schimmelpilze enthalten sind und sie darum dringend zu meiden seien.

Und so weiter und so fort. Die Kette mit solchen widersprüchlichen Beispielen könnte man unendlich weiter fortführen.

Dann gibt es noch so interessante Buchtitel wie »An vollen Töpfen verhungern«. Dieser Titel bezieht sich auf den stetig abnehmenden Nährwert unserer Nahrungsmittel (selbst beim Bioanbau, wenn da auch prozentual deutlich weniger), oder auch interessant: »Essen Sie gern Tapetenkleister?« Hier erfahren wir, warum, laut Tests einiger Ärzte, bereits 80 Prozent aller Menschen gegen Weizen allergisch sind. Schuld ist unter anderem die hohe Dosis an Gluten, einem Klebereiweiß, das – abgesehen davon, dass es das Weißbrot so schön klebrig macht – als Basisklebstoff in Tapetenkleister verwendet wird und auch in unserem Darm entsprechende Verklebungen hinterlässt.

Andere Spezialisten wieder verraten uns, dass wir essen können, was wir wollen, solange wir es nur gerne essen. Denn die gesündeste Nahrung mit dem Hintergedanken genossen, dass sie vielleicht doch nicht gesund genug sein könnte, vergiften wir durch diese Gedanken selbst.

Ein Mensch, der freudig seine täglichen Törtchen isst, soll gemäß dieser Theorie gesünder sein als einer, der verhärmt am Gemüsetopf hängt. Da ist bestimmt was dran, aber ob es als einziges Kriterium ausreicht, mag dahingestellt sein. Wer den Selbsttest nicht scheut, könnte beispielsweise seinen Dickdarm röntgen lassen, dann sieht man, ob er krankhaft verformt ist oder nicht.

Eines kann man in jedem Fall als Fakt hinnehmen, nämlich dass wir, in unserer modernen Gesellschaft, den Darm als Krankheitsursache stark verdrängen und übersehen. Sich gegen chronische Ekzeme im Gesicht immer nur Salben auf die betroffenen Stellen zu schmieren, ohne die Ursache, einen verunreinigten Darm, auch nur im Geringsten zu behandeln, hat schon fast etwas Absurdes. Auch ein dauerhafter Erfolg bei Rheuma ist ohne Darmsanierung eigentlich nicht denkbar und doch kümmert sich fast keiner darum.

Das ist in etwa so, als hätte man ein verstopftes Rohr im Bad und es würde aus dem Ablauf stinken. Anstatt das Rohr zu reinigen, tropft man starke Duftstoffe darauf und belässt es ansonsten dabei. Das ist genau das, was wir in der Regel tun: Wir denken uns Tricks aus, um die Symptome zu bekämpfen (Gestank), aber wir wollen die Ursache nicht beheben (verstopftes Rohr bzw. Darm).

Es scheint regelrecht »unmodern« zu sein, sich um den Darm zu kümmern. Das sind dann wieder nur die alternativen Spinner, die das verstopfte Rohr komplett reinigen. Wo es doch die schicken Duftstoffe aus der Apotheke gibt.

Ein konkretes Beispiel zum »verstopften Abflussrohr«: Viele Jahre ist es her, da hatte eine Verwandte von mir Probleme mit leichtem Dauerdurchfall. Da sie sowieso schon sehr dünn ist, rannte sie zum Arzt und der nahm sogleich eine Darmspiegelung vor. Ergebnis: Sieht alles bestens und wunderbar frisch aus in ihrem Darm. An dem kann es nicht liegen.

So schön und beruhigend sich dieses Ergebnis anhörte, so falsch war es denn auch. Wie nämlich etwas später ein anderer Arzt ihr erklärte, saß das Problem eben doch im Darm, und zwar im Dickdarm. Dort nämlich können sich Schlacken nicht nur sichtbar in der Darmröhre ablagern, sondern schwer verdauliche Nahrung kann auch einen Schleimüberzug auf den inneren Dickdarmwänden zurücklassen, wie ein Verputz an der Zimmerwand. Dahinter (hinter dem Verputz) häuft sich dann die verkrustete, verstopfte Fäkalmasse an.

Auf den Abbildungen (nachgezeichnete Röntgenbilder) können wir dies genauer sehen. Auf Abbildung 1 sehen wir die Form, die ein gesunder Dickdarm haben sollte und bei Abbildung 2 den abnormal verformten Dickdarm einer 36-jährigen Frau, wie er sich auf einem Röntgenbild zeigte. Die Patientin war eine ganz durchschnittliche Fleisch- und Stärkeesserin. Und ihr Dickdarm ist mehr oder weniger charakteristisch für Menschen, die gekochte Mischkost essen und die als »normal« angesehenen Mengen an Fleisch und Stärke verzehren.

Abbildung 3 verdeutlicht diese Situation noch einmal. Dr. Norman Walker sammelte im Laufe seines Lebens Tausende solcher Röntgenaufnahmen und kam immer wieder zu demselben erschreckenden Ergebnis: Fast alle Menschen in unserer Zivilisation haben einen stark verformten Dickdarm! Allerdings ist die gute Nachricht, dass der Prozess reversibel ist.

Von innen betrachtet, zeigte sich vermutlich auch bei der 36-jährigen Patientin genau wie bei meiner Verwandten der »Tunnel« von seiner besten Seite, aber als Ganzes betrachtet, sieht man die extremen Engstellen, Verformungen und an anderen Stellen üble Geschwüls-

Der Darm

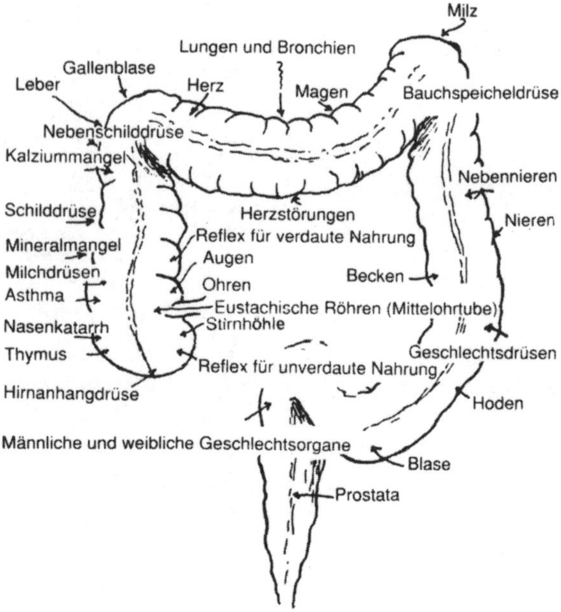

te. Das sind keine Tumore oder Gewächse, sondern ganz schlicht Unmengen von Ablagerungen hinter der Schleimhaut.

Der Dünndarm hat die Funktion, das Essen mit allerlei Flüssigkeiten zu verdünnen und aufzuschließen, und der Dickdarm sollte dann die ganzen Flüssigkeiten und mit ihnen die gelösten Nährstoffe durch die Schleimhäute aufnehmen und im Körper verteilen. Der unverdauliche Rest wird ausgeschieden.

Nimmt nun der Mensch Giftstoffe aller Art (siehe Kapitel über Parasitenkuren) zu sich, glutenhaltige Ge-

Abnormaler Dickdarm

treide, raffinierten Zucker und lauter schwer verdauliche Dinge, dann bilden sich Schlacken.

Noch dazu essen wir meist in einer schlecht zusammenpassenden Mischung, da manche Nahrungsmittel sauer und andere basisch verdaut werden müssten. Isst man sie jedoch zusammen, hat der Darm ein Problem, denn sauer und basisch gleichzeitig geht nicht. Außerdem hat der Körper Phasen am Tag, an denen er auf die Ausscheidung konzentriert ist (4 Uhr morgens bis 12 Uhr mittags). Wenn man in diesen Zeiten bereits mit Schinken und Ei zuschlägt, befindet sich der Darm er-

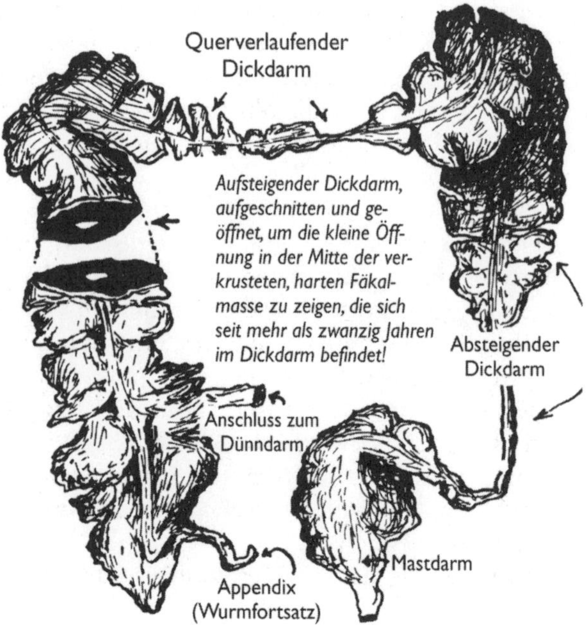

neut im Stress, da er die Ausscheidung reduzieren oder stoppen muss, um mit dem schwer Verdaulichen fertig zu werden. Und wieder haben sich ein paar Schlacken mehr gebildet.

Bei meiner Verwandten nun hatten sich hinter dem Schleimüberzug im Dickdarm bereits so viele Schlacken abgelagert, dass der Dickdarm nicht mehr richtig in der Lage war, die Flüssigkeit aufzunehmen, daher die Dünnpfiffneigung. Auch so schlank war sie aus genau dem gleichen Grund: Der Dickdarm war nicht mehr in der Lage, die Nährstoffe richtig aufzunehmen. Er war überfordert und verschlackt. Genau genommen war er verstopft, obwohl sie Durchfall hatte. Sie musste also erst einmal ihren Darm entschlacken, bevor sich das Problem erledigte. Allerdings kann sie jetzt nicht mehr essen, so viel sie will, ohne zuzunehmen. Aber diesen Preis zahlt man für seine Gesundheit in der Regel gerne.

Nun ist der Darm nicht nur zum Verdauen da, sondern er ist auch Sitz des Immunsystems und damit ist er extrem anfällig für unsere Stimmungen. Untersuchungen belegen, dass selbst das Anschauen von positiv berührenden Kinofilmen eine Reaktion in unserem Immunsystem auslöst. Es ist nämlich eine sofortige Zunahme an schützenden Antikörpern messbar. Wohingegen durchschnittliche Filme keinerlei Wirkung haben – und was passiert, wenn man sich einen Horrorstreifen nach dem anderen reinzieht, das kann man sich ja selbst ausrechnen.

Wer hätte das gedacht? Der Darm sieht mit im Kino.

Um den Darm umfassend zu verstehen, sollte man auch wissen, dass der Zelltypus, die Wirkstoffe und Rezeptoren der Nervenzellen, die den Darm umhüllen, identisch sind mit denen unserer Gehirnzellen. Serotonin, ein Nervenbotenstoff, der unsere Stimmungen beeinflusst, wird gar zu 95 Prozent im Darm erzeugt. Gefühle entstehen vorwiegend im Darm und nicht im Kopf, und das merkt man auch, sobald man den Darm saniert. Dann ist man nämlich sehr plötzlich in einer helleren, angenehmeren Stimmung als zuvor. Und umgekehrt werden Depressionen von einem verschlackten Darm verstärkt: Der verschlackte Darm drückt auf unsere Stimmung.

Auch der Sitz unserer Intuition wird heutzutage von wissenschaftlicher Seite im Darm vermutet, eben weil wir etwa zehn Millionen »Gehirnzellen« (bzw. mit den Gehirnzellen identische Zellen) im Darm haben. Außerdem verlaufen 90 Prozent des Informationsaustausches zwischen Darm und Kopf in Richtung vom Darm zum Kopf und nur 10 Prozent in der umgekehrten Richtung. Der Darm hat unserem Kopf also eine Menge zu erzählen. Wenn er verstopft und verschlackt ist, dann ist gleichzeitig unsere Intuition gebremst und verstopft und die Gefühle werden verzerrt, da die Serotoninproduktion und damit unsere Stimmung indirekt mitbeeinflusst wird von dem, was wir essen.

Der Darm ist also immens wichtig:

- Er reagiert auf unsere Stimmungen und er erzeugt sie wesentlich mit.
- Er ist Sitz des Immunsystems und dieses ist wiederum abhängig von unseren Stimmungen und unserem Wohlfühlgefühl im Leben.
- Es wird mittlerweile auch vermutet, dass er der Hauptsitz unserer Intuition ist (»Entscheidungen aus dem Bauch heraus treffen«). Wenn der Darm angeschlagen ist, wirkt sich das zwangsläufig auch auf unsere Intuition aus.
- Wenn er verschlackt ist, wird unser Körper nicht richtig mit Nährstoffen versorgt, sondern stattdessen vergiftet. Das Immunsystem wird geschwächt und wir werden immer kränker im Laufe der Jahre.

Ich selbst habe jahrelang gehofft, dass die Sache mit dem Darm und der Darmsanierung etwas ist, das mit mir nichts zu tun hat, und ich habe den Eindruck, dass ich da nicht die Einzige bin. Auf jeden Fall gibt es Millionen von Beispielen von Menschen, die sich von irgendwelchen einzelnen Krankheiten kuriert haben, ohne sich um den Darm zu kümmern. Dennoch spricht vieles dafür, dass Paracelsus mit seinem Ausspruch »Der Tod sitzt im Darm« recht hatte. Denn wer dauerhaft umfassend gesund und vital sein möchte und nicht nur ein einzelnes Symptom vorübergehend loswerden will, kommt um das Thema Darm und damit auch um das Thema Ernährung kaum herum.

Raffinierter Zucker ist übrigens etwas, von dessen Schädlichkeit so gut wie alle Ernährungstheoretiker überzeugt sind. Das scheint das Einzige zu sein, worauf sich nahezu alle einigen können.

Zucker übersäuert den Körper hoffnungslos (siehe Übersäuerungskapitel), er ist ein Vitamin B-Räuber (ein interessanter Nebeneffekt davon: Je mehr Zucker man isst, desto mehr stechen einen im Sommer die Mücken, wer z. B. Bierhefetabletten mit viel Vitamin B statt Zucker futtert, den mögen die Stechmücken nicht so gerne) und aufgrund des Säuerungseffektes entzieht er den Körperzellen ihre Mineralien.

Zucker fördert das Pilzwachstum, den Parasitenbefall sowieso und last not least macht er unseren Zähnen den Garaus. Wobei es ein weit verbreiteter Irrtum ist zu glauben, sofortiges Zähneputzen nach dem Schokoladeessen würde irgendetwas nützen. Sicherlich faulen die Zähne noch schneller, wenn man den Zucker stundenlang dran kleben lässt. Der Kontakt von außen ist aber nicht einmal das Hauptproblem. Das Problem ist die Wirkung des Zuckers im Körper.

Durch die Übersäuerung wird der Körper seiner Mineralien beraubt. Es ist genetisch bedingt, welches Mineralstoffdepot der Körper in solchen Fällen als Erstes leert. Beim einen ist es der Haarboden (so mancher Glatzkopf hat super Zähne), beim anderen sind es die Knorpel und bei den meisten kommen die Zähne an erster Stelle. Wie zu Beginn des Buches erwähnt, haben heute schon 80 bis 90 Prozent der Schulkinder Karies, und das liegt nicht daran, dass sie ihre Zähne schlecht putzen. Selbst wenn sie sich den Zucker intravenös geben würden, sodass er die Zähne gar nicht berühren würde, würden die Zähne dennoch kaputt gehen. Zucker verursacht massiven Vitaminmangel und lässt die Zähne faulen, sobald er in den Körper gerät und nicht nur, weil er an den Zähnen vorbeimusste!

Selbst wenn man gar keinen Zucker isst, aber übersäuert ist und unter Vitaminmangel leidet, faulen die Zähne immer noch, weil ihnen das Säuremilieu nicht bekommt. Putzen hilft dagegen kaum etwas. Einige Schlaumeier putzen sich sogar mit Asche die Zähne, weil sie davon basischer werden. Grundsätzlich ist das auch keine schlechte Idee, aber auch das ist natürlich nur eine Annäherung von außen, während die Zähne von innen her Mangel leiden.

Ganz interessant: Fabrikzucker kann auch dazu führen, dass man all die Dinge, die man eigentlich dringend bräuchte, wenn man Fabrikzucker isst, nicht verträgt: Viele Menschen mit Magen-Darmempfindlichkeit oder Leber-Galle-Krankheiten vertragen weder Vollkornbrot noch Obst oder überhaupt Frischkost. Geraten sie jedoch an einen schlauen Heilpraktiker oder Arzt, der ihnen jeglichen Gebrauch von Fabrikzucker untersagt, dann vertragen sie nach kürzester Zeit die Frisch- und Vollwertkost wieder.

Interessant das Buch: »Zucker, der süße Verführer« von Franz Binder und Josef Wahler, ISBN 3-935-76737-4.

Übrigens soll der durchschnittliche Verbraucher direkt und indirekt (das meiste indirekt als Beigabe in Limonaden, Marmelade, Süßigkeiten, Kuchen, Fertignahrung aller Art, auch Brot und Pizza, Soßen, selbst Fertigsalatsoßen etc. pp.) zirka 25 Teelöffel Zucker täglich zu sich nehmen. Das macht 50 kg raffinierten Zucker pro Person und Jahr. Vor 50 Jahren waren es noch 2 kg, die ein Mensch pro Jahr an Zucker im Durchschnitt zu sich nahm. Bei 50 kg im Jahr ist es ein Wunder, dass wir überhaupt noch leben, meint einer meiner Heilpraktikerbekannten.

Übrigens muss man nicht auf die Geschmacksrichtung süß verzichten, nur weil man auf Zucker verzichtet. Stevia ist eine Pflanze, die extrem stark süßt. Eine Messerspitze ihrer zermahlenen Blätter reicht für eine ganze Kanne Tee, um selbigen wirklich sehr süß zu machen.

Im Anhang gibt es Bezugsadressen und Quellen für weitere Infos. Es gibt sogar einige Bücher über Stevia. Einfach in einer Internetbuchhandlung, beispielsweise bei www.amazon.de »Stevia« als Suchbegriff eingeben. Oder bei einer beliebigen Suchmaschine »Stevia« eingeben. Man findet dann schnell allerlei Hersteller.

Dass Weizen ungesund ist, der Meinung sind ebenfalls die meisten Ernährungstheoretiker, allerdings aus unterschiedlichen Gründen. Ich spare mir die Aufzählung. Die meisten von uns würden sowieso »verhungern«, wenn sie alles, was Zucker oder Weizen enthält, weglassen würden. Es bliebe kaum etwas übrig. Vielleicht könnte man daher einen ersten Test nur für drei Monate durchführen und diese beiden Komponenten aus der täglichen Ernährung streichen – und sehen, wie der eigene Körper darauf reagiert!

Ansonsten möchte ich weitestgehend darauf verzichten, die diversen Ernährungsstile zu empfehlen oder vorzustellen, da es mir einfach zu viele sind. Verschiedene mögliche Varianten ergeben sich sowieso von alleine, wenn man sich beispielsweise dem Thema Übersäuerung oder Parasitenkur widmet.

Lediglich zwei Ausnahmen im Meer der Ernährungslehren möchte ich machen: Wer gerne kocht, dem rate ich die »Ernährung nach den fünf Elementen« von Barbara Temelie zu testen und sich wenigstens mit der Koch-Tabelle anzufreunden. Barbara und ich hatten vor Urzeiten einmal kurzzeitig eine Wohngemeinschaft und sie hat mich als totale Katastrophenköchin dazu gebracht, wirklich schmackhaftes Essen zu produzieren und das bei geringstem Aufwand. Ihre 5-Elemente-Technik lässt sich auch bei nur leicht gegartem Essen anwenden und kann daher mit anderen Ernährungsvorstellungen kombiniert werden.

Der Trick besteht in der Reihenfolge, in der man die Zutaten dem Gericht hinzufügt. Wenn man beispielsweise mit etwas Süßcm aus dem Element Erde zu kochen anfängt (Karotten gehören unter anderem auch in die Kategorie süß), sollte danach etwas Scharfes folgen. Dann salzig, sauer und am Ende dieses Kreises bitter. Je nachdem, welche gesundheitlichen Probleme man hat, fängt man auch bei bestimmten Geschmacksrichtungen an zu kochen und hört bei anderen auf. Es geht ganz einfach, und man braucht nur die Tabelle, in der alle Gewürze und Zutaten einem Element beziehungsweise einer Geschmacksrichtung zugeordnet sind. Das Ergebnis schmeckt garantiert auf eine angenehme Weise harmonisch und superlecker.

Barbara beschreibt in ihrem Buch, wieso nicht nur der Geschmack harmonisiert wird, sondern weshalb auch die Organe durch solch ein Essen harmonischer mit Energie versorgt werden, als wenn man alles kunterbunt durcheinanderwürfelt.

Jörg Krebber ist ein weiterer 5-Elemente-Koch,

-Berater und -Autor. Er wurde mit vergrößerter Milz, schwerem Asthma, Allergien, einem Herzklappenfehler und einem offenen Rücken geboren. Später kamen Schilddrüsen- und Darmoperationen, Hepatitis A und B und so viele weitere Krankheiten hinzu, dass ihm im Alter von 24 Jahren noch eine Lebenserwartung von sechs Monaten in Aussicht gestellt wurde.

Er kaufte sich daraufhin ein Flugticket nach Asien, studierte dort unter anderem jahrzehntelang die 5-Elemente-Lehre und erfreut sich heute, mit über 50 Jahren, einer besseren Gesundheit denn je.

Klar, dass auch er seine Erfahrungen gerne weitergibt. Interessant ist, dass alles, was er lehrt, in ungefähr das genaue Gegenteil der Rohkostlehre ist. Dennoch, und das ist das so hochgradig Spannende dabei, ist es ein wohldurchdachtes und in sich harmonisches System, sodass die Erfolge bei der Behandlung von Krankheiten genauso gut sind wie bei den besten Rohkostärzten.

Es dürfte auch klar sein, dass es selbstverständlich ebenfalls keinen Industriezucker und kein Fertigessen in seiner Lehre gibt, Milchprodukte übrigens auch nicht.

Näheres über Jörg findet man ebenfalls im Anhang.

Im Laufe der Jahre bin ich Barbaras und Jörgs Kochkünsten jedoch wieder abtrünnig geworden. Ich hänge deshalb noch einen kleinen Erfahrungsbericht zur Rohkost an, in der Hoffnung, dass er den einen oder anderen ebenfalls zu einem Selbst- und Vergleichstest verleitet. Ich möchte aber niemals behaupten, dass das nun das Alleinseligmachende wäre. Der Selbsttest mit Rohkost funktioniert vermutlich ebenfalls nur, wenn man es gerne tut oder wirklich motiviert ist, und wenn man es richtig macht (siehe hierzu weiter unten).

Wegen Allergien, Pilzen, Verdauungsstörungen und

lauter nervenden Kleinigkeiten habe ich vor vielen Jahren einmal, für etwas über zwei Jahre, reine Rohkost eingelegt (mittlerweile beschränke ich mich aus sozialen Gründen auf zeitlich begrenzte Rohkostkuren).

Der Rohkost-Autor Norman Walker beispielsweise schrieb sein letztes Buch im zarten Alter von 113 Jahren. Er fühle sich jetzt vitaler als mit 30 Jahren, sagte er damals. Er lebte danach noch einige Jahre gesund und vital weiter, was beweist, dass zumindest für ihn die Rohkost die optimale Ernährung war. Dieses Alter zu erreichen und noch dazu fit und kraftvoll zu sein, das kenne ich von keinem anderen Ernährungswissenschaftler.

Norman Walker kam im Verlauf seiner weiter oben erwähnten vielen Darmröntgenaufnahmen zu dem Ergebnis, dass nur reine Rohkostvegetarier eine Chance auf einen komplett gesunden Darm haben.

Er plädiert für Nahrungsmittel, die niemals über vierzig Grad erwärmt werden. Wenn wir unseren menschlichen Körper dauerhaft deutlich über vierzig Grad erwärmen, dann sterben wir, denn die Eiweiße und auch viele andere Grundbausteine des Lebens werden zerstört. Mit den Eiweißen und Vitalstoffen im Obst und Gemüse sieht es aber auch nicht besser aus: Sie degenerieren, wenn man sie erhitzt. Gekochtes Essen ist daher aus Sicht aller Rohkostanhänger (und inzwischen sind es viele) degeneriertes Essen.

Ein weiteres Argument ist die Ernährungsweise des Urzeitmenschen, die einige Naturvölker auch heute noch praktizieren. Diese kennen keine Karies und kaum Krankheiten. Vergleichende Gebiss- und Darmuntersuchungen zwischen Fleisch- und Nicht-Fleischessern in der Tierwelt sind weitere Argumente. Da Argumente generell relativ sind und da jeder Ernährungsforscher andere – genauso überzeugend klingende – Gründe anbietet, möge der Interessierte die detaillierten, wissenschaftlichen Argumente für oder gegen Rohkost bei berufeneren Autoren einsehen als bei mir.

Wobei man mit der Rohkost, so genial sie in der Wirkung sein kann, dennoch stark aufpassen muss. Rohkost ist schwerer zu verdauen als Gekochtes, und wer einen schwachen Darm hat, der muss es sanft angehen, sonst wird es ein Schuss nach hinten. Menschen mit starker Verdauungskraft können sofort und radikal umstellen und werden sich wundern, wie die große Verjüngung im Körper einsetzt. Leider sind genau diese Menschen oft nicht interessiert an Rohkost. Die Intellektuellen dagegen, die sich von der Logik überzeugen lassen und sofort begeistert umstellen, haben oft einen schwachen Verdauungstrakt, und genau sie dürften eigentlich auf gar keinen Fall so Knall auf Fall umstellen.

Sie erzeugen mit Rohkost Gärungsprozesse in ihrem Darm und infolge eines Erschöpfungszustandes von Schleimhaut und Drüsen vergiften sie sich sogar mit der plötzlichen Rohkost.

Natürlich gibt es Lösungen hierfür: Man kann den Darm reinigen und entschlacken, man kann gut kauen und einspeicheln, immer nur kleine Mengen Rohkost auf einmal zu sich nehmen und den Rest im Nahrungsmitteltrockner bei vierzig Grad »kochen«. Dann wird das Essen wieder leicht verdaulich und behält dennoch alle wertvollen Inhaltsstoffe. Auf diese Weise könnte dann jeder auf Rohkost umstellen, das heißt, ganz roh wäre es ja nicht. Die modernen Rohköstler backen sogar Brot im Nahrungsmitteltrockner und die tollsten Aufläufe.

In meiner eigenen totalen Rohkostzeit und bei längeren Kuren habe ich einige sehr interessante weitere

Erfahrungen gesammelt: Normalerweise wasche ich meine Haare alle zwei Tage, weil sie fetten (igitt, aber so ist es). Mit Rohkost entstaube ich sie alle sechs Wochen, aber Fett kommt in meinen Haaren einfach nicht mehr vor.

Normalerweise muss ich nach dem Joggen T-Shirt und Socken wechseln, mit Rohkost kann ich die Woche im selben T-Shirt durchjoggen, ohne dass unangenehme Gerüche entstehen. Übrigens auch ein spannendes Buch: »Die Bombe unter der Achselhöhle«. Deodorants sollen auch reichlich gesundheitsgefährdend wirken. Wobei man kein Rohköstler sein muss, um kein Deo zu brauchen. Normaler Vegetarismus genügt meistens. Nur beim starken Schwitzen beim Sport reicht es dann nicht mehr ganz.

Rohkost erledigt das Problem mit der Dauermüdigkeit, es ist eine tägliche Freude den ph-Wert zu testen, man ist nie mehr übersäuert, die Parasiten geben bald auf und man benötigt weniger Schlaf. Außerdem ist man weniger anfällig für schlechte oder gedrückte Stimmungen. Die Gründe hierfür habe ich am Anfang dieses Kapitels beschrieben.

Nachteile gab es jedoch bei mir leider auch: Der Darm benötigt in der Regel zwei ganze Jahre, um sich von Koch- auf Rohkost komplett umzustellen. Im ersten Winter musste ich sehr aufpassen, dass ich nicht dauernd fror, denn ich bin eine echte Frostbeule. Südfrüchte konnte ich nur als Salat mit verschiedenen Sorten essen, sonst kühlten sie mich total aus. Ich musste täglich ein bisschen Tai-Chi machen, um die Energie in Fluss zu halten, weil ich ansonsten durch die Rohkost eine Art innere Kältestarre (das ist ein ganz subtiles Gefühl, ich versuche es nur völlig unwissenschaftlich zu beschreiben) bekam.

Mit den kleinen Tricks war es dann allerdings kein Problem mehr. Im letzten Winter der Rohkost hatte ich dann sogar den Eindruck, dass mich selbst Südfrüchte wärmten. Sie schienen mir einfach Energie zu geben und der Körper setzte diese Energie von alleine in Wärme oder Kühle um. Es war so ähnlich wie bei Seidenstoff: Im Sommer kühlt er, im Winter wärmt er.

Als ich nach gut zwei Jahren mit der Rohkost aufhörte, weil ich mich vereinsamt fühlte, da ich mit niemandem mehr essen gehen konnte, dachte ich, dass eine Gemüsebrühe doch sicher ein sanfter Wiedereinstieg in die Kochkost wäre. Pustekuchen. Fünf Stunden saß ich in Decken eingehüllt am Ofen und zitterte wie Espenlaub vor innerer Kälte. Damals dachte ich noch, mit mir sei etwas nicht in Ordnung. Aber kurz darauf erfuhr ich von eingefleischten Dauerrohköstlern, dass bei ihnen selbst ein kleines Stückchen Brot ausreichen würde und sie würden genauso anfangen zu frieren. Wenn die Verdauung sich erst einmal komplett umgestellt hat, ist wirklich alles anders als vorher.

Das ist auch einer der Gründe, warum man sich Meinungsäußerungen zur Rohkost schenken kann, wenn sie nicht von Menschen stammen oder über Menschen berichten, die länger als zwei Jahre bei der Rohkost geblieben sind. Außerdem muss man wirklich aufpassen, dass die frischgebackenen Rohköstler ihren Darm gut sanieren, sonst kann die Rohkost auch wieder nichts dafür, wenn sie ungute Wirkungen hinterlässt.

Dr. S.-W. ist auf eine überzeugende Weise auf die Rohkost gestoßen. Er war nämlich vor etwa zehn Jahren schwer krank und wandte all die Therapien auf sich selbst an, die er seit Jahren bei seinen Patienten angewandt hatte. Dabei stellte er erschrocken fest, dass keine davon half. Das gab ihm zu denken und er fing an, nach Alternativen zu forschen. Gelandet ist er bei der Rohkost und seitdem ist er wieder vollkommen gesund. Er ist überzeugt, dass Gesundheit der natürliche Zustand des Menschen ist und dass wir uns durch seelischen Stress und Fehlernährung davon entfernt haben.

In seiner Praxis hat er sich daher auf Darmsanierungen und die Umstellung auf Rohkost spezialisiert. Eine der verbreitetsten und wohl auch die effektivste Darmsanierung ist die Darmspülung mit dem Colon-Hydro-Gerät. Damit kann man den Darm einfach und hygienisch reinigen.

Es lässt sich röntgenologisch nachweisen, dass nach einer umfassenden Colon-Hydro-Kur erschlaffte und verformte Därme wieder gleichmäßig kräftig werden können. Befürchtungen wie die, dass das Wasser Elektrolyte wie Kalium ausschwemmen könnte, treffen nicht zu. Im Gegenteil, der gereinigte Darm ist viel besser in der Lage, das Kalium aus der Nahrung zu resorbieren. Auch eine Verwöhnung des Darmes tritt selbst bei mehreren Kuren nicht ein, sondern die Darmmuskulatur wird durch den »Kneippeffekt von innen« gestärkt.

Dr. Norman Walker, der 116 Jahre alt gewordene Rohköstler, vermutet in seinem Buch »Auch Sie können wieder jünger werden«, dass Teile der Pharmaindustrie diese Kampagne gestartet haben, wonach die Darmspülungen oder Einläufe nicht ganz unbedenklich sein sollen. Die chemischen Mittel gegen Verstopfung dagegen sollen unbedenklich sein. Wasser im Darm schädlicher als Chemie? Vielleicht ist auch das wieder etwas, was man lieber ausprobiert, statt es einfach zu glauben.

Die Amerikaner sind uns übrigens auch hier offenbar

schon wieder ein wenig voraus. In den Organic Food Stores, in denen biologisch angebautes Obst und Gemüse meist genauso günstig ist wie das unbiologische im Supermarkt, gibt es auch bereits häufig Rohkostpflanzerl, die entweder ganz roh oder nur bis vierzig Grad erhitzt sind. Meine dort lebenden Freunde und Bekannten berichten mir, dass Colon-Hydro-Therapien dort ziemlich verbreitet sind und von vielen bereits einmal jährlich (d. h. eine Kur mit zehn Spülungen) durchgeführt werden.

Damit scheinen sie den Kern der Sache erkannt zu haben. Denn eine einmalige Kur von zehn Spülungen reicht nicht aus. Bei einem Vierzigjährigen geht man eher von insgesamt bis zu hundert nötigen Spülungen aus, um den Darm komplett zu reinigen. Dafür macht man in der Regel fünf Kuren mit je zwanzig Spülungen über mehrere Jahre verteilt.

Wenn man bereits Erfahrungen mit dem Spülen hat und sich mit einem Arzt abspricht, kann man auch selbst kostensparend zu Hause spülen.

Unter http://www.alsenwulf.de im Internet kann man sich ein günstiges Heimgerät bestellen.

Ich konnte dabei an mir schon interessante Effekte feststellen: Irgendwann, ungefähr bei der zwanzigsten Spülung, wurde mir öfter speiübel beim Spülen, wenn sich wieder ältere und offenbar hochgiftige Brocken aus irgendwelchen Uraltablagerungen lösten. Ich habe in meiner Jugend mehrmals starke Lebensmittelvergiftungen gehabt und daraus vermutlich noch einige heftige Rückstände übrig behalten.

Waren die Brocken dann gelöst und herausgespült, so befand ich mich für die nächsten Stunden in einer Stimmung von ausgelassener Heiterkeit, als hätte ich leichte Drogen genommen.

Meist erst ab der zweiten oder dritten Kur mit je zwanzig Sitzungen erleben die Patienten eine große Überraschung. Man kann das Ausgespülte nämlich durch ein Glasfenster davonschwimmen sehen (mmmh, wie lecker). Und wenn der Darm dazu übergeht, wirklich die ganz alten Schlacken zu lockern, dann wird das Guckfenster plötzlich minutenlang schwarz von den ausgeschwemmten Massen. Man fasst es dann gar nicht, dass so etwas und noch dazu so viel im eigenen Körper geschlummert haben kann.

Darmentschlackung und Rohkost wirken sich auch auf die Empfängnisbereitschaft aus: Man wird wesentlich schneller schwanger. Eine Patientin von Dr. S.-W. hatte bereits zwei leicht behinderte Kinder und wollte unter keinen Umständen ein drittes bekommen. Sie war aber eine der Frauen, die trotz Schutz schwanger wurden. Aus Angst vor einem dritten behinderten Kind wollte sie diesmal abtreiben. Als Dr. S.-W. sie darauf aufmerksam machte, dass mit einem gereinigten und bestens funktionsfähigen Darm die Voraussetzungen für ein gesundes Kind wesentlich besser wären, entschied sie sich nach innerem Kampf schließlich doch für das Kind und ist heute überglücklich, weil das dritte tatsächlich ein gesundes Kind wurde.

Übrigens herrscht eine weitere, weit verbreitete regelrechte Angst bei Rohkost, auf die ich zumindest ganz kurz eingehen möchte. Es wird befürchtet, man könne dabei an diversen Mangelerscheinungen versterben. Erstens bestätigt mein zweijähriger Selbsttest das keineswegs, und Urs Hochstrasser und seine Frau mit ihrer Rohkostpension und Lebensschule in der Schweiz haben ihre beiden Kinder komplett nur mit Rohkost großgezogen. Mandelmilch beispielsweise enthält ein bestens verdauliches Eiweiß und ist schon ab dem

Säuglingsalter empfehlenswert, sodass bei sinnvoller Kombination des Essens keinerlei Mangel zu befürchten ist.

Statt zu sterben, sind die beiden Kinder denn auch beneidenswert gesund und fit. Die Kinder bekommen zwar manche Kinderkrankheiten ebenfalls, liegen aber nicht, wie üblich, zwei bis drei Wochen mit ihnen danieder, sondern nur zwei bis drei Tage.

Daran erinnere ich mich auch genauestens aus meiner reinen Rohkostphase: Erkältungen verlaufen viel sanfter und sind sehr schnell komplett wieder weg.

Wer dennoch ängstlich ist, dem kann ich einen vermutlich erstaunlichen Vorschlag machen: Esst mehr Wildkräuter! Wildkräuter enthalten teilweise die hundertfache Dosis und mehr an Mineralstoffen, Spurenelementen und pflanzlichem Eiweiß wie unser Zuchtgemüse!

Unter Wildkräutern verstehe ich das »Unkraut«, das überall am Wegesrand wächst und das sich auch jeder im Garten pflanzen kann, wenn er will. Ein paar eindrucksvolle Beispiele im Folgenden:

Gänsefingerkraut beispielsweise enthält 402 mg Vitamin C pro 100 g essbarem Anteil. Kopfsalat zum Vergleich enthält pro 100 g nur 13 mg Vitamin C!

Den höchsten Vitamin-C-Gehalt unter den Kulturgemüsen hat Rosenkohl mit 114 mg/100 g, das ist ungefähr der gleiche Wert wie bei Löwenzahn, der für ein Wildgemüse sehr wenig Vitamin C enthält und am unteren Ende der Skala für Vitamin C in Wildkräutern rangiert.

Insgesamt liegt der Mittelwert bei Kulturgemüsen bei zirka 50 mg Vitamin C pro 100 g und bei Wildgemüse bei 210 mg.

Vergleicht man den Mineralstoffgehalt (Kalium,

Phosphor, Magnesium, Calcium, Eisen) von Kulturgemüse und Wildgemüse, schneidet das Kulturgemüse wieder genauso schlecht ab:

Der Magnesiumgehalt beispielsweise von Kohl oder Salat liegt zwischen 10 und 20 mg pro 100 g. Das Weidenröschen hält mit 81 mg dagegen, die Brennnessel hat 71 mg und Weißer Gänsefuß 93 mg.

Chinakohl, Kopfsalat und Chicoree bieten zirka 30 bis 40 mg Calcium pro 100 g. Die Brennnessel (zerhackt und in Salatsoße getunkt sehr gut auch roh essbar) überragt mit 630 mg.

Franzosenkraut hat 410 mg, Bärenklau und Huflattich 320 mg Calcium pro 100 g.

Der Eisengehalt von Spinat liegt bei 4,1 mg, Weißkohl hat 0,5 mg. Die Wildkräuter überbieten wieder um einiges: Das Franzosenkraut liegt mit 14 mg vorn, die Vogelmiere hat 8,4 mg anzubieten, die Brennnessel, die übrigens vielfach als die »Königin der Heilpflanzen« bezeichnet wird, hat 7,8 mg.

Der Reineiweißgehalt in g pro 100 g essbarem Anteil von Weißkohl liegt bei 0,2 g, Kopfsalat 0,6 g, Rosenkohl führt mit 2,8 g.

Damit liegt der Rosenkohl gleich mit dem Sauerampfer, der ebenfalls 2,8 g Reineiweiß anzubieten hat. Die Wegmalve hat 7,2 g, der Giersch (ein sogenanntes Unkraut, das fast überall wächst) 6,7 g, die Brennnessel 5,9 g.

Carotin ist in der Tat am stärksten in Karotten vertreten: 2000 Milligramm pro 100 g. Rotkohl hat nur 5 Milligramm, Endiviensalat 190 Milligramm. Die Brennnessel hat 740, der Rotklee 1156 und der Gute Heinrich 948 Milligramm.

So weit Kulturgemüse im Vergleich zu Wildkräutern. Sie zu sammeln, zu trocknen und dem Salat zu-

zufügen lohnt sich, wie man sieht. Am schönsten ist es natürlich, wenn man bereits Kindern Grundkenntnisse im Kräutersammeln beibringen kann und sie mit den vielfältigen nützlichen Wirkungsweisen (Spitzwegerich hilft hervorragend gegen Insektenstiche) vertraut machen kann.

Dass außerdem Chlorophyll, mit dem jede Grünpflanze und jedes grüne Gemüse reichlich ausgestattet ist, fast identisch ist mit Hämoglobin, unserem Blutfarbstoff, dem Hauptbestandteil unseres Blutes und damit dem Träger unserer Lebenskraft, und dass es dadurch ein Energieversorger ersten Ranges ist, ist auch nur wenigen bekannt.

Im Bereich Darmsanierung gibt es auch allerlei Kräuterkuren, die kurzzeitig ein wenig entschlacken. Werden allerdings die gleichen Dinge wie zuvor »nachgefüllt«, das heißt weiterhin gegessen, dann ist die Erleichterung nur gering. Wie dringend der Darm bei fast allen von uns Entlastung braucht, zeigen auch die oft immensen Wirkungen von Fastenkuren. Etwas weniger Gifte und der Organismus fängt sofort an, seine Selbstheilungskräfte zu entfalten. Vielleicht wäre Gesundheit eben doch der natürliche Zustand des Menschen. Einige wenige restliche Naturvölker, die, wie bereits erwähnt, Karies höchstens bei einem Prozent ihrer Stammeszugehörigen kennen und auch ansonsten von Übersäuerung und all ihren Folgeerscheinungen nichts wissen, lassen darauf schließen.

Nach diesem Artikel ist nun ziemlich klar, dass ich ein Rohkostfan bin. Dennoch möchte ich gar nicht alle zum sofortigen Umstieg auf Rohkost drängen, sondern euch lediglich einladen, eure Ernährung und die Pflege eures Darmes neu zu überdenken.

Das kann zum Einstieg beispielsweise bedeuten,

dass man einfach erst mal alles Schweinefleisch (auch in Wurstwaren), allen raffinierten Zucker und konsequent allen Weizen weglässt. Damit ist man noch lange nicht bei Rohkost und man kann mit den verbleibenden Nahrungsmitteln kombinieren und kochen, nach welcher Ernährungsweise es einem gerade beliebt. Ich vermute jedoch, dass das Weglassen dieser drei Komponenten bei den meisten Menschen im Laufe einiger Monate schon eine derart deutlich spürbare Wirkung zeigt, dass sie automatisch motiviert werden, in die Erforschung dessen, was ihr Darm sich von ihnen wünscht, tiefer einzusteigen.

Man kann auch im Urlaub oder im Sommer einige Wochen oder Monate eine reine Rohkostkur einlegen (wenn man eine kräftige Verdauung hat oder langsam kaut und keine riesigen Mengen auf einmal verschlingt) und einfach testen, was passiert. Außerdem geht man einen überschaubaren Zeitraum eher an, als gleich von jetzt auf sofort für die Ewigkeit umzusteigen, das macht sowieso keiner.

Mir ging es einmal so, als ich ganz eindeutig süßigkeitensüchtig war (vor 13 Jahren war das). Ich konnte mir nicht vorstellen, sie für immer ganz wegzulassen, und habe daher eine Vereinbarung mit mir selbst getroffen, wenigstens einen Monat lang keine Süßigkeiten mehr zu essen. Das Ergebnis war, dass ich drei Wochen lang täglich, wenn nicht gar stündlich von Süßigkeiten geträumt habe. In der vierten Woche hatte ich sie vergessen und habe nie wieder mit der Sucht weitergemacht. Süßigkeiten sind seitdem kein Thema mehr für mich, sie interessieren mich nur noch gelegentlich und ohne dass je wieder Entzugserscheinungen aufgetreten wären.

Nahrungsergänzungsmittel

Falls sich bei dieser Überschrift irgendwer schon hoffnungsvoll den Mund leckt und sich im Geiste täglich Törtchen essend sieht und meint, danach – schwupp eine Pille einwerfen und die Gesundheit ist gebongt, dem muss ich leider diese hoffnungsvollen Gedanken jäh unterbrechen. Es kann nur eine Antwort darauf geben: Vergiss es! ☺

Es gibt sogar ein sogenanntes Twinkie-Urteil, bei dem ein Mörder überraschend milde verurteilt wurde, weil er Twinkie-Snacks und Süßigkeiten vor der Tat gegessen hatte. Besonders auf schwermütige Menschen könne dies fatale Folgen haben, meinte die Verteidigung und traf auf das Verständnis des Gerichtes.

Eine britische Organisation wollte beweisen, wie sehr die Ernährung unser Verhalten beeinflusst, und verteilte an jeden zweiten Insassen einer Jugendstrafanstalt täglich einen Cocktail aus Vitaminen und anderen Nahrungsergänzungen. Das Ergebnis war, dass die gesünder ernährten Jugendlichen erheblich in ihren Gewalttätigkeiten nachließen und emotional ausbalancierter wurden.

In Schulklassen hat das Weglassen von Zusatzstoffen in den Schulspeisen eine sofortige erhöhte Lernbereitschaft und mehr Ruhe in den Klassen bewirkt.

Bei eineiigen Zwilligen, bei denen der eine 14 Tage lang ohne Süßigkeiten und mit Nahrungsmitteln ohne Geschmacksverstärker und Farbstoffe ernährt wurde, schnitt dieser im anschließenden Intelligenztest plötzlich um 15 Prozent besser ab als sein Zwillingsbruder mit den identischen Genen (Quelle: GeoWissen 2003).

Wen die Thematik näher interessiert, der kann

nachlesen in »Die Ernährungslüge« von Hans-Ulrich Grimm, Droemer-Verlag. Der Autor beschreibt, wie industriell produzierte Lebensmittel unsere geistige und seelische Leistungsfähigkeit beeinträchtigen, das Gehirn zerstören und schwere Krankheiten verursachen.

Wenn Leute wie der Naturwissenschaftler Hans-Günter Berner in seinem Buch »An vollen Töpfen verhungern« oder der Journalist Phillip Day in seinem Video »Der Kampf um die Gesundheit« (oder in seinen Büchern) Nahrungsergänzungsmittel als Ausweg aus der Krise empfehlen, dann meinen sie das daher immer nur zusätzlich zu einer gesunden Ernährung und nicht stattdessen.

Ein weiteres der vielen Nahrungsprobleme, um die es geht, ist, dass das Ackerland heutzutage kaum mehr Mineralien enthält und zu 70 bis 80 Prozent erschöpft ist. Infolgedessen enthalten auch die darauf wachsenden Pflanzen keine Mineralien mehr, denn die Pflanze kann nur so gut sein, wie der Boden, auf dem sie wächst.

Die 400 Millionen Liter Pestizide, die allein in England pro Jahr auf die Felder gekippt werden, können die Qualität der angebotenen Nahrungsmittel auch nicht gerade erhöhen ...

Biologische Erzeugnisse zu essen macht daher bereits einen großen Unterschied, aber reicht alleine, nach Meinung der Nahrungsergänzungspropheten, auch nicht mehr aus. Ob sie nun recht haben oder nicht, auf alle Fälle ist erwiesen, dass auch Ökoprodukte vor 50 Jahren weitaus gehaltvoller waren als heute.

Wie schon erwähnt und unter anderem von Albert von Haller erforscht und auch von anderen Wissenschaftlern dokumentiert, gibt es immer noch einige Volksstämme auf dieser Welt, die unter anderem kaum Karies und keinen Krebs kennen.

Diese Stämme ernähren sich aber unter anderem von Dingen, die in unserer Kost schon seit 150 Jahren nicht mehr vorkommen! Und diese Stämme überlasten ihre Körper auch nicht mit vier Millionen neuen Molekülen, die wir über die Umwelt unserem Körper zuführen. Sie kommen in nahezu allen Gebrauchsgegenständen (Zahnpasta, Duschgel u.a. siehe auch im Parasitenkapitel) vor.

Schon 1931 wurde Dr. Warburg der Nobelpreis dafür verliehen, dass er herausfand, dass gesundes Gewebe immer basisch ist. In basischem Gewebe können weder Krebs noch Osteoporose noch Arthrose entstehen. Wer eine dieser Krankheiten hat, ist somit ohne jeden Zweifel stark übersäuert, und zwar nicht erst seit gestern. Seltsam nur, dass sich diese Erkenntnis seit 1931 so zäh verbreitet und so wenig ernst genommen wird. Wem ist schon wirklich klar, dass er mit Übersäuerung schleichende Selbstzerstörung betreibt?

Im Geiste meinen wir insgeheim offenbar fast alle, wir würden zu den »Unverwüstlichen« gehören, denen »das bisschen Übersäuerung« nicht viel anhaben kann, aber die Statistik ist da anderer Meinung: Vor 100 Jahren bekam jeder 80. Krebs, vor 50 Jahren jeder 50. und heute (Anfang des neuen Jahrtausends) schon fast jeder 3. Keine Unverwüstlichen in Sicht.

Da wir unsere Kinder so ernähren wie uns selbst, erhalten wir als Antwort der Natur immer mehr Kinderkrebs, endlose Allergien, eine Autismusrate, die in 10 Jahren von 1 auf 10 000 gestiegen ist und vieles mehr.

Antike Medizinmänner wussten schon immer, dass einige Pflanzenbestandteile eine Art eigenen »Verstand« haben. Sie können den Körper durchdringen und vor Ort entscheiden, ob und wo sie Heilungsprozesse stimulieren, ob sie das Immunsystem anregen oder drosseln müssen (wenn es z. B. wie im Falle von Allergien überreagiert) oder wie sie den Körper bei »Reparaturen« unterstützen können.

Sie können ein schlafendes Immunsystem aufwecken und ein überreagierendes beruhigen. Sie bringen es ganz einfach ins Gleichgewicht.

Von solchen ausgleichenden, »intelligenten« Wirkungen können die künstlichen Mittel der Pharmaindustrie nur träumen. Das schaffen nur Pflanzen.

Empfehlungen zu einigen sinnvollen Nahrungsergänzungen siehe im Anhang. Vor Billigprodukten aus dem Supermarkt sei eindringlich gewarnt. Sie enthalten viele Stoffe in einer Form, die, auch wenn sie chemisch in dem Präparat vorhanden sind, vom Körper in der vorliegenden Form gar nicht aufgenommen werden können. Und aufgrund ihrer künstlichen Verarbeitung übersäuern sie weiter. Manche der von meiner Heilpraktikerin getesteten Mittel waren sogar höchst schädlich. Also Finger weg von künstlichen Billigprodukten.

Die Produkte der Firma Neways beispielsweise sind garantiert nicht im Supermarkt erhältlich und wären da preislich auch am falschen Ort. Dafür sicherte sich die Firma das Vermarktungsrecht von über 1200 Rezepturen aus den Originalmanuskripten der »kaiserlich medizinischen Enzyklopädie« der Ming-Dynastie. Neways besitzt außerdem hochmoderne Herstellungsanlagen in Salem, Utah, USA und Auckland, New Zealand mit angeschlossenen Forschungs- und Entwicklungsabteilungen.

Man ist dort sowohl von der rein physischen Arbeit her als auch von der inneren Einstellung wirklich um High Quality für den Menschen bemüht.

»Wenn wir eine Mentalität pflegen, bei der wir mehr in unser Auto investieren als in unseren Körper, dann bezahlen wir mit unserer Gesundheit dafür. Viele vergessen, dass das Gefährt Auto austauschbar ist, aber das Gefährt der Seele, unser Körper nicht.« So meine Heilpraktikerin, die sich gelegentlich wundert, wenn Klienten ihre Gesundheit nichts wert ist, vor der Tür steht aber ein nagelneues Cabriolet ...

Ein weiterer interessanter Aspekt zur Ernährung ist die Frage, wie viel Kalorien der Mensch braucht:

Die russische Ärztin und Wissenschaftlerin Dr. Galina Schatalova (leitete die medizinische Auswahlkommission für die sowjetischen Kosmonauten) hat ebenfalls schon viele Krebs- und sonstige Schwerstkranke geheilt, und die tägliche Kalorienzahl sowie die Art der Ernährung spielten eine wichtige Rolle dabei. Dr. Schatalova war bereits 75 Jahre alt (sie ist Jahrgang 1916), als sie mit ehemaligen Patienten einen 500 Kilometer langen Fußmarsch durch die Wüste unternahm, um ihre sehr revolutionäre Theorie vom tatsächlichen Nahrungsbedarf des Menschen zu beweisen. Während die Schulmedizin 15 bis 20 Liter Wasser pro Tag für notwendig hält, wenn man selbige Wüste durchqueren will, hat der Schatalova-Fanclub nur 1 bis 2 Liter pro Tag getrunken. Während außerdem die Anhänger der Kalorientheorie den Bedarf pro Mensch und Tag auf 2500 bis 3000 Kalorien ansetzen (dies im normalen Leben, nicht speziell in der Wüste), ist Dr. Schatalova nach jahrelangen Studien zu dem Ergebnis gekommen, dass 250 bis 400 Kalorien pro Tag nicht nur ausreichen, sondern auch nicht überschritten werden dürfen, wenn der Mensch gesund sein will.

Dr. Schatalova und ihre »Wüstenwandervögel« (Patienten) sind nicht nur vier Tage vor Plan am Ziel angekommen, es haben außerdem trotz der Minimalversorgung mit Wasser und Nahrungsmitteln alle ihr Gewicht gehalten und einige haben sogar zugenommen. Alle gaben an, sich nach der 16-tägigen Wanderung durch die Wüste fitter und besser gefühlt zu haben als zu Beginn.

Bewegung an der frischen Luft und Abhärtung (z. B. kalte Duschen) sowie bewusstes Atmen gehören übrigens als unverzichtbare Elemente ins Schatalova-Programm hinein.

Näheres über diese spannende Methode und wie sie auch im Leistungssport schon eingesetzt wurde, in dem Buch »Wir fressen uns zu Tode« von Galina Schatalova.

Ganz von Prana (Energie) leben

Wie wir die vorhandene Nahrung im Körper verwerten und ob wir uns auch ein bisschen von der uns umgebenden Energie ernähren können, hängt anscheinend von jedem einzelnen selbst ab. Unter dem Begriff »Inedia« ist Leben ohne Essen und Trinken in der katholischen Kirche bei einigen Heiligen schon länger bekannt.

Am 26. 11. 2003 berichtete die Zeitschrift »Spiegel« von einem 76-jährigen Mann aus Neu-Delhi, der seit 65 Jahren ohne Essen und Trinken lebt. Ein 10-tägiger Test im Krankenhaus, bei dem er rund um die Uhr bewacht wurde, bestätigte, dass er weder aß noch trank, nichts ausschied und dabei dennoch sein Gewicht hielt. Der Inder mit Namen Prahlad Jani gab an, dass ihm seit seinem 8. Lebensjahr eine Nährflüssigkeit aus einem Gaumenloch fließe. Auch das haben die Ärzte bestätigt, ohne jedoch die Flüssigkeit analysiert zu haben.

Was schließen wir daraus? Ich persönlich sehe umso mehr den Sinn täglicher Entspannungsübungen und vielleicht sogar gezielter innerer Einstellung auf optimale Nährstoffaufnahme und -verwertung. Denn wenn es bei einem Menschen möglich ist, Nährstoffe aus dem Äther zu bekommen, dann haben alle das Potenzial. Man muss ja nicht gleich gar nichts essen, es reicht ja, wenn der Körper sich die immer mehr in der Nahrung fehlenden Nährstoffe durch regelmäßige Entspannungen aus dem Äther dazuholt …

Eine besondere Rückenschulung und Rückenschmerzen wegschlafen oder weggehen

Meine eigene, akute Rückengeschichte begann, als ich aus Stress und Übermüdung irgendwann die Treppe herunterfiel und danach Rückenschmerzen hatte. Ein Freund empfahl mir Divo Köppen-Weber und die Alta-Major-Methode.

Ich fuhr sofort hin und bin wieder einmal tief beeindruckt davon, mit welch wundervollen neuen Therapieformen die Menschheit derzeit gesegnet ist. Anders kann man es wirklich nicht sagen.

Nicht nur, dass es meinem Rücken schon nach kürzester Zeit wieder gut ging, ich hatte bis heute, obwohl ich eine Skoliose habe (verdrehte und verkrümmte Wirbelsäule) und täglich meine Zwillinge mit derzeit zirka 18 kg Gesamtgewicht die Treppen hinauf- und hinuntertrage, nicht mehr den leisesten Anflug von Rückenschmerzen.

Das fand und finde ich schon beeindruckend, aber das Genialste habe ich mit einem meiner Zwillinge erlebt. Das Kind hatte nämlich seit Geburt eine einseitig bevorzugte Haltung, weil es in der Gebärmutter zu lange eingeklemmt gelegen hatte.

Divo hat mir gezeigt, wie ich dem Kind seine Haltung bewusst machen kann, sodass sich bereits in dem kleinen Baby ein Formbewusstsein entwickelt und es sich von alleine korrigieren kann. Das wird ein herkömmlicher Orthopäde vermutlich für haarsträubenden Schwachsinn halten, bei meiner Tochter wirkte es dennoch. Innerhalb kürzester Zeit reduzierte sie ihre extreme Fehllage auf ein Minimum.

Um das zu verstehen, muss man natürlich wissen, wie Alta Major funktioniert.

Aber ich fange mit Divos eigener Geschichte an. Ihr hatten nach jahrelangen, immer schlimmer werdenden Rückenschmerzen und ungezählten verschiedenen Therapien ohne jeden Erfolg die Ärzte ein Leben im Rollstuhl prophezeit, da an ihrem Rücken nichts zu machen sei.

Aus dieser ärztlichen Diagnose machte sie jedoch keine sich selbst erfüllende Prophezeiung, sondern entwickelte mit sehr viel Gottvertrauen und einer inneren Haltung von »jetzt erst recht« die Alta-Major-Methode, mit der es ihr zunächst gelang, sich selbst vollkommen zu heilen, und inzwischen auch viele andere Menschen.

Divo ist der Meinung, dass an Rückenschäden nur zu einem geringen Teil unergonomisch geformte Sitz- oder Liegegelegenheiten oder Bewegungsmangel schuld sind, sondern vielmehr größtenteils der menschliche Geist. Auch hier finden wir, wie überall bei ganzheitlichen Methoden, den Ansatz »wie innen, so außen« wieder, und auch die Wirbelsäule ist ein Abbild des inneren Zustandes ihres Besitzers.

Divo sagt dazu: »Nackenschläge, die uns das Leben erteilt, machen uns niedergeschlagen, halsstarrig und hochnäsig. Mangelnde Rückendeckung in Familie,

Schule und Beruf bringen uns aus dem Lot. Krankheit, Unfall oder Schock zwingen uns in eine gebeugte oder schiefe Haltung, die unsere Wirkung nach außen bestimmt.«

Die Alta-Major-Methode ist daher eine erkenntnisorientierte Haltungs- und Bewusstseinsschulung. Das heißt zum einen ganz klar, es ist eine Schulung und keine passive Therapie, bei der nur der Therapeut etwas macht, und der Patient schläft geruhsam. Und zum anderen wird der Wirbelsäule beigebracht, ihren eigenen Schiefstand und dessen Beweggründe zu erkennen. Allein dadurch erwacht in ihr das Bewusstsein für Gesundheit wieder und sie richtet sich immer öfter von alleine auf.

Das klingt, als könnten wir unserer Wirbelsäule gleich einen eigenen Namen geben, wenn sie so ein starkes Eigenleben hat. Es beschreibt aber trotzdem den Prozess am treffendsten.

Was Divo macht, ist, dass sie den Klienten anweist die Augen zu schließen und sich seitlich von ihr hinzusetzen. Dann legt der Klient eine Hand auf ihre Brust und eine auf ihren Rücken, zwischen den Schulterblättern. Ja, ja, genau, der Klient macht das bei ihr. Nicht umgekehrt. Divo sitzt bis jetzt noch aufrecht da, aber dann geht es los. Divo hat sich nämlich vorher die Wirbelsäule und die Haltung ihres Klienten genau angesehen. Und nun biegt und schiebt sie Millimeter für Millimeter ihre eigene Wirbelsäule, so gut sie es kann, in die Haltung, in der sich der Klient befindet.

Als sie das bei mir machte, dachte ich, sie übertreibt haarsträubend. So schief hänge ich doch nicht in der Gegend. Und immer noch hielt sie sich nicht still, sondern schob sich Millimeter für Millimeter immer mehr in die Haltung, in der ich mich, ihrer Beobachtung nach, meistens befand. Als sie schließlich zum Stillstand kam und ich dachte, sie würde jetzt dasitzen wie der Glöckner von Nôtre Dame, durfte ich endlich die Augen öffnen.

Ich öffnete sie und war vorübergehend perplex. Divo hatte nicht über-, sondern allenfalls sogar leicht untertrieben. Meine eigene Haltung war im Zweifelsfall noch etwas schlechter und so schlimm sah es auch gar nicht aus bei ihr. Als ich jedoch mit den Händen den Weg aus der gesunden Haltung in diese Haltung mitgespürt hatte, kam es mir vor wie eine meilenweite Reise in eine völlig entstellte Form.

Dies ist nun bereits Teil eins der Methode. Man fühlt mit geschlossenen Augen am Alta-Major-Lehrer die eigene Körperform und Haltung nach.

Teil zwei ist, dass Divo mit ihren Händen den Körper des Klienten ganz sanft und genauso langsam in die Form schiebt, die der Körper gesunderweise haben würde. Wieder dachte ich, dass sie ganz gnadenlos übertreibt und dass ich, wenn ich die Augen öffne, vermutlich so steif und übertrieben aufgerichtet wie ein Zinnsoldat aussehe. Die Kontrolle ergab nichts dergleichen. Ich sah ganz normal und entspannt aus. Lediglich etwas größer wirkte ich und ich konnte leichter durchatmen. Sieh da.

Nachfolgende Sitzungen mit Divo ergaben viele spannende Einsichten. Dass beispielsweise die Lehrmeinung von der optimalen Form der Wirbelsäule möglicherweise wieder einmal nicht der Weisheit letzter Schluss ist. Als nämlich Schulmediziner die ersten Zeichnungen und Modelle von der Form der Wirbelsäule erstellten, taten sie das anhand der Wirbelsäule von Toten. »Und tot liegt man eben anders da als lebendig und gesund«, meint Divo ganz nüchtern dazu.

In ihren Sitzungen habe ich erlebt, dass die Wirbel der Wirbelsäule einzeln erspürbar und einzeln beweglich sind. Ich konnte sie höchst persönlich nach ihrer Anleitung verschieben. Das fand ich unglaublich und dennoch war es wahr. Ich war schließlich dabei …

Außerdem kann man die Wirbelsäule mit einer ähnlichen Kraft wie beim Tai-Chi von unten aus der Erde kommend nach oben ausdehnen und verlängern. Jawohl, verlängern. Einmal gestaucht ist nicht für immer gestaucht, und auch die Bandscheiben lassen sich damit ausdehnen. Man muss es erlebt haben. Ich wende diese Technik beispielsweise immer an, wenn ich schwere Dinge (z. B. die Kinder) hochheben muss, und erspare mir dadurch Rückenschmerzen.

Ich möchte nur noch kurz erwähnen, was ich mit meiner Tochter gemacht habe, die damals noch ein Baby war. Nach Divos Anleitung habe ich, wann immer sie in die extreme Lage ging, mit geschlossenen Augen eine Hand auf ihren Rücken, in Höhe der Schulterblätter und eine auf ihre Brust gelegt und ganz sanft und Stück für Stück mit den Händen einfach nur ihre Lage und Haltung genau nachgefühlt. Und es war, als würde sie ihr dadurch ebenfalls bewusst werden. Ganz häufig stutzte sie, hielt kurz inne und beugte sich dann urplötzlich in die entgegengesetzte Haltung, als merke sie jetzt erst, dass sie alle Muskeln überstreckt und angespannt hatte, und als wolle sie sie nun entspannen.

Nachdem sie sich in die entgegengesetzte Haltung gebeugt hatte, kam sie dann zurück in eine ausgewogene Mittellage und blieb dort zufrieden liegen. DAS ist unfasslich einfach und geradezu genial.

Wer Näheres über die vielen Facetten der Alta-Major-Methode wissen möchte, lese am besten eins der Bücher von Divo Köppen-Weber, besuche eins ihrer Seminare oder lasse sich eine Einzelstunde geben. Lehrer gibt es im ganzen Bundesgebiet, man kann die Adressen bei Divo erfragen.

Divo Köppen-Weber
Maximilian Wetzger Straße 5, 80636 München
Telefon: 089-1 23 85-80, -81; Fax: -1 23 85 82
info@altamajor.de

Rückenschmerzen wegschlafen

Kommen wir damit zum in der Überschrift angekündigten Wegschlafen von Rückenschmerzen. Auch das geht, nur dass der Erfolg sicherlich dauerhafter und durchschlagender ist, wenn man die gleich folgende Methode mit Alta Major oder wenigstens Rückentraining wie beispielsweise Yoga kombiniert. Ganz früher dachte ich, dass Yoga hauptsächlich mit Meditation zu tun hätte, es gibt jedoch neben den allgemeinen Körperübungen (Asanas) sogar sehr spezielle Rückenübungen im Yoga. Dadurch, dass alle diese Übungen mit sehr sanfter, langsamer und bewusster Konzentration (also doch irgendwie meditativ) durchgeführt werden, gehen sie in ihren Wirkungen weit über die einer bloßen Krankengymnastik hinaus.

Wie also schläft man Rückenschmerzen weg? Ganz einfach, indem man sich für vierzig Minuten auf eine Detensor-Matte legt. Beim Liegen auf dieser Matte drückt man mit seinem Körpergewicht die schräggestellten Schaumstoffrippen der Matte so auseinander, dass die Wirbelsäule automatisch gedehnt wird.

Bei dem Schaumstoff handelt es sich, laut Hersteller, um einen alterungs- und formbeständigen Schaumstoff, der frei von Formaldehyd oder anderen für Schaumstoff typischen unerfreulichen Zusätzen sei. Die Matte besteht aus hochstehenden Rippen, die so angeordnet sind, dass sie den unteren Rücken nach unten und den oberen nach oben ziehen. Wenn man sich drauflegt, wird die Wirbelsäule mit einer Kraft von 18 Prozent des Körpergewichtes gestreckt.

Der Körper benötigt die ersten zwanzig Minuten, um sein »Misstrauen« gegen diese Zugkraft zu überwinden und um die Muskeln langsam vom Tagesgeschehen zu entspannen. Dann jedoch lässt er immer mehr los, da die Matte sehr elastisch und komprimierfähig ist und sich vollkommen allen Körperkurven anpasst und so überall am Körper gleichmäßig unterstützend wirkt.

In den nächsten zwanzig Minuten kann dann die Streckung voll greifen. Dabei kommt es zu einer verbesserten Nährstoff- und Flüssigkeitsversorgung der Bandscheiben (die Matte ist selbst nach Operationen ungefährlich). Der Druck auf die Nervenwurzeln wird vermindert und die Erweiterung der Öffnungen in den Zwischenwirbelkörpern lässt das Blut aus den klappenlosen Venengeflechten besser abfließen.

Die Grundspannung der Rückenmuskulatur wird verbessert und gleichmäßiger. Selbst der Atem kann besser fließen, da die Atemmuskulatur funktionstüchtiger wird. Mittels Kirlianfotografie kann man nachweisen, dass auch der Energiefluss im gesamten Rückenbereich besser wird.

DAS hört sich sicherlich sehr gut an und ist es auch. Dennoch verleitet es auch zur Faulheit. Man legt sich auf so eine Matte und fühlt sich, besonders beim ersten Mal, hinterher meist so beweglich und gut durchblutet, als hätte man gerade Gymnastik gemacht. Und eine beschwingte Leichtigkeit überkommt einen ebenfalls. Kombiniert man nun dies mit der aktiven Schulung von Alta Major, dann ist die Wirkung sicherlich noch viel gigantischer und vor allem dauerhafter, ohne dass man überall seine Matte dabeihaben müsste. Ich denke, die beiden Methoden könnten sich sehr nützlich gegenseitig unterstützen und in ihrer Wirkung beschleunigen.

Näheres unter 0800-3 38 36 76 bei der Firma Detensor. Internet: www.detensor.de

Rückenschmerzen weggehen

Kommen wir zum letzten Teil dieses Kapitels, dem Rückenschmerzen-weg-Gehen. Da wir gerade so schön beim Faul-Herumliegen waren, gleich zur Beruhigung Folgendes: Man muss dabei keinen Schritt extra gehen, sondern lediglich seine Gangart, egal wo man hingeht, verändern.

Wenn es eine Gangart gäbe, bei der man durch doppelte Muskelpumpe Venenleiden vorbeugen oder sie lindern könnte, bei der man seine Wirbelsäule zum einen automatisch mehr strecken und sie zum anderen weniger belasten und geschmeidiger halten würde, bei der Schwangere eine leichtere Geburt hätten, bei der Arthrose gelindert sowie Senk-, Spreiz-, Platt- oder Knickfüße reguliert würden, bei der der ganze Mensch dynamischer wäre und die beiden Gehirnhälften ausgeglichen würden UND bei der Schweißfüße geheilt würden, würdest du dann so gehen wollen?

Na klar, oder? Das Geheimnis heißt Godo. Und es bedeutet nichts anderes, als dass man vorwärts genauso geht, wie man rückwärts oder seitwärts sowieso geht und wie alle kleinen Kinder gehen, wenn sie laufen lernen: Nämlich mit dem Ballen zuerst anstatt mit der Ferse.

Wer an den vielen positiven Wirkungen des Ballengangs Zweifel hegt, der kann ein einfaches Experiment machen: Im gewohnten Hackengang herumgehen und sich ein Ohr dabei zuhalten. Was hört man? Ganz klar, bei jedem Schritt ein »tock, tock«. Geht man dagegen mit dem Ballen zuerst, bleibt es ruhig. Kein Tick, kein Tack, kein Tock. Die vielen kleinen Einzelerschütterungen der Wirbelsäule bei jedem Schritt im üblichen Hackengang bleiben weg.

Beim Seitwärts- oder Rückwärtsgehen merkt man sofort, dass man furchtbar ungelenkig würde, wollte man auch hier mit der Ferse zuerst auftreten.

Dr. med. Peter Greb beschäftigt sich seit fünfundzwanzig Jahren mit dem Ballengang. Er ist überzeugt, dass wir genetisch angelegte Ballengänger sind und dass der sanftere Ballengang nicht nur unseren Körper, sondern auf Dauer auch unsere Psyche entspannen kann.

Wobei man durch die doppelte Wadenpumpe erst einmal drei Tage lang Muskelkater bekommt, wenn man von jetzt auf sofort auf den Ballengang umstellt. Es empfiehlt sich ein Urlaub zum Beginnen. Stellt man auf den Ballengang um, so spaziert man nämlich die ersten Tage meist daher wie ein Storch im Salat. Aber das gibt sich nach kurzer Umgewöhnungsphase, und wenn einem von außen einer auf die Füße guckt, merkt er den Unterschied später so genau gar nicht. Irgendwie schleichen die Godo-Gänger zwar wie geschmeidige, starke Panther durch die Gegend, aber man kommt nicht darauf, wieso.

Godo ist letztlich die stärkere Gangart, da man stabileren Bodenkontakt hat, sobald man es einmal beherrscht. Einige wenige Naturvölker, die noch so gehen, sind ganz entsetzt, wenn man ihnen den Hackengang vorschlägt. Dabei würde man ja regelrecht »blind an den Füßen«, weil man gar nicht mehr spürt, wo man hintritt.

Näheres in dem Buch »Godo, mit dem Herzen gehen« von Peter Greb, erschienen im KOHA-Verlag. Peter hält auch Vorträge und gibt Seminare.

Muskelverlängerung statt Hüftoperation

Josef hatte Hüftschmerzen. Mittlerweile war es bereits so weit, dass er kaum mehr gehen, geschweige denn Treppen steigen konnte. Die Ärzte sagten ihm, dass der Knorpel schon fast komplett abgerieben sei und dass nur noch eine Hüftoperation helfen könne.

Von dieser hatte Josef aber gehört, dass nur 30 Prozent der Patienten hinterher komplett schmerzfrei seien. Beim Rest verschiebt sich der Schmerz entweder an eine andere Stelle im Körper oder wird gar schlimmer als je zuvor.

Was also tun? Josef ging es so schlecht, dass er schließlich trotz der geringen Erfolgschancen eine Hüftoperation erwog.

In letzter Minute half ihm jedoch der Zufall. Ein Kunde empfahl ihm die Klinik für Biokinematik am Rande des Schwarzwaldes.

Josef ergriff diesen Strohhalm und fuhr einfach hin. Was er dort zu hören bekam, erstaunte ihn sehr: Wenn man wie er 100 000 km im Jahr mit dem Auto fahre und den Rest der Zeit sitzend hinter dem Bildschirm verbringe, dann könne es passieren, dass die Muskeln sich verkürzen. Eine weitere Folge ist, daß der Hüftknorpel verkümmert, weil man zu wenig vielseitig bewegt, vor allem geschieht dies bei der Sitztätigkeit. Was letztendlich zu Schmerzen führt, ist nicht der abgeriebene Knorpel (die Arthrose), sondern die gestörte Bewegungsmechanik der hüftbewegenden Muskulatur. Wenn man nun diese gestörte Bewegungssymetrie (Bewegungsgeometrie) der Muskulatur mittels biokinematischer Übungen korrigiert, dann verschwindet der Schmerz. Denn Schmerz ist immer an Bewegung gekoppelt und somit Ausdruck einer gestörten Funktion und nicht einer erkrankten Struktur (Knorpel, Gelenk, Nerv, Bandscheibe).

Josef war halb skeptisch, halb schöpfte er Hoffnung. Denn dass wie er mit seinem Körper umging keine artgerechte Haltung eines menschlichen Körpers war, war ihm durchaus klar. Sollte sich das Problem wirklich einfach durch Übungen lösen lassen? Josef wollte sich selbst diese Chance geben und blieb vier Tage in der Klinik. Bereits nach einem Tag Übungen, die sich nach den Kriterien der Biokinematik richten, war er vollständig schmerzfrei!

Solche Fälle sind typisch für die Klienten der Blauen-Klinik.

Über den Bewegungsapparat bestehen sehr oft sogar Einflussmöglichkeiten auf scheinbar autonome Organfunktionen. So wird es möglich, *Asthma bronchiale* ebenso effizient zu behandeln wie einen Hexenschuss, wobei dies zwei beliebige Beispiele von vielen sind.

Scheinbare anatomische »Krankheiten« wie die Hiatushernie mit üblen Magenfunktionsproblemen reduzieren sich auf eine einfache Nackenfehlfunktion. Weitere Beispiele sind Übelkeit, Schwindel, Tinnitus, Denkstörungen, Herzfunktionsstörungen, Darm- und Blasenfunktionsstörungen. Diese Liste lässt sich erheblich verlängern.

Z.B. Knieschmerzen. Das Knie ist die Mitte des Beines. Die Kniemuskulatur beginnt in der Lendenwirbelsäule und endet in den Zehen. Nur weil das Knie weh tut, muss dies nicht bedeuten, dass das Knie schuld ist. Die schlechteste Maßnahme bei Knieschmerzen ist jedenfalls die Knieoperationen (Meniskusoperationen etc.).

Z.B. *Hallux valgus* und der Fuß. Noch gefährlicher

als die Knieoperationen sind die Operationen am Großzeh, nur weil es dort weh tut. Noch ist der Mensch kein Rädertier geworden. Er muss nach wie vor mit seinem Großzeh laufen. Wenn der weh tut, dann wäre es besser, die Zehenmechanik in Ordnung zu bringen, als das Gelenk herauszuschneiden.

Die Klinik ist eine rein private Klinik ohne jede staatliche/öffentliche Förderung. Mehr Informationen einschließlich Kostenbeispielen findet man hier:

http://www.biokinematik.de/

Gerne können Sie auch Ihre Fragen an folgende E-Mail-Adresse richten:

E-Mail: info@biokinematik.de
Klinik für Biokinematik
Walter Packi
Facharzt für Allgemeinmedizin
Blauenstr. 15
D-79410 Badenweiler
Tel: 07632-8231-0
Fax: 07631-8231-199

Neues und Altes aus dem Zahnsanierungsdschungel

Auge um Auge, Zahn um Zahn: Der Volksmund ist bis an die Zähne bewaffnet mit Sprüchen, bei denen man einen Zahn zulegen muss, will man verhindern, dass der steile Zahn einem mit einem Affenzahn davonbraust, weil man sich die Zähne ausbiss bei dem Versuch, Erstere zu verstehen.

Hat man es jedoch einmal drauf, dann kann man allen die Zähne zeigen und sie werden schwer daran zu kauen haben, wenn sie sich nicht sogar ganz die Zähne daran ausbeißen. Hat jedoch eine Haare auf den Zähnen, dann sollte man ihr erst mal näher auf den Zahn fühlen, bevor man sich entweder durchbeißt oder sich in einem Affenzahn davonmacht.

Die Zähne gehören mit zu den heikelsten Themen der gesamten alternativen Gesundheitsszene. Einerseits ist es sicherlich wahr, dass unsere Zähne eine besondere Bedeutung haben, dennoch ist kopflose Panik im Zahnbereich auch deutlich übertrieben und kontraproduktiv.

Sogar der Volksmund scheint zu wissen, dass die Zähne etwas Besonderes sind, da er sie so vielfach in seine Bildersprache mit einflicht. Und vermutlich sind die Zähne sogar mit dem ganzen Körper verbunden. Jeder Zahn wird in der ganzheitlichen Zahnheilkunde bestimmten Organen zugeordnet. Es ist keine Seltenheit, dass eine chronische Blasenentzündung verschwindet, sobald der tote Zahn gezogen wird, der genau der Blase zugeordnet ist.

Aus der Sicht von Dietrich Volkmer (»Mars im Spiegel – mythologisch bißliche Betrachtungen«) gibt es sogar eine Verbindung zwischen Zähnen und Planeten. Wieder andere naturheilkundliche Forscher vermuten eine Verbindung zwischen Zähnen und Gelenken und eine Beeinflussung in beide Richtungen.

Andererseits kann man besonders in der Zahnheilkunde auch »zu bio« sein und dem ganzen Menschen damit erheblich schaden. Das ist zumindest das betrübliche Ergebnis, zu dem ich nach Interviews mit einem ganzen Dutzend von ganzheitlichen Ärzten und Zahntechnikern und Patienten gekommen bin. Es gilt daher in diesem Bereich ganz besonders eigenverantwortlich abzuwägen und nicht dem Zahnarzt die alleinige Entscheidung zu überlassen.

Zwar sind die meisten Zahnärzte Meinungsäußerungen aus den Reihen der Patienten nicht gewöhnt, weil viele meinen, sie wären ja diejenigen, die studiert hätten, und der Patient hätte keine Ahnung. Aber andererseits braucht man als Patient nur eine Tür weiter, zum nächsten Zahnarzt, zu ziehen und schon bekommt man, von einem eigentlich genauso kompetenten Menschen mitunter eine komplett andere Sichtweise zu hören. Wir können also ruhigen Gewissens auf die eingebildete Allwissenheit einiger Leute dieser Zunft verzichten und uns eine eigene Meinung bilden. Unser Zahnarzt als Dienstleister wird dazu um eine Meinung gebeten, aber die Entscheidungen treffen wir selber.

Daher biete ich hier, so gut ich kann, alle gesammelten Informationen an und informiere über Vor- und Nachteile. Und was der Einzelne dann mit seinen Zähnen tun möchte, kann er am besten mit Hilfe verschiedener alternativer Diagnoseverfahren entscheiden. Mit dem gesunden Menschenverstand allein kann das in einigen Fällen nicht mehr zu lösen sein.

Diverse Sichtweisen ganzheitlicher Zahnärzte

Ausgerechnet die ganzheitlichen Zahnärzte röntgen sehr gerne das Gebiss des Patienten. Und zwar, um erstens auch versteckte Karies nicht zu übersehen und zweitens, um entzündetes Knochengewebe, tote Zähne und Ähnliches zu orten.

Zwar machen sie spezielle Rundum-Röntgenaufnahmen, bei denen man nur 1/20 der ansonsten üblichen Röntgendosis abbekommt, aber gesundheitsförderlich sind diese Strahlen dennoch nicht.

Dieser Teil fängt daher mit einem Rezept zur Ausleitung der Strahlenbelastung an:

Je 1 Tropfen der Bachblüten Cherry Plum, Gentian, Star of Bethlehem, Rock Rose, Vine, Walnut, Wild Oat in einer 5-ml-Flasche mit 40-prozentigem Alkohol auffüllen (in Apotheken erhältlich). Nach Röntgenbestrahlungen drei Tage lang 4 mal 4 Tropfen einnehmen.

Man nehme am besten ein Fläschchen dieser Mischung (bei der Schützenapotheke in München beispielsweise kann man solche Mischungen bestellen) gleich mit zum ersten Besuch bei einem ganzheitlichen Zahnarzt. Oder, was auch immer hilft, sind ganz schlicht Rescue-Tropfen von Bachblüten, die in fast jeder Apotheke zu bekommen sind.

Im Folgenden interessante Informationen aus den unterschiedlichsten Bereichen der Zahnheilkunde: Bohrer

Relativ verbreitet ist in der ganzheitlichen Zahnheilkunde die Auffassung, dass man nur mit Schnelllaufstücken und nicht mit Turbinen bohren sollte (Letztere benutzt fast jeder Zahnarzt). Die Turbinen überhitzen den Zahn trotz Kühlung und haben eine Sogwirkung auf die Dentinkanälchen. Das führt zu einer Eiweißgerinnung, die chronische Pulpitis und das Absterben des Zahnes nach drei bis fünf Jahren zur Folge haben kann.

Von einer Zahnärztin, die alte Turbinen mit relativ niedriger Umdrehungszahl benutzt, hörte ich, dass sie das Wasser nie direkt an der Bohrstelle absaugt, da es ansonsten abgesaugt wird, bevor es richtig kühlen kann. Ihre Patienten stehen daher immer ein wenig unter Wasser. Ansonsten habe sie aber keine schlechten Erfahrungen mit ihrem nur halbschnellen Turbinenbohrer. Man dürfe nur nicht kontinuierlich durchbohren, sondern müsse im Dreivierteltakt bohren: Drei Takte bohren, einen Takt Pause. Das würde auch von den meisten Patienten als weitaus angenehmer empfunden.

Wieder ein anderer Zahnarzt meinte, es käme eigentlich weniger auf die Turbinengeschwindigkeit an als darauf, dass man einen kleinen Vorschub habe (d. h. dass man langsam und sanft bohrt). Wenn man außerdem die Wunde am Zahn und die Dentilkanälchen nach der Präparation mit kalziumhydroxidhaltigen Mitteln benetzt, käme es kaum noch zu Schädigungen am Nerv.

Man kann seinen Zahnarzt ja fragen, was er vom Bohren im Dreivierteltakt und von Schnelllaufstücken statt Turbinen hält. An der Reaktion wird man schon sehen, ob man es mit einem offenen, selbstbewussten Menschen zu tun hat oder mit einem, der gleich wütend um sich schlägt, wenn man seine Allgewalt mit Fragen untergräbt.

Warnung vor Zahnversiegelung

Obwohl heute schon 80 bis 90 Prozent der Schulkinder Karies haben, begnügt sich die Zahnheilindustrie nicht mit der Versorgung dieser Zähne, sondern bietet zusätzlich eine sogenannte Versiegelung der noch gesunden Zähne an. Dabei wird die Oberfläche der Kaufläche 60 Sekunden lang mit Phosphorsäure angeätzt. Der Zahn hat dann eine größere Oberfläche, auf der die Versiegelung besser hält. Er wird aber auch entkalkt und porös dabei. Der Versiegelungskunststoff wird dann aufgetragen und 40 Sekunden lang polymerisiert. Bei diesem Kunststoff handelt es sich um ein sogenanntes Kaltpolymerisat, das beständig Dioxine und Furane abgibt und somit giftig im Körper wirkt.

Der größte Hohn dabei jedoch scheint zu sein, dass ja nur die Kaufläche versiegelt wird, die Zahnzwischenräume, in denen sich besonders gerne Karies ansammelt, werden außer Acht gelassen. Kind und Mutter denken, sie hätten der Karies effektiv vorgebeugt und putzen eventuell weniger sorgsam die Zähne. Ergebnis: Das Kind bekommt schneller Karies als je zuvor! Da hat die Industrie dann wieder das, was sie haben wollte, schätze ich.

Aber wollen wir nicht zu böse sein (das bin ich manchmal, ich weiß ☺). Es gibt auch ganzheitliche Zahnärzte, die Zähne versiegeln, wenn die Fissuren (kleine Schluchten in den Seitenzahnkauflächen) wirklich so schmal sind, dass man mit der Zahnbürste nicht hinkommt. Der Zahnarzt Jörg Christian Heidemann erweitert manche dieser Spalten aber auch mit feinen Finierdiamanten so weit, dass man mit den Borsten der Zahnbürste doch wieder hinkommt. Dabei wird dann zwar ein klein wenig Zahnsubstanz geopfert, man spart sich aber den schwer verträglichen Kunststoffüberzug.

Das klingt mir als Laien wie eine durchaus sinnvolle Alternative, wenn ein handwerklicher und verantwortungsbewusster Könner am Werk ist.

Implantate

Sie ersparen dem Patienten die Brücke, der tote Zahn kann raus, alles wunderbar, oder? Leider scheint die Lage in Wirklichkeit nicht ganz so rosig zu sein. Zum einen gibt es die Ansicht, dass das Implantat (meist eine Schraube aus Titan, es gibt aber auch porzellan- oder sonstige metallfreie Materialien), das in den Kiefer gebohrt wird, sich mit anderen Metallen im Mund nicht verträgt und Spannungen aufbaut.

Noch viel bedenklicher aber scheint mir ein anderer

Hinweis: Alle gesunden, körpereigenen Zähne hängen in Fasern, die mit dem Knochen verbunden sind. Wenn durch Kauen Druck auf den Zahn ausgeübt wird, wird der Zahn in diese Fasern hineingedrückt und selbige üben einen Zug auf den Knochen aus. Der Knochen ist so aufgebaut, dass er sich überall dort beständig aufbaut, wo Zug herrscht. Bei Druck baut der Knochen sich ab.

Es dürfte klar sein, dass das Implantat bestimmt nicht an einzelnen, mit dem Knochen verbundenen Faserchen angenäht wird, sondern es wird schlicht in den Kieferknochen hineingebohrt. Nach dem Gesetz, dass der Kieferknochen sich bei Druck abbaut, müsste dann eigentlich das Implantat ziemlich schnell herausfallen. Tut es aber nicht und das liegt daran, dass es eine Dauer-Mini-Entzündung im Kieferknochen auslöst. Der Knochen reagiert auf diese Dauerentzündung mit Verdichtung und hält so das Implantat fest. Ohne diese Entzündungsreaktion würde kein Implantat lange halten!

Das erinnert mich an ganz andere Bereiche unserer modernen Medizin: Die Spirale zur Verhütung wirkt unter anderem auch dadurch, dass sie eine Dauer-Mini-Entzündung in der Gebärmutter erzeugt und der Körper deshalb nicht in der Lage ist, schwanger zu werden.

Auch die Kosmetikindustrie bedient sich künstlicher Entzündungen, und zwar bei einigen Anti-Fältchencremes. Die Creme verursacht eine leichte Entzündung, worauf die Haut rosig wird, leicht anschwillt und schon sind scheinbar die Fältchen verschwunden. Die betreffende Dame ist hochzufrieden und ahnt nicht, dass das vielleicht nicht die erste künstliche Entzündung in ihrem Körper ist (wenn sie z. B. die Spirale und ein Zahnimplantat auch noch haben sollte) und dass sie ihr Immunsystem langsam, aber sicher erschöpft. In solchen Fällen kann man lange nach Krankheitsursachen suchen und wird vermutlich nie daraufkommen, dass Dinge wie Zahn, Spirale und Fältchencreme einem langsam, aber sicher am Ast der Gesundheit sägen …

Vorsicht bei Oberkieferbrücken

Aus der Cranio-Sacral-Therapie kommt der Hinweis und die Erinnerung, dass der Oberkiefer von Geburt an noch aus zwei Teilen besteht, die erst später zusammenwachsen. Bei Babys befindet sich noch eine Knorpelschiene dort, sodass die beiden Teile des Oberkiefers gegeneinander beweglich sind.

Auch die Schädelknochen des Kindes sind zuerst mit Knorpeln verbunden, die erst später verknöchern. Sowohl Schädelknochen als auch Oberkiefer bleiben jedoch auch beim Erwachsenen minimal beweglich und elastisch.

Wenn man nun eine Brücke über die Mittellinie des Oberkiefers macht, dann ist das so, als würde man Oberkiefer und Schädel mit dem Schraubstock festziehen und die Beweglichkeit auf null reduzieren. Das kann zu Symptomen und Unwohlsein der unterschiedlichsten Art führen (beispielsweise Kopfschmerz und Migräne).

Dr. Heidemann aus Schladen bei Braunschweig oder Frau Dr. Schreiber aus Neubiberg bei München beispielsweise lassen daher im Zahnlabor Minigeschiebe in solche Oberkiefer-Mittelbrücken mit einbauen. Die Brücke wird zunächst in Wachs und mit einem Kunststoff-Minigeschiebe vorabgefertigt, dann wird eine Hohlform erstellt, bei der sowohl das Wachs als auch der Kunststoff ausgebrannt werden und diese wird dann mit Metall ausgegossen.

Die Brücke ist damit aus einem Metall am Stück gegossen und trotzdem leicht beweglich. Damit bleibt die minimale Beweglichkeit von Oberkiefer und Schädelknochen erhalten.

Tote Zähne

Die meisten ganzheitlich arbeitenden Zahnärzte sind hundertprozentig dafür, alle toten Zähne zu entfernen. »Diese geben Leichengifte ab, führen zu Knochenentzündungen, stellen energetische Blockaden dar und sie müssen auf jeden Fall raus.

Wurzelbehandlungen helfen gegen die Leichengifte nicht, da man nur den Hauptstrang dabei auffüllen kann. In den unzähligen Seitenkanälchen jedoch bleiben die toten Weichteile drin und geben weiter Leichengifte ab.«

Der erste Zahnarzt, der mir das vor Jahren einmal sagte, meinte allerdings, dass er trotzdem einen noch unentzündeten Zahn nur ziehen würde, wenn der Patient innerlich bereit sei, den Zahn herzugeben, sonst würden Implantat oder Brücke nicht gut angenommen vom Körper. Eine weise Sichtweise. Denn mich gruselte sowohl vor dem Implantat als auch vor der Brücke (aus gutem Grund, wie mir mittlerweile dämmert) und ich ließ den toten Zahn drinnen. Zum Thema Wurzelbehandlungen meldete meine innere Stimme auch »nein«, und so ließ ich gegen alle Ratschläge auch das sein.

Meine neue (wegen Umzug nötig), ebenfalls ganzheitlich arbeitende Zahnärztin Dr. Jutta Schreiber röntgte meinen toten Zahn (bzw. alle Zähne auf einmal), stellte fest, dass es keinen Hinweis auf eine Entzündung oder einen Herd gäbe, und meinte, dass ihrer Meinung nach der Zahn drinbleiben könne. Ein toter, nicht entzündeter Zahn wäre das kleinste aller möglichen Übel, es sei denn, ich wollte gerne eine Lücke an der Stelle lassen ... Das war ein Witz, denn beim Schneidezahn will ich das natürlich nicht. Frau Dr. Schreiber jedenfalls meint, dass bei manchen Patienten, zu denen ich offenbar gehöre, der Körper es schafft den toten Zahn gut abzukapseln (auch energetisch), und dass er dann nicht stört.

Nun hatten mir aber alle anderen Zahnärzte versichert, sie seien überzeugt davon, dass tote Zähne ein großes Übel und dringend zu entfernen seien.

Was tut man als Laie, wenn einem von einem Dutzend Profis jeder etwas anderes erzählt? Man geht ins Gebüsch zum Weinen und danach ... Nein, sorry, ich bekomme einen etwas makabren Humor (liegt vielleicht am toten Schneidezahn, hmm?).

Ich ließ den Zahn von allen Seiten testen, da ich nun Gewissheit haben wollte. EAV musste her, Prognos, Kinesiologie, RAC (siehe im Kapitel Alternative Diagnoseverfahren). Und, oh Wunder, mein Körper gab bei jedem Testverfahren das Gleiche bekannt, dass nämlich ihn der Zahn nicht störe. Auch der Kontrolltest an den zum Zahn gehörigen Organen ergab, dass sie sich energetisch ungestört fühlten.

Wie konnte es das geben? Dr. Schultz-Wittner hat mir eine weitere Erklärung gegeben, die mir sehr interessant erscheint und die ich hier ebenfalls zum Überdenken anbiete:

Jeder Zahn besitzt eine eigene Organversorgung mit Nerv, Arterie und Vene. Auch Bänder und Schleimhäute gibt es.

Wenn nun entweder die Versorgung der Arterie oder des Nervs plötzlich unterbunden wird, dann geht damit seine Lebensversorgung zugrunde und der Zahn stirbt. Der Zahn stirbt heißt konkret, dass alles Lebendige, das heißt alle Weichteile in ihm absterben. Sie zerfallen und werden im Blut und in der Lymphe abtransportiert. Das Zersetzen der Weichteile wird auch Mazeration genannt.

Diese Mazeration setzt also nun die Leichengifte frei. Das Interessante daran ist, dass der Körper, wenn das umliegende Gewebe gesund ist, mit dieser Mazeration aber irgendwann fertig ist. Dann hat er alle Weichteile abtransportiert und übrig bleibt nur noch harter Knochen. Die Bindegewebsfasern, die den Zahn im Knochen festhalten, verkalken und verhärten und verankern den Zahn fest im Knochen.

DAS fand ich interessant. Wir versuchen hier gerade die Natur zu beobachten. Und diese Natur verankert also den toten Zahn fest im Knochen, nachdem sie alle faulenden Weichteile abtransportiert hat. Was will uns das sagen?

Dieselbe Natur könnte doch auch ganz einfach eine andere Lösung finden, bei der der tote Zahn abgestoßen wird, bevor er im Kieferknochen verhärten kann.

Ich denke, wenn die Natur wollte, könnte sie den Zahn loswerden.

In manchen Fällen versucht sie das auch, bei chronischen Fäulnisprozessen und Entzündungen. Dann ist in der Tat der tote Zahn schnellstens zu entfernen.

Laut Dr. S.-W. ist aber nicht jeder tote Zahn automatisch ein Störherd.

Im Gegenteil: Wenn der Abtransport der toten Weichteile durch umliegendes gesundes Gewebe störungsfrei funktioniert hat, dann ist seiner Meinung nach der tote Zahn seine eigene ideale Prothese, da er aus körpereigenem Knochenmaterial besteht. So verträglich könne keine künstliche Prothese sein!

Das hat etwas bestechend Logisches, wie ich finde.

Zwar meinen manche Verfechter der Zahnziehtheorie, dass der tote Zahn eine energetisch schwerwiegende Blockade darstelle. Aber die Frage ist dann tatsächlich, ob eine körperfremde Prothese (immer davon ausgehend, dass die Leichengifte irgendwann alle weg sind und der Rest verkalkt und ausgehärtet ist) jemals weniger energetisch störend sein kann als eine körpereigene.

Diese frohe Botschaft soll dennoch nicht darüber hinwegtäuschen, dass ein toter Zahn mit Entzündungsherd eine große Belastung mit Folgeschäden am zugeordneten Organ darstellt. Und beim Schwerkranken kann er wirklich zur großen Gefahr werden, da dann die Kraft zur Kompensation gänzlich fehlt. Frau Dr. Clark (Parasitenkapitel) weigert sich nicht ganz zu Unrecht, Krebspatienten zu behandeln, solange diese nicht ihre Zähne saniert haben. Ein Erfolg sei bei Schwerstkranken mit zusätzlicher Belastung im Zahnbereich nicht möglich.

Aber auch diese Aussage muss wieder relativiert werden. Eine Zahnärztin berichtete mir von einer Patientin, die noch keine dreißig Jahre alt war und die bei einem ganzheitlichen Zahnarzt gewesen war, der alle ihre Zähne getestet hatte und zu dem Ergebnis gekommen war, sie seien alle Störherde! Er zog nicht nur alle raus, sondern fräste den Kieferknochen jeweils weiträumig aus, weil seinen Tests zufolge das ganze umliegende Gewebe mit vergiftet war. Die Patientin trug nun eine Komplettprothese, die aber leider nicht hielt, weil zu wenig Knochensubstanz übrig war. Das Mädel war knapp über zwanzig Jahre alt, konnte nur noch Suppe essen und war ein psychisches Wrack aufgrund ihrer Zahnsituation!

Wer aber ist der stärkste Faktor in Bezug auf unsere

Gesundheit? Die Psyche natürlich. Wenn man also die Zähne so saniert, dass der Mensch psychisch daran zugrunde geht, dann kann das niemals die beste Lösung für den Gesamtmenschen gewesen sein. Da ist ein leider viel zu dogmatischer Mensch, zwar nach bestem Wissen und Gewissen, aber mit katastrophalem Ergebnis am Werke gewesen.

Ich wage an dieser Stelle überhaupt eine ketzerische Aussage in Bezug auf die ganzen Testungen der Ganzheitszahnkunde: Wenn ich teste, dass ein Zahn stört, dann ist nicht unbedingt die einzig mögliche Lösung, den Zahn zu ziehen oder die Füllung zu ändern. Was, wenn man mit geistigen Methoden, energetischen Entstörungen und Ähnlichem aus einem Störfeld ein vom Körper friedlich geduldetes Feld machen könnte? DAS sollte meines Erachtens der erste Versuch sein und nicht sofort wieder die Zahnsubstanz durch weiteres Dranrumbohren zu reduzieren.

Frevel, ich weiß, Asche auf mein Haupt, es wird mir niemand zustimmen – außer vielleicht ein neuer ganzheitlicher Zahnarzt, der aber erst in zehn Jahren geboren wird. Ich sage es dennoch, es kann sich ja jeder selbst entscheiden, was er mit seinen Zähnen macht.

Dabei kommt mir noch ein wichtiger Aspekt in den Sinn: Die Forschung bleibt bekanntlich nicht stehen. Im Gegenteil, im Moment entwickeln wir uns mit rasenden Schritten in alle möglichen Richtungen fort. Vielleicht dauert es gar nicht mehr so lange und es gibt neue verträgliche Zahnmaterialien, die auf reiner Naturbasis aufgebaut sind. Wenn ich zu dem Zeitpunkt nur noch eine Prothese habe, käme diese Rettung zu spät für mich. Es will wohlüberlegt sein, welcher Schritt im Zahnbereich wirklich notwendig und aufs ganze Leben gesehen sinnvoll ist.

Die Zeitschrift raum&zeit berichtete (Ausgaben 68 und 84/96), dass Archäologen an Mumien der Mayas und Azteken festgestellt haben, dass deren Zahnfüllungen selbst nach 4000 Jahren noch nicht den kleinsten Haarriss zeigen. Sie bestehen offenbar unter anderem aus dem klebrigen Milchsaft der Frucht Stemmadenia (sieht aus wie eine Doppelkiwi) aus Mexiko. Das natürliche Material bleibt selbst über die Jahrtausende elastisch und wäre sicherlich der ideale Ersatz für alles, was uns die moderne Zahnmedizin im Moment an Materialien anbietet. Allein, es konnte niemand gefunden werden, der mit dem sehr schnell fest werdenden Material so umzugehen wusste, dass man es in der Zahnpraxis hätte verwenden können. Auch Jahre später konnte die Redaktion von raum&zeit von keinen Fortschritten berichten (ich hatte immer wieder mal angerufen und nachgefragt).

Aber wer weiß, vielleicht taucht bereits in wenigen Jahren ein heimlicher Forscher aus der Versenkung auf (ich weiß leider keinen), der eine Lösung gefunden hat?

Ein letztes Wort zu den toten Zähnen, Implantaten und so weiter von Dr. Nawrocki: »Alles eine Frage der inneren Einstellung: Wer sein Implantat, seine Brücke oder seinen toten Zahn liebt, den wird es vermutlich auch nicht stören. Ansonsten gilt nichts für alle und jeden, sondern es gilt, das Individuum zu ergründen!«

Und das wiederum kann das Individuum am besten selbst. Die Ärzte können Berater, aber nicht Entscheidungsträger in den meisten dieser Fälle sein.

Materialien

Kommen wir also zum Streitpunkt Nummer eins, den zu verwendenden Materialien. Kurz gesagt, sind sämtliche derzeit zur Verfügung stehenden Materialien für

Füllungen, Inlays, Kronen, Brücken, Kleber und Unterfüllungen so schlecht, dass kein Material für eindeutig harmlos erklärt werden kann. Und darüber, welches der schlechten Materialien das noch relativ harmloseste ist, erregen sich die Gemüter aufs heftigste.

Klar ist allen in der ganzheitlichen Zahnheilkunde nur eins, nämlich dass das Amalgam raus muss und dass der Körper danach von Quecksilber zu entgiften ist. Da dies mittlerweile auch öffentlich schon ausführlich diskutiert worden ist, setze ich es einfach einmal als gegeben voraus. Wer an dieser Stelle überrascht die Augenbrauen hochzieht: »Was, das gute alte Amalgam?«, der kann sich im Buchhandel oder im Internet mit haufenweise Informationen eindecken.

Nur kurz: Wenn ein Zahnarzt Amalgam aus dem Mund entfernt, darf er es nicht in den normalen Müll werfen, sondern muss es zum Sondermüll (!!!) bringen. Das Zeug muss zum Sondermüll, weil es so giftig ist – aber in unserem Mund soll es unschädlich sein?

Beim Kunststoff fangen die Diskussionen aber schon an. Kunststofffüllungen stehen im Verdacht, auf Dauer unfruchtbar zu machen, wenn man zu viele davon hat, da die meisten Hormone enthalten sollen. Vor allem aber geben fast alle Dioxine und Furane ab, welche im Körper eindeutig giftig wirken. Und das Material stört auch grundsätzlich, weil der Zahn nicht mehr atmen kann. Manche Menschen, und das kann nur ein individueller Test ergeben, vertragen Kunststoffe dennoch am besten von allen Stoffen. Hulda Clark aus dem Parasitenkapitel beispielsweise ist eine reine Kunststoffanhängerin (allerdings sollen ihrer Ansicht nach nur Polyurethane und Acrylate verwendet werden).

Die ganzheitliche Zahnheilkunde kennt allerdings

auch langzeitpolymerisierte Kunststoffe, die dann keine Gifte mehr abgeben, aber teurer sind.

Keramikfüllungen wird eine leichte Radioaktivität nachgesagt. Auch nicht ganz das, was man im Mund haben möchte. Um ein Keramikinlay einsetzen zu können, muss außerdem die Oberfläche des Zahns mit einer Säure chemisch aufgeraut werden, damit die Haftung besser ist. Dieses Aufrauen jedoch kann (kann – muss nicht!) jahrelange Schmerzen verursachen, und bei Rissen und Sprüngen im Zahn kann es zu weiteren unkontrollierbaren Schäden kommen. Die Kleber, mit denen das Keramikinlay dann schlussendlich eingeklebt wird, können weitere Störfaktoren sein.

Viele Zementkleber werden mit Phosphorsäure angerührt. Das hält dann zwar sehr gut, kann aber das Zahnmark schädigen.

Es gibt auch Zementkleber, die nur mit Wasser angerührt werden und weitaus besser verträglich sind. Aber sie halten nur einen Bruchteil der Zeit. Sie werden ruckizucki ausgespült, bekommen kleine Löchlein und es bildet sich neue Karies. Ein Teil der ganzheitlichen Zahnärzte bestreitet dies und der andere Teil führt Dutzende von Fallbeispielen aus der Praxis auf, wenn vom vorherigen Zahnarzt frustrierte Patienten ihr Glück bei ihnen versuchen und jammern, dass sie das Inlay, die Krone oder Brücke erst vor wenigen Jahren eingesetzt bekommen haben und nun ist es schon wieder kaputt (manchmal halten Zementkleber, die mit Wasser gerührt werden, offenbar nur zwei Jahre, manchmal aber halten sie auch fünf oder mehr Jahre).

Kommen wir zum Gold. Gold ist leider auch nicht gleich Gold. Es gibt »Goldgepansche«, die alles Mögliche neben dem Gold enthalten: Eine viel verwendete Legierung enthält beispielsweise 77,3 Prozent Gold;

8,9 Prozent Palladium; 1,2 Prozent Silber; 9,8 Prozent Platin; 0,3 Prozent Kupfer; 0,5 Prozent Zink; 1,5 Prozent Indium und Spuren von Iridium, Rhenium und Eisen. Bei den Ärzten, die Materialverträglichkeitstests bei ihren Patienten durchführen, belegt diese Legierung meistens Platz 1 auf der Negativliste. Es ist quasi der Unverträglichkeitsschlager schlechthin.

Legierungen, die nur aus 90 Prozent Gold und 10 Prozent Platin bestehen, taugen jedoch leider ebenfalls nichts, da sie instabil sind und sich mit der Zeit entmischen. Solch eine Füllung zeigt im Lauf der Jahre das Schweizer-Käse-Syndrom mit lauter kleinen Löchern, was natürlich auch nicht sehr vorteilhaft ist.

Als akzeptable Goldlegierungen werden von vielen Zahnärzten lediglich Herador GG (von der Firma Hereus, es soll die energetisch in seiner Gesamtzusammensetzung harmonischste Legierung sein) und ansonsten noch Biobond und V-Gnathos-PF angesehen. Andere Ärzte testen Bio-Herador-SG als gut, das bei den Tests von wieder anderen jedoch schon nicht mehr ganz so gut abschneidet.

Nun stellt aber auch das Bio-Gold alleine keine Garantie dar. Bei Dr. Jutta Schreiber war einmal eine Patientin mit schweren neurologischen Symptomen. Sie musste haufenweise Neuroleptika einnehmen. Ein Test mit der vernetzten Testtechnik der Bioresonanz ergab, dass die Patientin das Gold, das sie im Mund hatte, obwohl es Bio-Gold war, nicht vertrug (sie hatte nur eine einzige Krone). Kaum war es draußen, hörten die neurologischen Symptome auf.

Das Interessanteste an diesem Fall ist jedoch, dass die betreffende Dame auch Kunststoffe und Keramik nicht vertrug. Sie vertrug lediglich eine ganz »fürchterliche Billigmetalllegierung ohne Gold«. Eigentlich etwas –

aus ganzheitlicher Sicht – komplett Unanständiges. Sie vertrug es und ist überaus erleichtert!

Manche Zahnärzte bohren alles raus: Amalgam, alle ungünstigen Goldlegierungen, Keramik, Kunststoffe, ziehen alle toten Zähne und fräsen womöglich noch den Kiefer um den toten Zahn herum aus.

Dann wird ein halbes bis dreiviertel Jahr lang entgiftet und die Entgiftung genauestens beim Heilpraktiker überprüft. Erst dann werden Materialtests gemacht, was der Patient verträgt, und dasjenige Material wird dann einheitlich im ganzen Mund eingesetzt. Das ist sicherlich die schnellste und umfassendste Art der Entgiftung und in manchen Fällen, wie gesagt, wirklich nötig.

ABER: Je extremer ein ganzheitlicher Zahnarzt für die Gesundheit arbeitet, desto genauer muss man auch selbst auf der Hut sein, was man noch befürwortet und was man auf lange Sicht dann doch für kontraproduktiv hält. Wenn nämlich vor lauter »Bio« die eingesetzten Füllungen, Kronen etc. nicht lange halten und innerhalb kürzester Zeit deswegen auch noch die restliche natürliche Zahnsubstanz in rasanter Geschwindigkeit zugrunde geht, dann kann ich daran nichts wirklich Gesundes mehr finden. Das zumindest ist das Ergebnis, zu dem ich nun nach monatelangen Recherchen zu diesem Kapitel gekommen bin.

Ein Beispiel: Einige Patienten und auch Technikerlabors haben »zu stark alternativ« arbeitende Zahnärzte zum Albtraum ihres Lebens erklärt, denn: Da in einigen dieser ganzheitlichen Praxen strikt biologisch gearbeitet wird, werden beim Abdrucknehmen auch keine Fäden verwendet, die das Zahnfleisch leicht zurückdrängen und die Blutung stillen würden, und so Platz schaffen für die Abdrucksmasse.

Diese Methode ist zwar unbiologisch, der Abdruck gibt dann aber die Abdrucksgrenze sauber wieder. Macht man das nicht, kann der Zahntechniker den Kronenabschluss nicht genau herstellen und er wird undicht. Wenn man die Krone, die Brücke oder das Inlay dann noch mit einem Wasserzement wie Aqualox einsetzt, so wird dieser an den undichten Stellen sehr schnell herausgespült und es sammeln sich Bakterien unter der Krone (Brücke, Inlay). Die so leicht entstehende neue Karies kann den Zahn innerhalb kürzester Zeit weiter zerstören und nach wenigen Jahren hat man, wenn man mit dieser Methode fortfährt, eine herausnehmbare Komplettprothese, weil kein Zahn mehr übrig ist.

An dieser Stelle möchte ich daher noch einmal innehalten zum Nachdenken: Wir sind auf der Suche nach möglichst ganzheitlich verträglichen Lösungen, gehen dabei aber so strikt biologisch vor, dass ein stark beschleunigter Zahnverfall stattfindet, der mehr Prothesen und unnatürliche Materialien im Mund nötig macht und der in jungen Jahren zur Komplettprothese führen kann, weil kein eigener Zahn mehr übrig ist. Ist DAS ganzheitlich wirklich die verträglichste Lösung?

Denken Sie immer daran: Die Psyche ist das stärkste Element beim Gesundheitspuzzle. Wir sollten auf ein Gleichgewicht achten, bei dem die Psyche nicht unnötig geschwächt wird. Andererseits können wir die Psyche aber auch einsetzen, um manche Schwachstellen im Körper auszugleichen (durch Meditation, Arbeit am Selbst oder Techniken wie Hsin Tao).

Das bedeutet wieder einmal: Achtung Eigenverantwortung! Nichts gilt für alle. Es gibt vereinzelt Menschen mit besonders empfindlichen Zähnen, und für sie – wenn sie innerlich damit einverstanden sind und sich bei dieser Lösung wirklich am besten fühlen – kann die rasante Komplettsanierung der Marke »Bio pur« in Ordnung sein. Wobei sie den Einmaleinsatz unbiologischer Fäden zur Abdrucknahme zugunsten einer länger haltenden Krone oder Brücke eventuell doch vertragen würden! Wenn die Psyche weiß, wie nützlich das für das Gesamtsystem ist, kann sie auch das Unverträgliche mal kurz vertragen!

Ich warne daher noch ein letztes Mal ausdrücklich davor, irgendeinen noch so überzeugend oder gar eindringlich und bedrohlich auf einen einredenden Zahnarzt als den Verbreiter der einzigen Wahrheit anzusehen. Wer recht hat, braucht sowieso nicht bedrohlich oder eindringlich zu reden, er kann die Wahrheit für sich wirken lassen.

Der Münchner Zahnarzt Dr. Berthold meint: »Ein Zahn darf Masern haben, denn nichts ist so gut wie der Originalzahn, und sobald die erste Füllung reinkommt, tickt die Uhr für diesen Zahn …«

Er bohrt, anders ausgedrückt, nicht gleich jede Minikaries weg, sondern fordert lieber den Patienten auf, öfter zur Kontrolle zu kommen. Manche solcher Minilöcher würden jahrelang nicht wachsen. Es wäre schade, bevor es unbedingt nötig ist, schon eine Füllung reinzutun, die immer nur eine begrenzte Haltedauer hat.

Ist eine Versorgung wirklich nötig, dann kann man sich entweder einen Zahnarzt suchen, dessen Tests und Beratung einem sinnvoll erscheinen und die sich GUT ANFÜHLEN! GANZ WICHTIG! Oder man kann sich Proben verschiedener Stoffe geben lassen und dann woanders testen (siehe Kapitel Alternative Diagnoseverfahren), was man gut verträgt.

Langzeitpolymerisierte Kunststoffe und vergütetes Gold

Da die meisten Kunststoffe (Kaltpolymerisate) Gifte abgeben, bevorzugt die ganzheitliche Zahnmedizin Kunststoffe, die langzeitpolymerisiert werden und deshalb keine Giftstoffe mehr abgeben. Das hatte ich schon erwähnt, außerdem werden aber alle fertigen Füllungen und Prothesen bei guten Labors zusätzlich schwingungstherapiert, damit sie für den Körper besser verträglich werden.

Metallfüllungen (also Goldlegierungen), Kronen oder Inlays sollten vom Techniker vergütet werden. Das heißt, sie werden nach Fertigstellung noch dreimal auf zirka 950 Grad erhitzt, damit das Metallgittergefüge wieder symmetrisch wird. Es hat dann eine bessere und verträglichere Schwingung im Körper als das übliche, unsymmetrische Metall.

Auch durch ganzheitliche Gusstechnik (z. B. über offener Flamme) kann das Metallgittergefüge optimal gestaltet werden. Dafür brauchen die Zahntechniker allerdings eine spezielle Zusatzausbildung.

Prothesen aus einem Guss

Normale herausnehmbare Prothesen werden übrigens, da wir schon bei Prothesen sind, mit gelöteten oder geklebten Halteelementen versehen. Dies darf es bei manchen Zahnärzten auch nicht geben: Alle Halteelemente werden ohne Lötstelle aus am Patienten getesteten Bio-Gold handgegossen. Das ist natürlich wesentlich kosten- und zeitintensiver als die herkömmliche Methode und wird deshalb von den Krankenkassen auch nicht bezahlt.

Diese Art Prothese ist sicherlich sehr gut, wenn es unumgänglich nötig ist. Ob es das ist, sollte meines Erachtens – gegen alle Lehr- und Schulmeinungen – aber niemals der Zahnarzt alleine entscheiden, sondern immer nur der Patient nach seinem Wohlfühlgefühl, das der Wegweiser des inneren Heilers ist!

Ganzheitliche Kieferorthopädie

Auch noch erwähnenswert sind Zahnspangen bei Teenagern. Die weit verbreiteten Bracket-Spangen mit Bonding halten viele Zahnärzte für besonders fatal. Das Bonding ist wie ein Sekundenkleber, mit dem die Spangen in der Regel für zwei Jahre angeklebt werden. Danach wird der Kleber zwar entfernt, geht jedoch nicht mehr vollkommen ab. Da jeder Zahn energetisch mit bestimmten Organen im Körper verbunden ist, schwächt man mit solchen Spangen sämtliche Organe.

Der Kleber der Spangen und die Kunststoffe schwächen außerdem ganz erheblich die Konzentrationsfähigkeit und das Kurzzeitgedächtnis der Jugendlichen. Und wenn das Kurzzeitgedächtnis geschwächt ist, leidet automatisch das Langzeitgedächtnis, da die Informationen es gar nicht mehr bis dorthin schaffen.

Noch dazu wird mit diesen festen Spangen die Beweglichkeit des ganzen Schädels blockiert. Das ist eine weitere mögliche Ursache für Konzentrationsschwierigkeiten oder Kopfschmerzen.

Manche ganzheitlich arbeitenden Kieferorthopäden kennen allerdings neue Methoden im Einsatz von Spangen: Crozat und Bionator sind herausnehmbare Zahnspangen, die unter Ausnutzung der Druck-, Temperatur- und Strömungsverhältnisse im Mund das Wachstum des gesamten Kiefers beeinflussen. Sinn und Zweck ist unter anderem der, bei Zahnengstand keine Zähne ziehen zu müssen, sondern den Kiefer so nachzuentwickeln, dass möglichst alle Zähne Platz finden. Das geht! Wer hätte das gedacht!

Da aus Sicht der ganzheitlichen Kieferorthopädie der Kiefer mit der Wirbelsäule in Verbindung steht, kann sich eine solche Behandlung auch günstig auf die Haltung eines Kindes auswirken.

Nach dieser Methode arbeitet beispielsweise Dr. Jörg Christian Heidemann aus Schladen. Kurse zu dieser Methode bieten unter anderem Dr. Treuenfels in Eutin und Dr. Herrmann in Heidelberg an.

Einige weitere Details aus der ganzheitlichen Zahnheilkunde

(gesammelt bei unterschiedlichen Zahnärzten, die auch unterschiedlicher Meinung darüber sind ☺):

- Zemente werden üblicherweise auf teflonbeschichtetem Papier mit einem Metallspatel angerührt. Dabei lösen sich Stoffe aus der Teflonbeschichtung und landen mit im Zement und damit im Mund. Zahnärzte und Techniker, die wirklich alle Gifte vermeiden wollen, rühren ihre Zemente daher auf Glasplatten mit Achatspachteln an.
- Polierpasten enthalten ebenfalls allerlei unliebsame Stoffe, unter anderem, damit die Zähne hinterher schön glänzen. Der Naturfan poliert daher nur mit Schlämmkreide.
- Auch bei Prothesenreinigern wird um Vorsicht gebeten. Empfohlen wird, nur mit Biozahnpasta und Wasser zu putzen.
- Zahnpasta allgemein: Biozahnpasten sind grundsätzlich besser, da mehr auf natürliche Inhaltsstoffe geachtet wird. Manche Zahnärzte empfehlen zusätzlich, man soll sich mehrere Sorten zulegen und sie abwechselnd verwenden, damit zumindest nicht

immer dieselbe Belastung auftritt. Einig sind sich die meisten Biofans, dass sie auf keinen Fall Detergentien, Desinfektionsmittel, Chlorhexidin oder Fluoride enthalten sollten. Fluoride sollen den Zahn härter machen, aber um dies wirklich tun zu können, müsste man mindestens acht Minuten lang die Zähne putzen (an einer Stelle) und das tut wohl sowieso niemand. In Wirklichkeit nimmt man die Fluoride stattdessen über die Schleimhäute in den Körper auf, wo sie aus naturheilkundlicher Sicht nichts verloren haben.

- Besonders empfehlenswert, aber kostenintensiv: die Zahnpasta Creme du ciel. Sie basiert auf alchemistisch verarbeitetem Eiöl. Infos unter www.Dr-Nawrocki.de oder unter http://www.manna-energy.com. Telefon: 069-560 15 77 oder 030-881 51 59 oder 089-641 34 67. Die Produkte sind unter PZN 3379431 auch in allen Apotheken erhältlich.
- Es gibt auch die Empfehlung, die Zähne mit Asche zu putzen, weil diese besonders basisch wirkt. Manche Ärzte empfehlen auch das Badesalz der Firma Orgon (siehe das Kapitel über Übersäuerung). Man muss es allerdings in einem Tropfen Wasser auflösen, damit es beim Putzen nicht die Zähne zerkratzt. Es entsäuert dann ebenfalls und verhindert die Bildung von Zahnstein.
- Fluoride: Ich könnte einen ganzen Artikel zu diesem Thema schreiben, möchte es jedoch bei einigen Auszügen belassen. Fluoride sind Breitband-Enzymgifte, die in geringen Dosen Krebs verursachen und in hohen Konzentrationen lebenswichtige Stoffwechselvorgänge blockieren (z. B. die Zellatmung und die Fettverdauung). Die Zähne werden davon spröde, rissig und brechen ab. Es werden zwar auch die für

die Kariesentstehung mitverantwortlichen säurebildenden Mundbakterien gehemmt, aber da das Gift auf alle Zellen wirkt, ist es insgesamt trotzdem zu vermeiden. Neben Reizungen der Magenschleimhaut (wer mit fluorhaltiger Zahnpasta putzt, nimmt den Stoff über die Schleimhäute automatisch auf) wird die Darmflora nachhaltig geschädigt. Fluoride haben außerdem die Neigung, sich im Körper anzusammeln, insbesondere in den Blutgefäßen (Arterienverkalkung, Herzinfarkt), in der Leber (Leberzirrhose), in den Nieren (Nierensteine) und in der Gebärmutter (Keimschädigung, genetische Schäden).
Literatur hierzu: Dr. J. Yiamouyiannis: »Früher alt durch Fluoride«, Dr. med. M. O. Brucker: »Vorsicht Fluor«, Dr. med. M. Daunderer: »Umweltgifte«, Krista Federspiel: »Zahn um Zahn«.

- Ganzheitliche Zahnärzte sind von den Wechselwirkungen zwischen den Zähnen und allen Organen überzeugt. Ein guter Kenner der Zahndiagnostik kann an den allgemeinen Körpersymptomen bereits »erraten«, welche Zähne Störfelder enthalten.
  Nähere Infos dazu in dem Buch »Ruinöse Zahnwerkstoffe« von Markus Fußer (Bezugsquelle siehe gesondert im Anhang), in »Tabellen über energetische Wechselbeziehungen von Odontonen zu Organen und Gewebssystemen« von Dr. R. Voll oder in »Reflexzonen und Somatotopien« von Dr. J. Gleditsch.
- Auch über Zahnbürsten kann man unterschiedlicher Meinung sein. Einigen Zahnärzten sind Naturborsten »zu bio«. Die Borsten sind hohl und es sammeln sich Bakterien und Pilze darin. Außerdem können Naturborsten leicht abbrechen und die scharfkantigen Bruchstellen verursachen ständige Mikro-

verletzungen. Normale Zahnbürsten mit abgerundeten Borsten werden daher meist bevorzugt.

- Desinfektionsmittel in der Zahnarztpraxis setzen das gesamte Team ständigen immunschädigenden Dämpfen aus und schwächen die Leistungs- und Konzentrationsfähigkeit. Der echte Biofan desinfiziert daher mit Weingeist (70-prozentiger Alkohol). Dieser muss zwar jeweils zehn Minuten einwirken, man merkt es aber an der Atmosphäre und an der Luft, sie sind angenehmer.
- Wann und wie oft Zähne putzen? Friedrich Ochsenreither führt hierzu eine Reihe von Studien an, wonach es ausreicht, einmal täglich die Zähne zu putzen (z.B. Lang, Cumming und Loe: »Toothbrushing frequency as it relates to plaque development and gingival health«, J. Periodontology 44: 396, 1973). Wann man sie putzt, ist grundsätzlich egal, es sollte nur nicht direkt nach dem Essen sein, sondern frühestens eine Stunde später. Direkt nach dem Essen ist der Schmelz der Zähne durch saure Nahrung angelöst und würde beim Putzen geschädigt. Eine Stunde später enthält der Speichel wieder eine gesättigte Lösung an Mineralien und das führt zur Remineralisierung des Schmelzes, sodass ohne Schaden geputzt werden kann.
- Frau Dr. Schreiber aus Neubiberg bei München benutzt unter den Füllungen Mittel, die mit Schwingungstechnik harmonisierend vorbehandelt sind, den Zahn stärken und den Kleber besser verträglich machen. Auch danach kann man seinen ganzheitlichen Zahnarzt fragen!

Ganzheitliche Zahnmeditation

Einige brauchen hier gar nicht weiterzulesen, weil es ihnen vermutlich zu abgehoben ist, der Rest kann es ja selbst ausprobieren und danach urteilen.

Ein Bekannter hatte mit seiner Frau eine Meditation gemacht, bei der ihnen jeder einzelne Zahn mitgeteilt hatte, wie er sich gerade so fühlte. Das hatte mich erstaunt, weil ich bis dahin die Zähne für mehr oder minder tote kleine Knochenstücke gehalten hatte (das war vor den Recherchen zu diesem Kapitel).

Also setzte ich mich bei nächster Gelegenheit hin und »sprach auch mal mit meinen Zähnen«. Das heißt, ich lenkte erstmals im Leben meine Aufmerksamkeit nur auf meine Zähne und fühlte einfach einmal hin, was es da zu fühlen gab.

Als Erstes fiel auf, dass es im Unterkiefer relativ ruhig war und im Oberkiefer »schnauste« es. Mir fällt kein besserer Begriff ein, schnausen gibt das Gefühl am besten wieder. So als würde ein ständiger Strom fließen oder als wäre ich gerade erst vom letzten Zahnarztbesuch gekommen und alles noch etwas in Aufruhr. Auch ein leichter Dauerdruck war feststellbar. De facto ist der letzte Zahnarztbesuch aber schon länger her und es sollte eigentlich weder schnausen noch drücken.

Ich versuchte mit meiner Vorstellungskraft den Zähnen zu suggerieren, dass sie wieder komplett nur aus Naturzahn (ohne jede Füllung) bestehen würden. Und zwar am besten gleich oben und unten, auch wenn ich unten nichts spüre. Solche gelegentlichen Suggestionen und energetischen Eigenbehandlungen würden bestimmt jede Sanierung überflüssig machen, fand ich damals – und schwebte ab in eine höchst erstaunliche Erfahrung:

Ich sah auf einmal Bilder vor mir aus der Zeit, als ich

noch in dem Dorf lebte, in dem ich in die Grundschule gegangen war (und noch keine Zahnfüllungen hatte). Inzwischen habe ich mich öfter an Erlebnisse aus dieser Zeit erinnert – logischerweise. Aber beim ersten Mal sah ich plötzlich die Farbe meiner damaligen Lieblingshose vor mir, als hätte ich sie gerade eben angezogen. Ich meinte den Stoff zu spüren und die Gerüche von dem Dorffest, auf dem ich war. Ich erinnerte mich an das Muster einer Tischdecke, sah die Frisur und die Spange meiner Nachbarin, so als wäre es längstenfalls einen Tag her gewesen. Dieses Erlebnis war richtig unheimlich.

Was ich daraus schließe, ist, dass die Zähne keineswegs irgendwelche toten Dinger sind (inzwischen weiß ich ja auch, dass jeder Zahn seine eigene kleine Organversorgung hat), sondern ziemlich lebendig sind und auch stark ins Gesamtsystem eingebunden sind. Denn ansonsten wäre eine derart lebendige Erinnerungsauslösung nur dadurch, dass ich mir komplett gesunde Zähne vorgestellt hatte, wohl nicht möglich gewesen.

Natürlich habe ich gleich wieder einem Freund von mir davon erzählt. Er hatte Probleme mit seiner Brücke und meditiert seitdem täglich über die Vorstellung, dass seine Zähne alle heil wären, so wie sie optimalerweise von Natur aus wären. Er sagt, es lohne sich, weil die Brücke seitdem viel weniger störe.

Damit seid ihr an der Reihe: Eine Meditation mit den eigenen Zähnen kann vielleicht auch bei euch ein besseres Zahngefühl erzeugen. Ein Versuch wird es zeigen. Nur Lesen reicht nicht. ☺

Sonstige gesundheitliche Stolpersteine unseres täglichen Lebens

Die Entfernung des Menschen von der Natur kennt fast keine Grenzen. »Da dreht man ja durch, wenn man das alles glauben und womöglich noch beachten soll«, meint manch einer. Das verstehe ich voll und ganz. Wer ebenfalls durchdreht, ist die Natur und unser Körper bei dem, was wir alles verzapfen. Vielleicht fängt man einfach einmal irgendwo an und stellt im Laufe der Jahre immer mehr Dinge um – sich selbst zuliebe.

Übersicht Stolpersteine:

- Klopapier
- Achselspray
- Fruchtfliegenspray
- Dauerwellen und Haare färben
- Krebs herbeikochen mit Mikrowellen?
- Handy adieu

Klopapier

Wofür eigentlich braucht der Mensch gebleichtes Klopapier? Weil der Hintern kein Recyclingpapier mag? Im Gegenteil: Der Hintern mag es lieber, denn Klopapier wird mit genmanipulierten Biostartern gebleicht. Diese haben eine höhere Teilungssequenz und damit verbunden mehr Einsatzmöglichkeiten. Bestimmte Bindungen im Papier (oder auch in Waschmitteln) werden dadurch überhaupt erst möglich.

Niemand kennt jedoch die genaue Kompatibilität der genmanipulierten Bakterien noch ihre Adaptilität (Anpassungsvermögen). Man hat auf gut Deutsch keine Ahnung, was sie im menschlichen Körper auslösen.

Unter anderem gibt es Anzeichen dafür, dass diese Biostarter die unfeine Eigenschaft haben, über das Klopapier in unseren Darm zu spazieren und dort das Pilzwachstum zu begünstigen.

Fazit: Wer ungebleichtes Toilettenpapier kauft, tut nicht nur der Umwelt etwas Gutes, sondern auch sich selbst.

Achselspray

»Die Bombe unter der Achselhöhle« ist ein Buchtitel von Walter Mauch, der uns darüber aufklärt, dass und warum die meisten Deodorants auch nicht gerade sehr gesundheitszuträglich sind, sondern sogar gefährlich. Ein weiterer Puzzlestein der Selbstvernichtung des Menschen.

Fruchtfliegenspray

Von zu Hause kennt man es: Wenn man Obst zwei bis drei Tage auf dem Küchentisch liegen lässt, wird es von Fruchtfliegen umschwirrt. Wie ist das eigentlich im Supermarkt? Ist das Obst da immer ganz frisch und es gibt darum keine Fruchtfliegen? Nicht unbedingt, ist zu befürchten. Von Mitarbeitern eines Supermarktes wurde einem Bekannten von mir neulich zugetragen, dass der dortige Abteilungsleiter gnadenlos ein keineswegs als »zum Verzehr geeignet« geltendes Insektenmittel gegen die Fruchtfliegen versprüht, damit die Kunden das Gefühl haben, das Obst sei immer total frisch. Alle Mitarbeiter haben strengste Schweigepflicht darüber und kaufen selbst nur Obst und Gemüse, bevor es auf die große Insektenspraytheke kommt.

Dauerwellen und Haare färben

Wenn meine Bekannte Catherine mit chemischen Präparaten ihre afrikanischen Kringellocken aus den Haaren zieht, muss sie alle Türen in ihrem Haus schließen, denn ansonsten stinkt es bis in den Keller. Bis in den Keller ihres Körpers ziehen allerdings auch die Gifte dieses Mittels, wie nun eine Heilpraktikerin diagnostizierte. Sie sieht darin sogar eine mögliche Ursache für Catherines Zysten. Denn nach den Lehren der Traditionellen Chinesischen Medizin (TCM) sind Kopfhaut und Gebärmutter direkt miteinander verbunden. Wer sich am ersten Tag der Menstruation die Haare wäscht, bekommt mitunter Krämpfe oder fühlt sich unwohl.

Die TCM kennt viele solche Verbindungen. Beispielsweise wird bei häufigen Beschwerden mit Haaren, Zähnen oder Ohren sofort nach den Nieren gesehen, da hier wiederum eine direkte Verbindung besteht. Und wenn die Nieren schwächeln, kann sich das an den genannten Körperstellen zeigen.

Krebs herbeikochen mit Mikrowellen?

Die Industrie schwört, dass Mikrowellenherde bei sachgemäßer Handhabung völlig harmlos seien. Dennoch gibt es zahlreiche Forschungen, die zu dem Ergebnis gelangen, dass der Verzehr von mikrowellenerhitzter Nahrung stark krebserregend sei. Viele Nahrungsbestandteile zerfallen unter der Mikrowellenstrahlung widernatürlich und richten dadurch Schaden im Körper an. In Milch und Getreide entstehen diesen Studien zufolge neue, krebserregende Stoffe und in anderen pflanzlichen Produkten vermehren sich freie Radikale. Dies alles führt zu einer Zunahme von Krebszellen im Blutserum. In der damaligen UdSSR wurde 1976 aus genau diesen Gründen der Gebrauch von Mikrowellenherden verboten. Das Verbot wurde jedoch unter dem Druck der westlichen Industrie wieder aufgehoben.

Wenn die Gegner von Mikrowellenherden recht haben, dann ist dies ein weiteres Kapitel in der völlig aus dem Ruder laufenden und komplett hirnlosen Selbstzerstörung des Menschen. Nähere Infos findet man leicht im Internet, wenn man beispielsweise bei Google einfach nur das Stichwort »Mikrowellenherd oder -ofen« eingibt. Neben den Hersteller-Sites sind auch viele warnende Artikel dabei.

Handy adieu

Ich war wieder einmal beim Testen und es war hochinteressant. Eigentlich wollte ich die Wirkungsweise einer Energiekabine testen. Die Kabine verfügt über Zigtausende von Frequenzpaketen, die alle im Wohlfühlbereich des Menschen liegen. In dieser Kabine zwanzig Minuten zu sitzen soll das Wohlbefinden sehr stärken, etwa so als würde man an einem besonderen Kraftplatz in der Natur meditieren.

Ich bin mit einer Heilpraktikerin dort angerückt, und wir haben als Erstes mein energetisches Grundlot gemessen. Wie das genau geht, erkläre ich im Kapitel Alternative Diagnoseverfahren. Mein Anfangswert lag jedenfalls bei 18 Grad (0 Grad wäre supertopgesund und total im Fluss, 90 Grad ist todkrank). Dann habe ich zwanzig Minuten in der Kabine meditiert und siehe da, der Wert verbesserte sich auf 3 Grad!

Drei Grad sind wirklich super. Vor allem deshalb, weil dieser Wert vier Stunden später immer noch stabil war.

Wir fragten den Besitzer der Energiekabine, wie er auf sie gestoßen sei, und bekamen eine hochinteressante Geschichte zu hören:

Josef war ein Dauer-Handytelefonierer gewesen, als ihm irgendwann die Antenne abbrach. Er telefonierte mit kaputter Antenne noch drei Monate weiter, bis er auf einmal schwer krank wurde. Die Diagnose der Ärzte lautete MS und Josef war gelähmt und konnte noch nicht einmal mehr sprechen. Er gab sich mit diesem Zustand nicht zufrieden und forschte überall herum, was ihm helfen könnte. Er stieß dabei auf einen Physiker, der ihm sagte, dass ein Handy mit defekter Antenne die sechsfache Strahlung abgibt wie ein normales. Selbst beim Telefonieren mit einem normalen Handy erhitzt man seinen Hör- und Sehnerv so, dass es zu Schädigungen kommen kann (und auch sehr häufig kommt, die Leute hören und sehen immer schlechter).

Josef habe durch seine abgebrochene Antenne die Eiweiße in seinem Gehirn so gekocht, dass er sich ernsthaft geschädigt habe, ließ ihn der Physiker wissen. Er empfahl ihm, seine Selbstheilungskräfte in einer besonderen Energiekabine wieder zu aktivieren. Nach einer Probesitzung in dieser Kabine war Josef so aus dem Häuschen, dass er sie sich sofort kaufte (obwohl ein kleines Vermögen dafür draufging). Er saß drei Monate lang täglich für zwanzig Minuten in der Kabine und siehe da: Sein Leben kam zurück, wie er es heute nennt. Lähmung adieu, Gesundheit wieder da. Man sieht und hört ihm nichts mehr an von seiner schweren Krankheit.

Da er leider die einzige Kabine dieser speziellen Art besitzt, hat er sie für 30 Euro pro Sitzung auch der Öffentlichkeit zugänglich gemacht.

Sybille, meine Heilpraktikerin, und ich hatten die Kabine zwar auch sehr interessant gefunden (man spürt in der Tat einen intensivierten Energiefluss, fanden wir beide), aber nun waren wir infiziert vom Gedanken an die Handystrahlung und wie man ihr beikommen könnte.

Nach Josefs Bericht wollten wir als Erstes wissen, wie schädlich Handys sich auf das Energielot des Menschen auswirken. Ich hatte ja nun einen super Grundwert von 3 Grad. Wir wollten wissen, ob er sich verschlechtern würde, wenn wir ein Handy anschalten würden. Sybille hatte eines dabei. Wir schalteten es an und ich hielt es mir, ohne jemanden anzurufen, einfach nur so ans Ohr. Ergebnis: Mein Energielot stieg von optimalen 3 Grad auf katastrophale 50 Grad. Wir waren wirklich erschrocken. 50 Grad ist eine enorme Belastung.

Dann wollten wir die ganze Wahrheit wissen und ich rief bei mir zu Hause an. Nun kletterte das Lot auch noch auf 70 Grad. Wir konnten kaum glauben, dass es so extrem war.

Josef meinte, wir sollten es doch einmal eingeschaltet, aber ohne Verbindungsaufbau irgendwo in den Raum legen. Wir stellten fest, dass die Belastung sank, sobald ich es nicht mehr in der Hand hatte. Aber sie war dennoch um 15 Grad über dem Grundwert.

Josef stand auf und kam mit einem kleinen, aber ziemlich schweren Anhänger wieder. Das sei ein Organo, der würde die Schutzaura des Menschen verdoppeln und die Handystrahlung würde dadurch weniger schädlich.

Mir kam dazu noch eine Idee, ich kramte in meinem Sack und stellte fest, dass ich unser Handy sogar auch dabeihatte (wir benutzen es nur alle zwei Monate auf Reisen und dann finden wir es meist erst einmal nicht). An unserem Handy klebte ein gewichtiger Strahlenreduzierer, den mir der, der ihn vertreibt, als hochwirksam empfohlen hatte. Hier nahte die Stunde der Wahrheit: Der Test ergab 40 Grad mit Strahlenreduzieraufkleber und 50 Grad ohne. Er half also in der Tat ein wenig, aber er nahm nur ein Fünftel der Strahlung weg. Das hebt einen ja nun nicht grad vom Hocker.

Wir testeten mit Josefs Organo dagegen und siehe da, der Wert fiel von 50 Grad sofort auf 20 Grad. Mehr als 50 Prozent Belastungsreduktion. Das lohnt doch schon deutlich mehr.

Wir waren sehr beeindruckt. Vergiss die Kabine, her mit dem Organo, fanden wir. Josef lachte darüber und verschwand wieder. Diesmal kam er mit einem Riesenorgano wieder (oder so etwas Ähnlichem). Dies sei ein Wasserenergetisierer. Man könnte ihn an die Hauptwasserleitung des Hauses klemmen und die Qualität des Wassers im ganzen Haus würde sich damit verbessern. Masaru Emoto persönlich hätte das überprüft (der Erfinder der Wasserkristallfotografie, siehe Kapitel Selbstheilung mit Wasser) und würde das Gerät seitdem in seinem eigenen Büro einsetzen.

Na, wenn sogar Emoto es für gut befindet, kann es zumindest nicht so ganz daneben sein, fanden wir. Hergestellt werden beide Teile übrigens mit Kristallen und mentaler Programmierung mittels Meditationen, Gebeten und Ähnlichem von einem Heiler mit besonderer energetischer Kraft.

Wer heilt, hat recht, fand ich, und ich war nach diesen Tests am eigenen Leib überzeugt von der positiven Wirkung.

Josef zeigte uns außerdem die positiven Testergebnisse eines weiteren Therapeuten zu seinem Organo. Dieser hatte eine Patientin einem Störfeld ausgesetzt, sodass ihr Energiefeld (gemessen mit Meridiandiagnose nach Prognos) auf minus 70 absank. Wenn sie nun den Organo umhängte, verbesserte sich ihr Energieniveau sofort auf plus 50. Auch das ist ein beeindruckendes Ergebnis.

Wer Näheres über die Schädlichkeit von Handystrahlungen und Mobilfunkmasten wissen möchte, kann beispielsweise auf der Homepage www.partei-aufbruch.de nachsehen.

Sybille und ich haben in den nächsten Wochen, und zwar zunächst mit Hilfe der RAC (Reflex-Auriculo-Cardiale) und der Polfilter-Methode (siehe nächstes Kapitel: Alternative Diagnoseverfahren), noch eine ganze Reihe von Handy-Entstörtechniken getestet. Wir fanden darunter zwei, die die schlechte Wirkung auf das Energiesystem des Menschen vollkommen aufgehoben haben.

Diese beiden habe ich auch gegengetestet mit dem Prognos-Verfahren. Wobei das eine wieder super und das andere mäßig abgeschnitten hat.

Meine Vermutung ist die, dass man Handystrahlen nie ganz abschirmen, sondern immer nur abmildern kann, und dass jeder Organismus auf ein anderes Hilfsmittel am besten reagiert. Man sollte es also ausprobieren und nicht nur tollen Versprechungen auf dem Papier glauben.

Im Anhang findet ihr die Bezugsadressen der von uns positiv getesteten Geräte. Für wen was am besten ist, diese Entscheidung kann ich leider keinem abnehmen. Im Grunde müsste man selbst testen gehen, so kompliziert ist unsere Welt leider geworden.

Ein interessantes Detail habe ich beim Testen mit Prognos (siehe Kapitel Alternative Diagnoseverfahren) allerdings noch vom Holistic DiagCenter erfahren: Die Mitarbeiter des Centers gehen davon aus, dass digital gepulste elektromagnetische Wellen sich in Gewebsstrukturen einkoppeln und dabei über Resonanzen vor allem auf das Gehirn einwirken.

Mittels Meridiandiagnostik konnte festgestellt werden, dass das Gehirn von E-Smog-Sensiblen bei Überbelastung »switchen«, das heißt umschalten kann. Es reagiert dann irrational und paradox und entwickelt am Schluss sogar eine Art Sucht nach dem E-Smog. Bei vielen Jugendlichen lässt sich das messtechnisch nachweisen. Die Jugendlichen bestätigen auch, dass sie manchmal gar nicht genau wissen, warum sie schon wieder zum Handy greifen. Es wäre nicht nur die Sucht nach dem Telefonieren an sich, sondern so als »bräuchten« sie mal wieder das Handy am Ohr.

Das ist ähnlich wie bei einem Menschen mit starkem Pilzbefall im Darm, der meint Fabrikzucker zu brauchen: Er ist süchtig nach dem, was ihm am meisten schadet und was letztlich seine Lebenszeit verkürzt. So weit sind wir offenbar inzwischen auch beim Elektrosmog.

Alternative Diagnoseverfahren

Wir haben zu Beginn des Buches gelesen, welch teilweise kümmerlichen Erfolge die moderne Hightech-Medizin bei ihren Diagnosen hat. Die deutsche Ausgabe der Zeitschrift »Medical Tribune« hat bereits mehrfach darüber berichtet. Insbesondere aus diesem Blickwinkel scheint es eigentlich nicht angebracht, alternative Methoden von vornherein abzulehnen.

Mehr noch: Der Arzt der Zukunft braucht entweder hellsichtige Fähigkeiten oder völlig neue Diagnoseverfahren.

»Ich möchte heute nicht mehr therapieren müssen, ohne die geistige Welt nach den Ursachen und den richtigen Mitteln mit befragen zu können. Es spart einfach so viel Zeit und man wird von der geistigen Welt viel schneller zum Erfolg geführt, als man es alleine, mit bloßer Logik, je schaffen könnte«, berichtete mir eine Ärztin aus meinem Bekanntenkreis, die seit einigen Jahren sowohl ihre eigenen als auch die Geistführer der Patienten mit befragt, ob sie richtig liegt und was sie am besten für den Patienten tun könne.

Wer noch keinen so guten Draht nach oben hat, hat heute jedoch eine Vielzahl von alternativen Diagnosemethoden zur Auswahl. Vom Synchrometer haben wir im Parasitenkapitel schon gelesen.

Vorstellen möchte ich noch:

- den RAC (Reflex-Auriculo-Cardiale) und die Pulsdiagnose
- das Radionikgerät Quantec, das nicht nur Diagnosen vom Computer erstellen lässt, sondern auch mit vom Computer gesendeten Schwingungen behandelt
- Kinesiologie und brandneu – die instrumentelle Kinesiologie
- die Elektroakupunktur nach Voll (EAV) und russische Weiterentwicklungen dazu, wie das Prognos-Gerät

RAC und Pulsdiagnose

Der RAC kommt aus der Ohrakupunktur, wie man auch aus dem Namen ersehen kann, da er »Reflex vom Ohr zum Herzen« bedeutet (Reflex-Auriculo-Cardiale).

Man fuhr dazu ursprünglich mit einem spitzen Gegenstand entweder aus Gold und Silber oder in Schwarz und Weiß (es geht dabei um die Yin-Yang-Symbolik) langsam am Ohr entlang, während man mit der anderen Hand am Gelenk des Klienten den Puls fühlte.

Kommt man nun an einen Punkt, an dem etwas Pathologisches sitzt, gibt es in genau diesem Augenblick eine Pulsveränderung. Meist fühlt es sich so an, als würde der Puls weggehen.

Obwohl dies gegenüber der Pulsdiagnose der Traditionellen Chinesischen Medizin oder der vedischen Medizin sicherlich noch eine schlichtere Art ist, den Puls zu fühlen, schafft es doch nur ein Teil der lernwilligen Therapeuten, dies wirklich zu erfühlen.

Dass auch feinste Pulsveränderungen klar erfühlbar sind, zeigen uns die vedischen und chinesischen Ärzte sehr deutlich. Sie fühlen mit mehreren Fingern die verschiedenen Pulse des Patienten und rattern ihm dann so detailliert seine Krankengeschichte herunter, dass die meisten nur mit den Ohren schlackern können vor Verwunderung.

Ich habe mal einen vedischen Arzt regelrecht geliebt dafür, dass er mir diagnostizierte, dass ich Fleisch und Fisch nicht vertragen würde. Das ist schon viele Jahre her und ich wurde damals noch häufig angefeindet wegen meiner vegetarischen Ernährung.

Er erfühlte am Puls auch genau alle meine gesundheitlichen Schwächen und Stärken und welches Organ in welchem energetischen Zustand war. Alle seine Diagnosen stimmten weitestgehend mit dem überein, was ich schon von anderen Therapeuten über meinen Körper wusste (ich forsche ja schon länger auf verschiedenen Ebenen).

Diese Art der Diagnose ist sicherlich sehr ganzheitlich und sie zeigt dem Therapeuten genau alle Ungleichgewichte im Körper. Die Ausbildung dazu jedoch dauert lange und erfordert einen hohen Grad an Sensitivität beim Schüler.

Letzteres ist vermutlich einer der Gründe, warum die

offizielle Schulmedizin nichts davon hält. Was manche Mediziner nicht selbst erspüren können, das glauben sie eben nicht. Umso erfreulicher, dass man aber schon seit Jahren trotzdem immer mehr Schulmediziner auf Fortbildungskursen über solche Kenntnisse »erwischt«.

Aber noch einmal zurück zum RAC, der etwas leichter zu erlernen ist, aber immer noch hohe Anforderungen an den Therapeuten stellt. Inzwischen testen die meisten Therapeuten schon lange nicht mehr nur am Ohr mit dem Pulsreflex, sondern am ganzen Körper. Dr. Nawrocki beispielsweise sucht und findet mit dem RAC die entscheidenden Punkte in der Neuraltherapie genauso wie Akupunkturpunkte.

»Der Körper weiß es selbst am besten, wo er was braucht. Dabei liegt man sehr häufig richtiger, als wenn man streng nach Lehrbuch vorgeht, auch wenn man manchmal durchaus zum gleichen Ergebnis kommt«, sagt Dr. Nawrocki zum Einsatz des RAC.

Die Heilpraktikerin Sybille Schraml gehört zu einer Sonder-Fangruppe des RAC. Sie arbeitet zusätzlich mit einem Polarisationsfilter, den sie vor das dritte Auge hält (sie testet also weder wie ursprünglich vorgesehen an den Ohren noch sonst wo am Körper, alles geht über das dritte Auge). Dieser Filter kommt aus der Fototechnik und lässt Licht und Energie nur in einer Richtung durch.

Man kann, kurz gesagt, testen, ob das energetische Lot des Menschen aufrecht und gesund oder krank ist. Man braucht nur den Filter vor das dritte Auge zu halten und dann am Puls zu spüren, bei wie viel Grad es den Reflex gibt. Null Grad und total aufrecht wäre energetisch optimal stabil und gesund. Neunzig Grad wäre todkrank.

Bei einem Allergietest kann man beispielsweise eine

Weizenprobe in die Hand nehmen und dann messen, welche Auswirkungen diese auf das Energiefeld hat.

Angenommen, man hätte einen Grundwert von 10 Grad und mit dem Weizen in der Hand würde dieser Wert sich auf 25 Grad verschlechtern. Dann würde man ihn zwar nicht vertragen, aber die Belastung hielte sich in Grenzen. Wenn der Wert auf 40 Grad oder sogar mehr steigt, dann weiß man definitiv, dass Weizen einem überhaupt nicht bekommt.

Auf diese Weise kann man schnell und schmerzfrei testen, was man verträgt und was nicht und wogegen man allergisch ist und auch wie stark.

Einmal hatte meine Tochter eine Erkältung, als Sybille gerade bei mir zu Besuch war (und ihre Messausrüstung dabeihatte, die ja nur aus einem beschrifteten Polfilter besteht). Wir maßen das Energiefeld von Jola und kamen auf 15 Grad. Ich nahm sie dann auf den Schoß und sandte ihr einige Minuten lang Gedanken von Liebe und Dankbarkeit, in der Vorstellung, dass das unter anderem auf das Zellwasser sofort wirken müsste (nach den Forschungen von Emoto), welches dann neue Selbstheilungskräfte entfalten könnte.

Nach drei Minuten testete Sybille wieder und siehe da, Jolas Wert hatte sich verbessert auf drei Grad.

Das passt schon wieder zu einer Anekdote, die mein Verleger Konrad mir einmal erzählt hat. Er erzählte von einer Mutter, die (nicht in Europa) ihr Kind dabei beobachtete, wie es arglos mit einer Kobra spielte. Bis die Mutter die Szene gesehen hatte, war nichts passiert, aber in dem Moment, in dem die Mutter fürchterlich erschrak, biss die Schlange auch schon zu.

Da haben wir es: Unsere Verantwortung als Eltern liegt sehr stark auch in der Gedankenhygiene gegenüber unserem Kind. Wie wichtig das gesprochene Wort im

Umgang mit dem Kind ist, wissen wir seit den Millionenbestsellern von Steve Biddulph (u.a. »Das Geheimnis glücklicher Kinder«) fast alle. Und wahrscheinlich dürfen die meisten von uns – ich auf alle Fälle – bei der Umsetzung auch noch ganz schön üben.

Und wenn wir schon dabei sind, können wir gleich mitüben, mit einer positiven Erwartungshaltung an unsere Kinder zu denken und ihnen regelmäßig Gedanken von Liebe und Dankbarkeit zu schicken: Es stärkt ihr Immunsystem – und vermutlich ihr Selbstwertgefühl genauso.

Radionikgerät Quantec – Diagnose via Computer

Was ist Radionik?

Kurz gesagt, geht die Radionik davon aus, dass jeder Stoff eine für ihn charakteristische Strahlung besitzt. Die Radionik ist in der Lage, auf diese Felder mit bestimmten elektromagnetischen Eigenschaften, das heißt mit bestimmten Schwingungszuständen, zuzugreifen, und zwar in beiden Richtungen. Man kann Informationen vom Patienten abfragen und somit eine Diagnose stellen, und man kann therapieren, indem man dem Patienten bestimmte heilsame Informationen auf sein körpereigenes Feld überträgt.

Grenzen der Radionik lagen bisher unter anderem darin, dass dieses Senden von Informationen mehrmals täglich pro Patient erfolgen sollte. Man weiß zwar, dass jedes Bild einer Sache oder Person, radionisch gesehen, alle Informationen enthält wie die Person oder der Gegenstand selbst und dass Fernbehandlungen somit ebenfalls möglich sind. Aber trotzdem musste der Therapeut jeweils ein Foto der Person aufstellen und dann das Radionikgerät auf die richtigen Heilschwingungen einstellen und sie »senden«. Dann kam der nächste Patient, nächstes Foto, wieder das Gerät einstellen, und so waren die Kapazitäten der damit arbeitenden Ärzte und Heilpraktiker stark eingeschränkt. Nun hilft der Computer mit. Die Fotos der Patienten werden nun in den PC eingescannt oder der Patient wird mit einer digitalen Kamera fotografiert.

Wer grundsätzliche Zweifel an der Kombination Computer/Radionik hat, dem sei gesagt, dass ausgerechnet die Eliteuniversität Princeton bereits Ende der 80er Jahre mit einem Experiment aufwartete, das belegte, dass der menschliche Geist direkten Einfluss auf die Materie nehmen kann. Diese Erkenntnis ist eine der Grundvoraussetzungen, damit Radionik überhaupt einen Sinn ergibt. Speziell jenes Experiment führte aber auch zur Anwendung des PCs im Radionik-Bereich.

Bei dem Experiment an der Princeton-Universität wurde das sogenannte Galton's-Brett verwendet, das die statistische Normalverteilung demonstriert. Es handelt sich dabei um eine Art mechanisches Flipperspiel, bei dem oben hineinfallende Kugeln von mehreren Reihen Nägeln immer wieder nach rechts oder links abgelenkt werden. Normalerweise fallen die meisten Kugeln schließlich unten in die Mitte. Einige fallen mehr nach rechts, einige mehr nach links.

Man hat nun in Princeton insgesamt 250 000 Testreihen mit Studenten vorgenommen, bei denen die Studenten die Kugeln entweder immer nach rechts oder immer nach links denken sollten.

Das Ergebnis war, kurz gesagt, dass die Kugeln scheinbar »wussten«, wer sie in den Galton-Apparat wirft, denn sie zeigten deutliche Abweichungen von dem, was statistisch gesehen noch als reine Zufallsverteilung gelten kann. Es zeigte sich sogar, dass bei Wiederholungen jeder Student eine für ihn typische Verteilung erzielte. Quasi sein persönliches Ergebnis in seiner Kommunikation mit den Kugeln: »Ich und die Jukebox-Kugel?« So unglaublich es für reine Materialisten klingen mag, Prof. Jahn und Brende Dunne belegten damit, dass eine Kommunikation zwischen Geist und Materie stattfindet und dass der Geist Materie beeinflusst. Versuche anderer Universitäten, dieses Ergebnis zu widerlegen, misslangen. Man kam auch an anderen Universitäten zum gleichen Ergebnis.

Der Münchner Heilpraktiker und Radionik-Experte Peter von Buengner hat das Experiment der Princeton-Universität mit dem Computer wiederholt. Wenn bestimmte technische Voraussetzungen gegeben sind, dann ist es möglich, auch den Verlauf der Kugel im Computer mit den eigenen Gedanken zu beeinflussen. Peter hat dazu eine Großstudie organisiert, die damals auch in der Zeitschrift »esotera« ausgeschrieben war.

Bei der technischen Voraussetzung handelt es sich um die sogenannte »Diode mit dem weißen Rauschen« (Näheres dazu kann in einer Broschüre zum Thema nachgelesen werden – Adresse am Ende des Artikels.).

Diese Diode und die Ergebnisse aus den Studien damit ermöglichen nun ein Zusammenwirken von Computern und Radionik-Geräten.

Ähnlich wie mit den Patientendaten wird auch mit den Heilmitteln verfahren: einfach fotografieren und einscannen. Der Computer stellt dann automatisch das Radionikgerät entsprechend ein und sendet die benötigten Schwingungen alle 4 Stunden für 10 Sekunden an den Klienten.

Dadurch eröffnen sich völlig neue therapeutische Dimensionen. Wenn der Patient zum Beispiel einen Hautausschlag hat, kann man jetzt eine Aufnahme von diesem Ausschlag machen und daraus eine Nosode (homöopathisches Heilmittel) erstellen, indem man die Informationen, die das Bild beinhaltet, entsprechend potenziert. So wird dem Patienten die inverse Schwingung seines eigenen Ausschlags verabreicht, die ja, entsprechend dem homöopathischen Prinzip, dann genau die Information an Heilschwingung enthält, die dann therapeutisch eingesetzt werden kann. Das kann man genauso mit Blutbildern aus dem Dunkelfeldmikroskop, mit Irisbildern, mit Röntgenbildern, mit CTs, mit Hamer'schen Herdaufnahmen etc. machen. Hat der Patient ein allopathisches Mittel (aus der Schulmedizin) schlecht vertragen und leidet auch nach dem Absetzen noch unter Symptomen, so kann man einfach den Beipackzettel oder die Packung einscannen (oder fotografieren) und als Nosode potenzieren.

Darüber hinaus kann man zur Nachbehandlung, Stabilisierung oder kontinuierlichen Entgiftung beliebig oft Schwingungen an Tausende von Patienten senden, ohne dass der Therapeut dadurch zeitlich überlastet wäre. Beispielsweise können jeweils bei abnehmendem Mond ausleitende Maßnahmen ergriffen werden und bei zunehmendem Mond die Schwingungen der Spurenelemente, Vitamine und Darmsymbionten zugeführt werden. Quasi kann ein »radionisches Wartungsprogramm« für die anhaltende Gesundheit der Klienten erstellt werden, das der Computer täglich automatisch ausführt.

Der PC findet aus 11070 Krankheitsbildern das richtige heraus.

Die »Diode mit dem weißen Rauschen« ermöglicht aber auch die Diagnose durch den PC. Das bedeutet, der Computer findet »scheinbar intuitiv« die richtige Krankheit. Es wird ein Generator (eben diese Diode) gestartet, der das morphische Feld des Klienten abtastet und der bereits nach einer Minute pathologische Belastungen anzeigt.

Das ist möglich, weil der Computer vorher mit dem ICD 10 (International Catalogue of Diseases) der Weltgesundheitsorganisation (WHO) gefüttert wurde. Dieser Katalog enthält alle 11070 Krankheiten, die bisher auf der Erde je entdeckt wurden. Mit diesem Katalog wird weltweit gearbeitet, und die Krankheiten werden nach den Index-Nummern des Kataloges an die WHO gemeldet. Die Diode mit dem weißen Rauschen vergleicht das Feld des Patienten mit sämtlichen 11070 Feldern des ICD 10 und findet die richtigen Krankheiten daraus.

Die Radionik ist sich dabei jedoch der Tatsache bewusst, dass schon die geistige Auseinandersetzung mit einer Krankheit deren Symptome hervorrufen kann, und bezieht auch dies mit ein. Das Phänomen kennt man von den Universitäten. Kaum wird eine bestimmte Krankheit in der Vorlesung besprochen, zeigt eine gewisse Anzahl von Studenten in den nächsten Tagen Symptome dieser Krankheit, obwohl sie nicht davon betroffen sind. Noch viel schlimmer ist es, wenn ein Betroffener eine Diagnose mitgeteilt bekommt. Das Krankheitsbild verschlechtert sich in vielen Fällen sofort dramatisch. Würde man daher mit dem Computer nur die Krankheit diagnostizieren, würde man diese, radionisch gesehen, im Patienten zunächst ebenfalls verstärken.

Das Radionik-Team hat daher jede Krankheit im ICD 10 mit dem Zusatz »Nosode 200« versehen und so aus der Krankheit das Heilmittel zu dieser Krankheit gemacht. Der Computer diagnostiziert somit keine Krankheit mehr, sondern nur die Nosode, die im Klienten Gesundheit optimal verstärkt. Das ist ein gewaltiger Unterschied. Beispielsweise kann ein Patient an Symptomen leiden, die denen einer Arsenvergiftung ähneln, ohne dass der Patient wirklich Arsen genommen hätte. Er bekommt dann aber trotzdem die Arsennosode verabreicht.

Wenn also der Computer eine ICD-10-Nosode für eine bestimmte Krankheit auswählt, bedeutet dies lediglich, dass diese Schwingung dem Klienten gerade gut tut, weil er »mindestens eine ähnliche Schwingung« im Körper hat. Dies enthält weder eine Aussage darüber, ob er diese Krankheit physisch gerade hat, in 10 Jahren bekommen könnte oder ob sich nur die Symptome ähneln. Im Patienten wird damit niemals eine Krankheit suggestiv verstärkt.

Kinesiologie und instrumentelle Kinesiologie

Die Bereitschaft eines Muskels, eine gewünschte Kraft zu entfalten, nennt man Muskeltonus. Ob ein Reiz beim Menschen stärkenden oder schwächenden Einfluss hat, zeigt sich an einem steigenden bzw. sinkenden Muskeltonus. Diesen Umstand macht sich die Kinesiologie zunutze, indem sie die Muskelkraft, die auf einen Reiz hin entfaltet werden kann, als biologisches Anzeigeinstrument dafür nutzt, ob das getestete Individuum durch den Reiz gestärkt oder geschwächt wird.

In der Praxis streckt beispielsweise der stehende Klient einen Arm waagrecht aus und der Therapeut drückt den Arm kurz weg. Der Patient versucht gegen den Druck zu halten. Wenn nun etwas getestet wird, das entweder gut für den Klienten ist oder ihm nicht schadet, kann er den Arm gegen den Druck trotzdem gut waagrecht halten. Wird aber etwas getestet, was unbekömmlich für den Klienten ist, dann lässt der

Muskeltonus rapide nach und der Behandler kann den Arm mit wenig Kraft wegdrücken.

So zumindest sollte es optimalerweise sein. Die Sache hat nur einen Haken. Die Natur lässt sich nicht von jedem in die Karten sehen. Das heißt konkret, dass der Tester die Fähigkeit haben muss, sich innerlich leer zu machen und ganz aus dem Verstand rauszugehen. Allein, das ist etwas, was an der Uni nicht gelehrt wird und im Zweifelsfall überhaupt nicht nachvollzogen werden kann.

Es ist aber die Grundvoraussetzung, dass der Test funktionieren kann. Wenn der Tester nämlich im Verstand bleibt, dann wird das Testergebnis von seiner Erwartungshaltung beeinflusst und man kann es auf gut Deutsch vergessen. Ist der Tester in seiner Arbeit am Selbst weit genug, dass er authentisch sein und sich zudem ganz leer machen kann, dann zeigt das Testergebnis ausschließlich das an, was Körper und Unbewusstes des Klienten zu sagen haben.

In dem Fall – und nur in dem Fall – kann die kinesiologische Testmethode gute Ergebnisse liefern.

Nun ist das bereits vielen Heilern und Therapeuten aufgefallen, welch große Qualitätsunterschiede es in kinesiologischen Testergebnissen gibt. Ein weiteres Problem ist auch, dass man als kinesiologischer Tester nicht stundenlang testen kann. Das ist viel zu anstrengend und erfordert eine zu hohe Konzentration.

Das brachte das Erfinderteam von Quantec auf die Idee, die instrumentelle Kinesiologie zu entwickeln.

Dabei gibt es zwei Drucktasten, eine für die linke und eine für die rechte Gehirnhälfte und ansonsten gibt es den Bildschirm, auf dem Bild- oder Textinformationen erscheinen können. Wenn ein Therapeut den Klienten kurz eingewiesen hat, kann er ihn mit dem

Gerät alleine lassen und das Gerät innerhalb kürzester Zeit Unmengen von Informationen abfragen lassen.

Der Computer wirft Graphiken aus, die unter anderem aufzeigen, bei welchen Themen der Klient stark unterschiedlich mit der rechten oder linken Gehirnhälfte reagiert hat.

Angenommen, man fragt jemanden, ob er seinen Beruf liebt, und er sagt »Ja!«. Bei diesem »Ja« bleibt aber nur die verstandesbetonte Gehirnhälfte stark und die emotionale sackt total ab. Dann kann das beispielsweise ein Fall sein, in dem der Patient zwar viel Geld im Job verdient oder dem Wunsch der Eltern nach hohem Ansehen in seinem Beruf gefolgt ist, aber seine Seele verkümmert in diesem Beruf, weil er keineswegs der Berufung entspricht.

Man kann auf diese Weise differenziertere Fragen stellen, als nur die Ja-/Nein-Frage. Wobei ein Computer immer ein Computer bleibt. Einen guten menschlichen Tester wird er, vermute ich, nicht überbieten können, weil dieser doch noch ein Stück lebendiger am Geschehen teilnimmt und Tendenzen zusätzlich erspüren kann, während der Computer nur seine Fragen runterrasselt.

Zumindest hatte ich diesen Eindruck bei den Diagnosen des Quantec-Gerätes – so gut sie waren. Ich bin nämlich, kurz bevor ich zum Testen kam, an einer Fußgängerampel fast von einem Auto überfahren worden und der Schreck steckte mir noch in den Gliedern. Das Quantec-Gerät diagnostizierte auch in der Tat den akuten Schock, konnte ihn jedoch nur seinen abgespeicherten Möglichkeiten zuordnen und lag daher leicht daneben. Dass er, der Computer, aber überhaupt einen akuten Schreckzustand erkannte, fand ich sehr beeindruckend.

Ich vermute daher, dass man auch mit der instrumentellen Kinesiologie zumindest sinnvolle Vorab- oder Ergänzungstests machen kann, und das ohne Mengenbegrenzung beim Fragen.

EAV und Prognos

Noch vielen bekannt ist die Elektroakupunktur nach Voll (EAV). An Fingern und Fußzehen werden Anfangs- oder Endpunkte von Meridianen gemessen. Man kann einzelne Mittel und Stoffe auf Verträglichkeit testen, indem man sie dem Klienten in die Hand gibt und sofort die Veränderung der energetischen Situation in den Meridianen testet. Je nachdem, welcher Meridian reagiert hat, kann man auch ersehen, wo Störfelder oder Schwächen im Körper liegen.

Die EAV ist jedoch aus Sicht einiger Therapeuten seit Jahren veraltet. Man muss dabei nämlich mit einer Kraft von zirka 1,5 Kilogramm auf den jeweiligen Meridianpunkt am Finger drücken. Erstens ist das richtig schmerzhaft und zweitens lädiert man damit den Punkt, sodass er für weitere Messungen immer weniger zur Verfügung steht, da er ungenauer reagiert. Außerdem verändern sich die Messergebnisse, je nachdem, mit welcher Kraft und aus welchem Winkel heraus der Therapeut den Messstift aufsetzt. Kein Wunder, wenn da immer wieder Zweifel an den Ergebnissen aufkommen.

Aus Russland kommend, gibt es seit Jahren jedoch ähnliche und weiterentwickelte Diagnosegeräte. Das wohl erfolgreichste ist das Prognos-Gerät. Es misst ebenfalls Anfangs- oder Endpunkte von Meridianen an Fingern und Zehen. Der Messstift ist jedoch so gebaut, dass das Aufdruckgewicht beim Messen, unabhängig vom Tester, ganz automatisch immer gleichbleibend 250 Gramm beträgt.

Das Holistic DiagCenter in Irschenberg in Bayern hat zu Testzwecken einzelne Punkte bis zu hundert Mal gemessen und eine maximale Abweichung von drei Prozent in den Ergebnissen erhalten. Damit kann die EAV nach den Erfahrungen des Holistic DiagCenter bei weitem nicht mithalten.

Da solch ein Gerät die Energiesituation im ganzen Körper herausfindet und somit mehr oder minder alle wichtigen Schwachstellen aufdeckt, macht eine ausführliche Diagnose mit Prognos manchen Menschen Angst. Sie werden dann erst recht krank, wenn sie das Ergebnis sehen. Wer so geartet ist, lässt es vielleicht besser bleiben. Wenn man es jedoch als Hilfsmittel zur Prophylaxe sieht, ist es genial. Man kann, so wie die Medizin ganz früher vielleicht einmal gedacht war, herausfinden, wo es überall hapert, und dann weiß man, welche Bereiche man besonders pflegen sollte, wenn man sich ein langes und gesundes Leben wünscht.

Ich fand bei mir beispielsweise interessant, dass auch das Prognos-Gerät bestätigte, dass mein toter Schneidezahn den Körper kein bisschen stört, es befand jedoch, dass ein schon lange gezogener Weisheitszahn ein Störherd sei. Das komme relativ häufig vor, wurde ich informiert, dass Wurzelreste beim Ziehen des Zahnes übrig bleiben und sich zum Störherd entwickeln.

Nun reißt man natürlich trotzdem nicht gleich den Kiefer auf, sondern überprüft die Diagnose. Mit einem genauen Röntgenbild wäre es möglich oder mit einer anderen alternativen Diagnoseart, wenn einem das Ergebnis grundsätzlich unglaubwürdig vorkommt.

Das Prognos-Gerät, wie auch das Quantec-Gerät verwechseln nämlich mitunter Dinge, die eine ähnliche Schwingung haben. So diagnostizierte mir Prognos beispielsweise, dass ich Zahnfüllungen hätte, die Palladium enthalten und dass ich diese nicht vertrage. Real habe ich aber noch nie Palladium im Mund gehabt und habe es auch nicht. Was meine Goldlegierung allerdings enthält ist Platin. Platin hat eine ähnliche Schwingung und ist auch ähnlich schwer verträglich (das trifft auch für Iridium zu). Wir sehen daher, dass wir trotz aller Genialität der Methode doch noch selbst mitdenken müssen.

Und dazu möchte ich auch nach wie vor immer aufrufen, dass man nichts unüberprüft für die einzig gültige Wahrheit hält. Auch alternative Diagnoseverfahren sind keineswegs unfehlbar. Sie haben der Schulmedizin allerdings voraus, dass sie ganzheitliche Zusammenhänge im Körper erkennen, die die moderne Schulmedizin gar nicht interessieren.

Alternative Therapien streben daher auch die Heilung der Ursache an, während die Schulmedizin nur die Symptome entfernt und sich um die Ursache nicht kümmert. Wenn die Ursache aber nicht entfernt wird, so wird der Mensch immer kränker und die nächsten Symptome, an vielleicht ganz anderer Stelle, immer schlimmer.

Unfehlbar ist die Ganzheitsmedizin aber genauso wenig wie die Schulmedizin. Daher ist auch hier Eigenverantwortung und Überprüfung gefragt. Wer länger auf dem Weg der Ganzheitsmedizin ist, wird schnell über seine Grundkonstitution Bescheid wissen, denn die wirklich wichtigen Dinge tauchen immer wieder auf und unterscheiden sich im Ergebnis auch kaum.

Egal ob vedische Medizin mit Pulsdiagnose, Quantec, Prognos, Prana-Heilung, RAC: Meine Hauptschwachstellen im Körper haben alle gleichermaßen herausgefunden, lediglich in den Details drumherum sind die Interpretationen und Auslegungen teils unterschiedlich.

Wie dringend möchte ich über natürliche Gesundheit nachdenken? Ein paar Infos als Gedankenanstoß

Schätzungsweise 70 Prozent der homöopathischen Komplexmittel in Deutschland sind seit Juli 2001 entweder verboten oder »kastriert« worden. Wie kann der Einzelne sich helfen?

Von 1992 bis 1998 gab es im Raum Essen, Köln, Bochum einen Großversuch zur Naturheilmedizin. Beteiligt waren ein Institut der Uni Essen und Betriebskrankenkassen sowie das Zentrum zur Dokumentation für Naturheilverfahren e.V. (ZDN).

Von der Schulmedizin austherapierte Patienten (sprich: für hoffnungslos befundene) mit unter anderem Asthma, Neurodermitis, Allergien, chronischen Schmerzen und Rheuma wurden naturmedizinisch behandelt. Nach 3 Monaten waren 40 Prozent der Symptome ausgeheilt und nach 1,5 Jahren waren es 70 Prozent!

Wer sich nun freut und meint, die Mittel wolle er auch ausprobieren, hat in vielen Fällen leider Pech gehabt. Denn seit Juli 2000 (mit 1-jähriger Schonfrist bis Juli 2001) sind zirka 70 Prozent aller Naturheilmittel (das sind mehrere tausend) gesetzlich verboten!

Und so leider auch viele der Mittel, die im erwähnten Großversuch verwendet worden sind.

Erfolgreicher als die Schulmedizin und völlig nebenwirkungsfrei, aber verboten! Offiziell nennt sich das Verbot »Anpassung an die EU-Norm«. Das müsse sein. Es musste offenbar auch sein, diese »Anpassung« fern der Öffentlichkeit vorzunehmen, denn kaum einer hat je davon erfahren. Da laut Umfragen über 80 Prozent der deutschen Bevölkerung Naturheilmittel befürworten und schon 60 Prozent der Ärzte sie einsetzen, hätte das auch einen ziemlichen Aufruhr geben können. Also, lieber geheim halten, so scheint es.

Damit auch ja nichts an neuen Naturheilmitteln nachkommt, sind 1999 die Kosten für die Zulassung von Heilmitteln drastisch erhöht worden. Früher kostete ein Zulassungsantrag 1600 Euro und jetzt kostet er, je nachdem, um was es sich genau handelt, zwischen 7500 und 11 000 Euro. Da hat man die frohe Gewissheit, dass sowieso so gut wie kein Naturheilmittel das je erwirtschaftet, also besteht auch keine Gefahr, dass allzu viele neue zugelassen werden.

Manch einer fragt sich, mit welcher Begründung man Mittel verbietet, die ab einer Verdünnung (Hochpotenz) von D23 nach geltenden physikalischen Maßstäben kein Molekül der Ausgangssubstanz mehr besitzen, und bei denen es sich im chemischen Sinne um reinen Alkohol handelt? Die Wirkung schiebt man rein auf den Placeboeffekt, weil ja aus schulmedizinischer Sicht nichts drin ist, was wirken könnte.

Das Nichts, das nicht drin ist, wird aber nun für gefährlich erklärt und verboten. Der Trick besteht darin, dass nun auch der Ausgangsstoff (derjenige, der rein physikalisch gesehen hinterher mit keinem Molekül mehr drin ist) des Mittels absolut keimfrei sein muss. Ein Anspruch, der beispielsweise an Trinkwasser leider nicht gestellt wird. In Letzterem dürfen radioaktive Stoffe, Kolibakterien, landwirtschaftliche Gifte aller Art, Nitrate und Nitrite drin sein, solange gewisse Grenzwerte eingehalten werden.

Bei den Ausgangsstoffen eines hinterher entstehenden Nichts, das nur als Placebo gilt, ist der Grenzwert null. Es kann sich jeder selbst seinen Reim darauf machen.

Es ist das übliche Spiel, wenn es um Geld geht. Die

Vermutung liegt nur allzu nahe, dass wieder die Industrie Politik macht und in diesem Falle die Pharmaindustrie hofft, dass durch das Fehlen der Naturheilmittel wieder mehr von ihren teureren Präparaten gekauft werden.

Aber mal ehrlich: Für wen, der schon lange und wirklich erfolgreich Erfahrungen mit Naturheilmitteln gesammelt hat, ist DAS im Normalfall eine Alternative? Zurückzukehren zu jenen Mitteln, die im Jahr mit ihren Nebenwirkungen 200 000 Schwersterkrankungen verursachen und 16 000 Tote. Verkehrstote gab es 1999 »nur« etwa 7700.

Für immer mehr Menschen stellt das heutzutage keine Alternative mehr dar. Und es hat sich auch schon lange herumgesprochen, dass homöopathische Mittel keineswegs so wirkungslos sind, wie es manch einer behauptet. Der Chefarzt Dr. Schlüren setzte sie beispielsweise in seiner Geburtshilfeabteilung bei der Hälfte der Klientinnen ein (von Patienten kann man in der Geburtshilfe ja eher nicht sprechen, da schwanger zu sein keine Krankheit ist). Das Ergebnis war, dass bei der Gruppe der homöopathisch behandelten Frauen weit weniger Kaiserschnitte notwendig wurden, die Wundheilung besser verlief und weniger Sepsis-Fälle auftraten. Die Kosteneinsparung gegenüber der Vergleichsgruppe war enorm.

(Nähere Infos zu diesem Versuch und weitere Belege für die Wirksamkeit von homöopathischen Mitteln bei dem schon erwähnten Zentrum zur Dokumentation für Naturheilverfahren e.V. (Adresse im Anhang) oder bei Dr. Karl Buchleitner von der Hufelandgesellschaft in Karlsruhe.)

Falls im letzten Absatz jemand über das Wort Sepsis gestolpert sein sollte und sich wundert, was das denn sein soll: Es gibt in Krankenhäusern resistente Bakterien und Keime aller Art, die sich auch mit einer Flut von Desinfektionsmitteln (die selbst auch nicht besonders gesundheitsfördernd sind, siehe Parasitenkapitel) nicht mehr eindämmen lassen. Laut der Deutschen Gesellschaft für Krankenhaushygiene infizieren sich jährlich zwischen 600 000 und 800 000 Patienten mit resistenten Krankenhauskeimen und ein Teil dieser Patienten stirbt auch daran. Statistisch gesehen, sterben mehr Menschen an Keimen, die sie sich in Krankenhäusern geholt haben, als bei Verkehrsunfällen. Es ist insofern nicht ganz ungefährlich für einen kranken und sowieso geschwächten Menschen, sich ins Krankenhaus zu begeben. In Fällen, in denen eine Betreuung von zu Hause aus möglich ist, ist das sicher der gesündere Weg.

Sepsis ist auch einer der Gründe, warum Geburtshäuser derzeit eine Renaissance erfahren: Im Geburtshaus gibt es keine Krankenhauskeime und die Neugeborenen bekommen nicht gleich Durchfall (das ist ein verbreitetes Sepsis-Symptom bei Neugeborenen).

Aufgrund all dieser Schwierigkeiten in unserem gegenwärtigen Gesundheitssystem befindet sich neben der Homöopathie immer mehr eine reine Schwingungsmedizin im Vormarsch, die ausschließlich energetisch heilt und bei der es Diskussionen um Ausgangsstoffe oder überhaupt feste Stoffe gar nicht mehr gibt. Diese Heilmethoden haben den Vorteil, dass man früher oder später erkennt, dass man es selber kann und dass man gar niemanden anders mehr dazu braucht. Es mag noch ein weiter Weg sein, bis wir alle so weit sind, aber ich glaube, viele machen sich bereits auf.

Und dann verdient gar niemand mehr etwas an der Herstellung von irgendwelchen Mitteln, denn dann gehen zumindest alle diese Menschen in Richtung kompletter Selbstverantwortung und auf die Suche nach Heilung im Inneren und aus sich selbst heraus.

DAS sollte in der Tat das Ziel jeder sich weiter entwickelnden Gesellschaft sein. Nun haben wir, durch diese Gesetze, mal wieder ein bisschen Druck bekommen, uns mehr damit zu beeilen.

Auf der Homepage www.partei-aufbruch.de findet man mehr Infos zum Naturheilmittelverbot.

Als würde das nicht genügen, ist nun auch noch ein »Nahrungsergänzungsmittelverbot« geplant. In wenigen Jahren sollen Nahrungsergänzungsmittel verschreibungspflichtig werden und nur noch in der Apotheke zu bekommen sein, wo sie ein Mehrfaches von dem kosten sollen, was sie jetzt kosten.

Die Menschen werden daran gehindert, sich vorbeugend um ihre Gesundheit zu kümmern, stattdessen werden sie durch das bestehende System durch Gedankenlosigkeit und Profitgier immer kränker gemacht.

Solche Ideen, wie die Verhinderung von Vorsorge und natürlicher Heilung ohne Nebenwirkungen, entstammen natürlich nie der Masse der Ärzte, des Krankenhauspersonals oder irgendeinem Durchschnittsangestellten im Gesundheitswesen. Das sind rein die Gedanken einiger weniger, die leider zu viel Macht haben und die offenbar noch nicht entdeckt haben, wie viel mehr Freude es macht, zum Wohlsein anderer beizutragen, anstatt sie nur wie Zitronen auszuquetschen, ohne Rücksicht auf Verluste.

Aus geistiger Sicht sind wir alle Eins. Alle Menschen, alle Dinge und die ganze Natur des Universums sind letztlich Eins und verbunden. Somit kann sich jeder von uns fragen, wo in uns der ignorante und lebensfeindliche Teil sitzt, und wir können ihn in uns auflösen und den Menschen, denen das Verständnis dafür noch fehlt, die Energie von Licht und Freude für ein wachsendes Bewusstsein senden. Wenn alle Menschen des Planeten sich verbunden fühlen würden mit allen anderen, dann hätten wir im Nu solche Probleme nicht mehr. Wir könnten weltweit die Gesundheit um ein riesiges Stück anheben, bei dem Wissen, das eigentlich schon vorhanden ist.

Aber kurz noch einmal zurück zu den Nahrungsergänzungsmitteln. Denn auch bei ihnen gibt es einen Trick, sollten sie wirklich bald nicht mehr frei erhältlich sein: Das Beispiel mit dem Bier, Wasser und Tofu essenden Mönch belegt, dass der Nährwert, den wir aus einer Mahlzeit bekommen, sehr viel auch mit unserer eigenen inneren Haltung zu tun hat. Es ist daher ganz einfach: Je dankbarer wir dem Essen gegenüber sein können, je mehr wir jeden Bissen genießen, desto mehr kann unser Körper aus der Nahrung herausziehen und desto mehr Energie nehmen wir auf, zusätzlich zu dem, was wir rein physisch gesehen essen. Und DAS ist wieder komplett kostenlos und kann immer angewandt werden.

Bevor nun einer vor Wut rauchend seine Faust nur in Richtung Gesundheitsindustrie schüttelt, wenn er dies liest, sei gesagt, dass keine Industrie der Welt machen könnte, was sie wollte, wenn der Verbraucher die Produkte einfach nicht kaufen würde. Das Verbraucherverhalten macht das oben Beschriebene ja erst möglich.

Der Arzt meiner Oma beispielsweise sagte einmal, dass er seine Praxis schließen könnte, wenn er den Leuten nur das verordnen würde, was er für sinnvoll hält. Es würde keiner mehr kommen. Die Leute wollen die Wahrheit nicht hören, sondern sie wollen ein Medikament gegen ihre Symptome haben, dieses dann einnehmen und sonst wollen sie nichts für ihre Gesundheit tun (das ist genau das Problem, das Sokrates in dem Zitat am Anfang dieses Buches ansprach).

Das deckt sich mit einer kurzen Meldung, die ich vor zirka zwei Jahren in der »Frankfurter Rundschau« gelesen habe. Danach würde eine immense Zahl von Patienten, die Erkältung haben, vom Arzt verlangen, ein Antibiotikum verschrieben zu bekommen. Selbst wenn die Erkältung, wie meistens, nachweislich durch Viren ausgelöst sei, wollen sie es haben. Antibiotika wirken aber ausschließlich gegen Bakterien und nie und nimmer gegen Viren.

Leider weiß ich die Zahl nicht mehr (wenn jemand die Meldung noch haben sollte, veröffentliche ich sie gerne im kostenlosen Update auf meiner Homepage), aber es waren unglaublich viele Antibiotika, die bei Virusinfektionen verordnet wurden, wo sie keinerlei Wirkung zeigen. Auf Aufklärung über diese Tatsache würden die Patienten eher wütend und ungläubig reagieren, sagte mir ein Arzt im Bekanntenkreis, der diese Meldung bestätigte.

Meine Mutter war neulich bei einem Bauern, sah Äpfel auf dem Hof liegen und fragte, ob diese gespritzt wären oder nicht. Als die Bäuerin verneinte und meine Mutter: »Ach, wie schön, dann nehme ich welche« ausrief, antwortete die Bäuerin ihr: »Das sagen Sie. Eben war eine Mutter mit einem kleinen Kind an der Hand da und wollte dasselbe wissen. Als sie hörte, die Äpfel sind ungespritzt, meinte sie, dann könnte sie diese ihrem Kind nicht geben, denn es könnten ja Würmer drin sein …«

Da haben wir es bereits wieder: Pestizide, Immunsystemkiller und sonstige Gifte sind O.K., sogar für kleine Kinder, aber doch bloß kein Wurm, den man herausschneiden müsste.

OHNE DIESE VERBRAUCHERHALTUNG gäbe es weltweit keine gespritzten Äpfel mehr. Solange sie gekauft werden, wird es sie geben.

Franz Alt sagte bei der Chancen-Konferenz 1999 in Stuttgart, dass man nicht Bundeskanzler sein muss, um die Welt zu verändern. Es ist im Gegenteil so, dass WIR DIE WELT bewegen müssen, ansonsten bewegt sich gar nichts.

Schlussbetrachtungen

»Gesundheit ist der natürliche Zustand des Menschen« wurde in einem Kapitel von einem Arzt postuliert. Der Arzt Dr. Norman Walker, der gesund und fit 116 Jahre alt wurde, teilte diese Meinung. Dennoch sind laut Umfragen nur 0,7 Prozent der Weltbevölkerung einigermaßen gesund und der Rest eindeutig krank.

Albert von Haller (Verlagsleiter, Publizist und Schriftsteller) hat auf vielen Reisen um die Welt in dieser Richtung geforscht und gezeigt, dass es noch Gesundheit als Dauerzustand ganzer Völker gibt, solange die Menschen sich an die Gesetze der Natur halten!

Auch er kam zu dem Ergebnis, dass die Nahrung und eine funktionierende Gemeinschaft ganz entscheidende Rollen spielen. Am frappantesten sind sogenannte primitiv lebende Völker, die so lange in beständiger Freundlichkeit und Harmonie zusammenleben, bis sie auf unsere stark stärke- und fetthaltige Zivilisationskost umstellen. Dann werden sie in kürzester Zeit aggressiv und verstimmt. Sie bestätigen die Betrachtungen über den Darm im Kapitel: Die Gesundheit sitzt im Darm.

Man hat ein entsprechendes Experiment sogar mit Ratten gemacht: Man gebe ihnen unsere Zivilisationskost und die Tiere werden bissig und zänkisch. Man gebe ihnen stattdessen vollwertige Kost mit vielen Vitaminen und Mineralien anstelle der Mengen an Kohlenhydraten – und siehe da, die Tiere verhalten sich friedlich.

Der Schwingungsforscher David Alan Slater sieht als eine Ursache von vielen Schwersterkrankungen eine Gemütslage an, die zu häufiger Verstimmung und Verärgerung neigt. Und diese wiederum wird offenbar ganz stark vom Zustand des Darms mit beeinflusst.

Wenn der Mensch sich somit entgegen den Gesetzen seiner eigenen Natur verhält, betreibt er schleichenden Selbstmord und schränkt zudem sein von Natur aus positives Lebensgefühl sehr stark ein.

Bei dem Satz, man solle im Einklang mit der Natur leben, wird es allerdings den meisten schon angst und bange und sie sehen im Geiste ihren bequemen Lebensstandard dahinschwinden – denn was sonst kann naturgemäßes Leben schon bedeuten?

Ich glaube, so schlimm ist es gar nicht. Ein Beispiel: Holz, das zum richtigen Zeitpunkt geschlagen wird, lässt sich sowohl als Kamin als auch als Badewanne verwenden. Ein Einbaum (Boot aus einem Baum) hält 4000 Jahre, wenn man weiß, wie man richtig mit dem Holz umgeht und wie man es schlägt. Wenn man es nicht weiß, hält der Einbaum höchstens 4 Jahre.

Leben im Einklang mit der Natur bedeutet nicht, den Lebensstandard bedeutend zu senken, sondern das Bewusstsein bedeutend anzuheben und den Einklang mit der Natur vor Macht und Profitgier zu stellen. Was nicht heißt, dass man nicht mächtig und reich sein darf. Man darf – aber man sollte in der neuen Zeit Reichtum und Macht auf eine Weise erreichen, dass alle einem beides gerne gönnen. Ich bin der Meinung, dass das geht, und schon lange, bevor ich überhaupt auf die

Welt kam, schrieb Wallace Wattles darüber, in seinem Buch »Das Gesetz des Reichwerdens«. Wenn alle im Einklang mit allen anderen leben würden, das heißt, wenn wir uns wieder als alle miteinander verbunden und als Einheit sehen würden, wäre Fülle für alle im Frieden mit der Natur möglich, das haben wir nur noch nicht begriffen.

So wie es im Kleinen bei 99,3 Prozent von uns schlecht im Körper aussieht, so sieht es im Großen auch schlecht in der Natur des ganzen Planeten aus. Aber genauso wenig wie wir unheilbar sind, ist es der Planet.

Zwar sind sehr viele Pflanzen- und Tierarten inzwischen ausgestorben, aber viele davon würden durch den Einsatz alternativer Methoden wieder »auferstehen«. Alte Pflanzenarten lassen sich durch den gezielten Einsatz elektrostatischer Felder wiederbeleben.

So entwickelt sich beispielsweise nach drei Tagen im elektrostatischen Feld aus dem Wurmfarn mit 36 Chromosomen der Hirschzungenfarn mit 41 Chromosomen!

Ein weiterer Knüller ist die Wiedererweckung von 200 Millionen Jahre alten Pilzsporen zu neuem Leben. Aus 140 Meter Tiefe wurden Proben aus 200 Millionen Jahre alten Schichten in einer Rheinsaline entnommen. Zuvor scheiterten alle Versuche, diese wiederzubeleben. In dem elektrostatischen Feld jedoch gelang der Versuch.

Die Degeneration auf allen Ebenen ist also möglicherweise doch heilbar. Wir müssen es bloß noch erkennen und umsetzen. Und hier sind wir auch schon bei einer der wichtigsten Fragen, wenn es um persönliche Gesundheit geht: Nämlich, wie viel persönlichen Einsatz bin ich bereit zu bringen? Wie viel Zeit investiere ich in mich selbst, wie viel Arbeit am Innen und am Außen meines Seins, an Seele, Geist und Körper? Und auch: Wie viel darf es kosten? Es gibt viele Menschen, die gar nicht das Geld haben, um viele der hier vorgestellten Naturheilmethoden ausgiebig anzuwenden, da das meiste von den Krankenkassen nicht bezahlt wird. Diejenigen sind umso mehr herausgefordert, ihr eigener Heiler von innen heraus zu sein.

Aber es gibt da auch so eine Art Mittelschicht, die meint: Die Heilung des eigenen Körpers und der Seele darf nichts kosten, aber alle zehn Jahre ein Neuwagen für 15 000 Euro, das ist schon drin! Mehr Geld fürs Auto als für mich selbst ausgeben? Ein Auto kann man ersetzen, wenn man es gegen den Baum gefahren hat, aber den eigenen Körper?

Wenn man ein Benzinauto versehentlich mit Diesel betankt hat und dann gefahren ist, ist der Motor kaputt und man kauft einen neuen. Wenn man seinen Organismus mit dem falschen Treibstoff fährt, gibt es aber nirgendwo einen neuen Motor und trotzdem will man den Treibstoff nicht ändern und kein Geld für nötige Reparaturen ausgeben?

Auch O.K., jeder, wie er mag. So alt wie Dr. Norman Walker, nämlich 116 Jahre bei bester Gesundheit, werden diejenigen allerdings wohl kaum werden.

Der richtige Treibstoff für das Vehikel menschlicher Körper besteht aus einer gesunden Mischung für Körper, Geist und Seele. Das heißt, die Ernährung, ausreichend Bewegung, geistige Nahrung und Herausforderungen, die zu Erfolgserlebnissen führen (auch der Geist braucht Herausforderungen, nicht nur der Körper durch Bewegung und Sport), die Energie und die Liebe im Leben müssen ausreichend vorhanden und stimmig sein.

Wenn Körper, Geist und Seele nichts Gescheites geboten bekommen, dann verkümmern sie, so wie ein Auto rostet, das nicht bewegt wird.

Gesundheit ist eine persönliche Entscheidung und die Gesunderhaltung von Körper, Geist und Seele ein ständiger Prozess, der so bald nicht aufhört.

Und zwar insbesondere deshalb nicht, weil wir uns seit bereits mehreren Generationen immer extremer von Gesundheit auf allen Ebenen entfernen. Es ist daher nicht mehr alles und nicht bei jedem reversibel. Deutlich verbesserbar ist fast alles. Ich baue darauf, dass nicht nur der Müll, sondern auch die Wunder auf diesem Planeten zunehmen.

Auf lange Sicht und auf die gesamte Menschheit gesehen, ist der Prozess der zunehmenden Vergiftung außerdem sicherlich noch immer reversibel, wenn man die innere Weisheit mit einbezieht und sich von ihr zu ungewöhnlichen neuen Lösungen inspirieren lässt.

Der Weg kann mitunter für Einzelne lang werden, aber er kann ein Weg der Erfüllung sein. Denn daran, Geist und Seele zu heilen, kann jeder arbeiten und es kann ein Quell der Freude sein, auch wenn der Körper manchmal nachhängt.

Also, auf geht's – lasst uns reisen ins Land der Gesundheit für jeden, denn der natürliche Zustand des Menschen und des Planeten ist Gesundheit! Zu dieser Erkenntnis bin zumindest ich inzwischen gekommen, auch wenn ich noch mitten auf dem Weg bin. Wäre ich schon am Ziel, dann hätte ich aber auch dieses Buch nie schreiben können, weil es keinen Sinn gemacht hätte, irgendeine Heilmethode auszuprobieren.

Ebenfalls eine gute, erfolgreiche und glückliche Reise wünscht daher allen Mitreisenden

Bärbel Mohr

Minimalprogramm zur Gesunderhaltung

- An oberster und wichtigster Stelle: Liebe dich selbst und das Leben! (Eine wirkungsvolle Übung dazu kommt im Anhang unter »Was tun bei Krebs«, siehe dort den Tipp von Gary Young, das mit dem Nackt-vor-dem-Spiegel-stehen!!!) Um in Freude das ganze Leben lieben zu lernen, empfehle ich das Buch »Leide nicht – liebe« von Werner Ablass.
- 1 Minute lächeln (Mundwinkel so weit wie möglich hochziehen). Zur Erinnerung: Das Immunsystem reagiert auf vorgetäuschtes Lächeln genauso wie auf echtes.
- Zweimal täglich »Minientspannungsübungen« machen. Das kann Hsin Tao sein oder Chineng Qigong oder was immer einem persönlich gefällt. Lediglich nichts zu tun bewirkt auch nichts.
- 30 Sekunden Atemübung sind ebenfalls bei täglicher Anwendung mehr als »nix« und zeigen auf Dauer auch Wirkungen.
- 30 ml Wasser pro kg Körpergewicht (also bei 60 kg 1,8 Liter Wasser) täglich trinken
- Täglich wenigstens kurz an die frische Luft gehen und leichte Bewegung
- Abhärtung: Täglich einmal kalt abduschen
- Für Freude mit Freunden sorgen: Nähe und positives Berührtsein im Alltag suchen und pflegen
- Möglichst unbehandelte Nahrungsmittel zu sich nehmen
- Eventuell basische Nahrungsergänzungsmittel nehmen oder testen, welche Ernährung einem wirklich gut bekommt
- Umweltgifte im eigenen Leben möglichst reduzieren

- Stück für Stück überdenken, was man konsumiert, und dem eigenen Körper und der Natur mit der Achtung und Aufmerksamkeit begegnen, die sie benötigen, um gesund sein zu können

Anhang

Kurzinformationen zu weiteren alternativen Heilmethoden

Was tun bei Krebs?

Da sich diese Krankheit immer weiter ausbreitet, möchte ich hier gerne die Tipps dazu nochmals kurz in Erinnerung bringen, zusammenfassen und um einige weitere Informationen ergänzen:

Ärger und Verstimmung und mangelnde Qualität oder Quantität in der zwischenmenschlichen Zuwendung sollen die geistig/psychischen Voraussetzungen, quasi der Nährboden für diese Krankheit sein.

Als Erstes sollte man sich also um seine Seele kümmern und beispielsweise die Ratschläge von Dean Ornish befolgen. Das war der Herzspezialist mit den überwältigenden Erfolgen allein durch Selbsthilfegruppen und einen geänderten Lebensstil im Sinne von mehr Lebensqualität. Zur spirituellen und körperlichen Heilung dient auch die Simonton-Methode, wie sie unter anderem in dem Buch: »Auf dem Wege der Besserung« von Carl Simonton beschrieben wird.

Gary Young (aus dem Kapitel über ätherische/etherische Öle) hat unter anderem eine Klinik in den USA. Auch er hat öfter Krebspatienten. Er stellt diese nackt vor einen Spiegel und lässt sie dort verharren, bis sie zu sich selbst sagen können, dass sie sich so lieben, wie sie sind! Er sagt, auch wenn es Tage dauert, wenn der Patient irgendwie dieses Gefühl in sich lebendig werden lassen kann, dann hat der Krebs ausgedient. Die

Schwingung von Selbstliebe verträgt sich nicht mit der des Krebses und so zieht der Krebs sich zurück.

Da bei Ärger und Verstimmung eine der vielen Ursachen im Darm liegt (oder der Ärger stört den Darm, oft lässt sich schwer sagen, was zuerst da war), steht speziell bei Schwersterkrankungen auch eine Darmsanierung an. Diese muss allerdings unter ärztlicher Überwachung stattfinden, damit man nicht den Krebs überlebt, aber an den Folgen zu plötzlicher Entgiftung verstirbt.

Wenn man schon dabei ist, kann man schnellstens den großen Darmegel entfernen lassen, den Dr. Clark bisher noch bei jedem Krebspatienten gefunden hat (Parasitenkapitel). Zucker und Klebereiweiße wie Gluten in Weizen sollten im schwerkranken Zustand sicher auch unbedingt weggelassen werden.

Der Ernährung sollten also, egal welcher Theorie man nun als Erstes anhängen möchte, auf jeden Fall viele Vitamine und Mineralien zugefügt werden. Unter www.natuerlich-gegen-krebs.org oder www.stopping-cancer-naturally.org findet man detaillierte Hinweise dazu. Ein kostenloses Infoblatt kann auf Deutsch bestellt werden unter Tel. 08 00-33 37 72 84.

Das Blatt heißt »Durchbruch der Zellforschung im Kampf gegen den Krebs«.

www.biokrebs.de ist die Homepage einer Vereinigung in Heidelberg, die Infos über biologische Krebsabwehr sammelt und verbreitet. Telefon: 0 62 21-13 80 20.

In Zusammenarbeit mit Dr. Irmey von der biologischen Krebsabwehr entstand das Buch »Das Krebshandbuch – ein ganzheitlicher Therapieratgeber von A bis Z.« Es ist erschienen im KOHA-Verlag und stellt 40 verschiedene Therapiemethoden bei Krebs vor. Es soll dem Kranken eine möglichst umfassende

Hilfe geben, eigenverantwortliche Entscheidungen zu treffen.

Bei Internetbuchhandlungen wie www.amazon.de findet man mittlerweile eine ganze Flut von Ratgebern zu alternativen Krebstherapien. Nicht nur die Krankheit breitet sich aus, sondern auch positive Erfahrungen mit alternativen Heilweisen.

Manch ein Krebspatient hat schon geäußert, dass die letzten Monate oder Jahre seines Lebens die mit den größten Glücksgefühlen gewesen seien, da ihn die Krankheit gelehrt hat, das Leben JETZT zu lieben und nicht erst nächstes Jahr oder übernächstes, wenn dies oder das oder jenes erreicht ist.

Unterstützung beim Friedenfinden mit dem, was ist, findet man sicherlich sehr gut bei Byron Katie (Buchtipp: »Byron Katie THE WORK« von Moritz Börner).

Noch ein Wort von G. Edward Griffin (vom Video »Der Kampf um die Gesundheit«) zur Strahlentherapie: »Ein durchschnittlicher großer Tumor besteht zu 15 bis 20 Prozent aus Krebszellen, der Rest sind gesunde Zellen. Wenn man nun so einen Tumor bestrahlt, dann schadet das den Krebszellen nicht. Die gesunden Zellen in diesem Tumor jedoch werden angegriffen und fangen an zu schrumpfen. Dabei degenerieren sie, werden ebenfalls zu aggressiven Zellen und bilden Metastasen. Auf dem Röntgenbild sieht man, dass der Tumor geschrumpft ist und man hält es für einen Erfolg. In Wahrheit ist es eine Gefahr für das Leben des Patienten!«

In Mexiko gibt es eine Klinik mit dem Namen »Oase der Hoffnung«, die bereits über 60 000 Krebspatienten erfolgreich behandelt hat. Diese Klinik bestrahlt keinen einzigen ihrer Patienten, sondern stärkt sie emotional, spirituell und körperlich. Eine der angewandten physischen Therapien ist das Verabreichen des Vitamins B17 (allerdings nur in einer sehr spezifischen Kombination mit anderen Wirkstoffen). B17 kommt in unserer Ernährung so gut wie gar nicht vor, es sei denn, wir würden regelmäßig Aprikosenkerne essen. Dabei weiß bei uns kaum einer, dass die überhaupt essbar sind (und beispielsweise bei Orkos bestellbar, siehe Rohkostkapitel).

In geringeren Mengen kommt B17 allerdings auch noch in Alfalfasprossen, Linsen, Korinthen und einigen anderen Nahrungsmitteln vor. Die Volksstämme mit der robustesten Gesundheit haben übrigens alle einen hohen Anteil von B17 in ihrer Nahrung.

Wer Näheres über diese Zusammenhänge wissen möchte, kann sich in dem Buch »Krebs« von Phillip Day oder in dem Video »Der Kampf um die Gesundheit« informieren. (Infos unter bodyconservation@aol.com oder www.credence.org oder beim Kopp-Verlag, Tel. 089-17095483 (Aprikosenkerne gibt es dort auch). Selbst wenn man schon eine Menge weiß, motiviert das Video doch wieder stark zum »am Ball bleiben« und erinnert an viele Aspekte, die in diesem Buch auch beschrieben werden (Rohkost, Übersäuerung, Umweltgifte u. a.).

Und ebenfalls zur Erinnerung: In der Chineng-Qigong-Klinik in China werden 95 Prozent aller Schwerstkranken, inklusive Krebskranken, geheilt durch 8 bis 10 Stunden Chineng-Qigong-Übungen am Tag! Reisen nach China unter www.chilel-qigong.com.

Ein kurzes Wort zu Allergien

»Das gehäufte Auftreten von Allergien ist ein Phänomen unserer Konsumgesellschaft. Sie erzeugt einerseits haufenweise unzufriedene Egozentriker, die stets sagen oder denken: ›Ich mag das nicht‹. Ihr Körper sagt deshalb ebenfalls zu allem Möglichen ›Ich mag das nicht‹. Hier entspricht der körperliche Trend zu Allergien dem gesellschaftlichen Trend, alles Mögliche wie ein verwöhntes Kind abzulehnen und im Egoismus zu schwelgen.« So weit ein Statement eines ganzheitlichen Arztes.

Es geht übrigens dabei gar nicht immer darum, mehr für die anderen zu tun, als man bereits tut, sondern es geht vielmehr darum, das, was man für sie tut, gerne zu tun! Die Erfahrung zeigt, dass man nach außen wunderbar altruistisch sein kann und trotzdem Allergiker ist, weil man nichts von alledem, was man da scheinbar so großzügig für andere tut, gerne tut.

Zusätzlich entsteht bei diesen ganzen Formen der Ablehnung und Egozentrik aber auch das Muster »Ich bin unzufrieden mit mir selbst«, und manche Allergien werden sogar autoaggressiv: Der Patient wird allergisch gegen Stoffe aus der Natur, die eigentlich hilfreich und gesund für ihn wären oder sogar gegen Stoffe, die aus seinem eigenen Körper stammen. Ähnlich ist es auch bei den meisten anderen Allergien: Man lehnt Dinge ab, die eigentlich kein Problem sein sollten.

Wir hatten bereits ein ähnliches Beispiel im Darmkapitel: Zu viel Zucker verursacht in manchen Fällen Allergien gegen rohes Obst und Gemüse. Das, was einem mit Zucker vollgestopften Körper am meisten fehlt – Vitalstoffe, Vitamine –, wird abgelehnt. Dem kann das Muster der Selbstablehnung und der Ablehnung von allem, was einen heilen würde, zugrunde liegen.

Dass unsere Konsumgesellschaft offenbar wirklich zur Selbstablehnung führt, las ich neulich in dem Buch der 16-jährigen Autorin Sarah Stillman (Du bist du). Ich wollte an und für sich probelesen, ob das etwas für meine Cousine im gleichen Alter wäre, las mich dann aber fest. Sarah schreibt, dass man in den USA Umfragen gemacht hat, die zu dem Ergebnis kamen, dass 70 Prozent aller Frauen sich selbst nach dem Lesen einer Frauenzeitschrift weniger mögen als zuvor!

Interessant, oder? Man könnte fast zu der gewagten These verleitet werden: »Frauenzeitschriften lösen Allergien aus!« Das schreiben wir dann in gewisse Boulevard-Blätter, deren Lektüre vermutlich auch nicht viel glücklicher macht ...

Aber O.K., Scherz beiseite. Dr. Schultz-Wittner (aus dem Darmkapitel), den ich ebenfalls befragt habe, meinte, ihn interessiere kein bisschen, wogegen jemand allergisch sei, er teste drei Dinge aus: Gibt es psychische Belastungen, die die Allergie auslösen, gibt es Schwermetallbelastungen im Körper und ist der Darm belastet und in einem schlechten Zustand (er testet kinesiologisch). Mindestens eines davon sei es immer.

Wenn man sich jedoch um diese drei Dinge kümmert und sie heilt, dann sei bisher noch jede Allergie, inklusive Asthma verschwunden.

Weiteres Nachforschen (u.a. bei meiner Heilpraktikerin Sybille Schraml, Tel. 0 89-33 08 91 58 in München) ergab, dass leichte Hautallergien bei vielen Menschen schon verschwinden, wenn man sie für einige Monate auf Waschen mit ausschließlich Wasser ohne Seife und Duschbad (nur noch an den schweißgeruchverdächtigen Stellen in geringer Menge erlaubt) setzt. Die Haut hat sich einfach gegen zu viel scharfe Seifen gewehrt.

Manche Menschen färben sich, wie weiter oben schon beschrieben, sehr häufig die Haare oder dauerwellen sie mit scharfen Mitteln, was über die energetischen Verbindungen (Meridiane) bei Unverträglichkeit auch wieder an anderer Stelle im Körper zutage treten kann.

Dies sind nur zwei kleine Beispiele, aber es gibt viele von diesen kleinen Zusammenhängen, und die Probleme verschwinden oft, wenn man die individuellen Ursachen aufspürt.

Sybille findet bei Heuschnupfen häufig eine energetisch belastete Leber, was mit den Grundlagen der TCM (Traditionelle Chinesische Medizin) übereinstimmt. Mehrfache Leberreinigungen nach Dr. Hulda Clark (siehe Parasitenkapitel) können Abhilfe schaffen.

Auch Pilze gehen oft einher mit Allergien, was allerdings mit der Theorie des belasteten Darmes zusammenpasst.

Sybille testet durchaus auch aus, wogegen ein Klient allergisch ist, und rät ihm, manches davon parallel im Verbrauch zu reduzieren, während an der Heilung der Ursache gearbeitet wird.

Wenn nämlich jemand eine massive Weizenallergie hat und sonst nichts, dann kann man das eigentlich dem Körper so übel nicht nehmen. Das fällt sicher noch nicht unter krankhafte Autoaggression, sondern allenfalls unter »Abwehr aus gesundem Instinkt heraus« (siehe Darmkapitel).

Wobei eben, und das gilt für fast alles in diesem Buch Gesagte, manche Menschen so stark und klar in ihrer Mitte ruhen, dass sie die Zähne voller Amalgam haben können, sich schlecht ernähren können und dennoch zu den 0,7 Prozent fast komplett Gesunden gehören. Aber es ist eben ein verschwindend geringer Prozentsatz, der das so uneingeschränkt kann.

Die Botschaft liegt hier für mich darin, dass man immer am Innen und an seiner Authentizität und dem stabilen Ruhen in sich selbst mitarbeiten sollte, dann reduzieren sich die auf der Körperebene nötigen Therapien von ganz alleine.

Wenn man nämlich lediglich von einer Therapie zur nächsten rennt, erzeugt man einen solchen Stress in sich und ein Bild von »Meine Güte, was bin ich krank«, dass das allenfalls immer kränker macht.

Lieber einen gesunden Fokus auf das psychische Wohlbefinden legen und dann mit einer guten Mischung aus Intuition, Hineinfühlen und lebenspraktischem Nachdenken ein bis maximal zwei Therapieformen für sich auswählen!

Weitere Kurzinformationen

Padma 28 sollte auf jeden Fall ebenfalls Erwähnung hier finden. Egal ob bei Krebs oder bei »Ameisenlaufen« (wenn es in den Armen kribbelt beispielsweise, ausgelöst ist so etwas häufig durch verstopfte Blutbahnen, was natürlich sehr gefährlich werden kann), es ist sicher in vielen Fällen einen echten Versuch wert. Padma 28 ist ein reines Kräutermittel aus der tibetischen Medizin, und die Zahl seiner Anhänger und der von teilweise auch schweren Krankheiten Geheilten ist groß.

Es gibt sogar ein Video über Padma und die tibetische Medizin. Man bekommt das Mittel bisher auch hier in Deutschland über jede Apotheke rezeptfrei. Schließlich besteht es nur aus Kräutern und nichts anderem. Das Geheimnis liegt in der Kombination und nicht in den einzelnen Inhaltsstoffen.

Das Video ist sehr zu empfehlen und zu beziehen bei:

Arthaus Video, Schwere-Reiter-Str. 35/Haus 14,
80797 München, 089-85850303 oder
unter Arthaus@zmd-direkt.de
Informationsstelle für tibetische Medizin,
Postfach, 73119 Zell u. A., Fax: 07164-14419

Traditionelle Chinesische Medizin und Tao Yoga

Wenn der Begründer einer Therapieform diese selbst täglich anwendet und dabei vor Gesundheit nur so strotzt, dann weiß er offenbar, wovon er spricht. Mantak Chia ist so ein Therapeut. Er ist Thailänder, hat bereits viele Bücher geschrieben und hat ein Heilungs- und Erholungszentrum in Thailand gegründet.

Wer dorthin reist, bekommt als Erstes ein chinesisches Geburtshoroskop erstellt, aufgrund dessen seine Grunddispositionen festgestellt und ausgewertet werden. Der Tao-Garden beschäftigt außerdem Ärzte, die nach Traditioneller Chinesischer Medizin, ähnlich der ayurvedischen Medizin, mittels Puls und Zunge Diagnosen erstellen können.

Dann kann man an diversen Stressabbau- oder Wohlfühlprogrammen mit Massagen, Kursen mit Mantak Chia zur Lenkung und Stabilisierung der Lebenskraft teilnehmen und vieles, vieles mehr.

Reinschauen lohnt sich unter www.universal-tao.com, www.tao-garden.com oder www.taohealthresort.com.

Die Telefonnummer in Thailand (es wird englisch gesprochen): 0066-53-495-596 oder 0066-53-865-034.

Mantak Chia hält auch regelmäßig Seminare in Deutschland ab (mit denen er den weiteren Ausbau seines thailändischen Zentrums finanziert). Die Termine findet man auf der Homepage.

Eine Meditationstechnik zur Selbstheilung

Ishaya's Ascension ist eine uralte traditionsreiche Meditationstechnik, die die Mönche Ishaya's seit Jahrtausenden mal wieder geheim hielten. Aber auch diese Mönche (wie u.a. die Shaolin-Mönche auch) sehen das

Besondere an unserer Zeit und haben das Wissen freigegeben.

Ishaya's Ascension ist schnell (in zwei Tagen) zu erlernen, günstig und dennoch effektiv. Man meditiert über verschiedene einfache Sätze, die auf einer tiefen seelischen Ebene berühren und heilend wirken.

Die Basis bilden dabei die Lobestechnik, die Dankestechnik, die Liebestechnik und die Erkenntnistechnik in der Meditation. Alle vier heilen unsere Beziehung zu uns selbst, zur Umwelt und zum Leben allgemein.

Weitere Infos unter www.ishaya.com. Am besten per Mail anfragen, ob es gerade auch Kurse in Deutschland gibt.

Familienaufstellungen in bekannter und neuer Fassung

In den fünfziger Jahren gab es eine Studie mit Harvard-Studenten, die man über ihre Beziehungen zu ihren Eltern gefragt hatte. Fünfunddreißig Jahre später wurde in einer weiteren Studie der Gesundheitszustand dieser Studenten betrachtet. Es stellte sich heraus, dass unter den Studenten, die weder das Verhältnis zur Mutter noch das zum Vater als sehr warmherzig beschrieben hatten, alle (also 100 Prozent) in mittleren Jahren ernsthaft erkrankt waren. Von den Studenten, die sowohl das Verhältnis zum Vater als auch das zur Mutter als sehr warmherzig beschrieben hatten, waren nur 47 Prozent ernsthaft erkrankt. Diejenigen, die nur einen Elternteil als warmherzig empfunden hatten, lagen prozentual dazwischen.

Ein guter Grund, gute Familienbeziehungen zu pflegen. Was aber, wenn man »Horroreltern« hat oder schon alle verstorben sind? Selbst dann kann man zumindest sich selbst heilen. Beispielsweise durch Familienaufstellungen (oder durch Ishaya's Ascension oder Hsin Tao – beides hier im Buch erwähnt – oder durch eine ganz andere persönliche Kombination, es führen immer viele Wege nach Rom!).

Da ich in »Der kosmische Bestellservice« schon so ausführlich über Familienaufstellungen geschrieben habe, spare ich mir hier Wiederholungen.

Normalerweise stellt man bei dieser Methode zur Heilung aller Familienbeziehungen Personen aus der Gruppe anstelle der Familienmitglieder nach Gefühl irgendwo im Raum auf. Wenn man z.B. keine gute Beziehung zur Mutter hatte, stellt man sie vermutlich weit weg von sich selbst auf. Die aufgestellten Personen berichten dann, wie sie sich dort fühlen, wo sie stehen, und wo sie stattdessen vielleicht gerne stehen würden.

Man bastelt dann so lange an dem Bild und an dem, was jede aufgestellte Person braucht, bis alles harmonisch ist und alle sich wohl fühlen.

In dem Buch »Sai Baba spricht über Psychotherapie« wird unter anderem auf diese Technik eingegangen und darauf, dass eigentlich immer etwas fehlt, wenn man nicht die Urkraft, Gott, die All-Einheit mit aufstellt!

Sai Baba schlägt vor, dass man eine eigene Aufstellung macht mit: Sich selbst – Gott – Erfolg – Glück – Reichtum – Misserfolg – Unglück – Armut – Gesundheit – und Ähnlichem.

Diese Technik hat (auch in der Original-Familienform) eine enorme transformatorische Kraft. Und wie alles, was kraftvoll ist, kann sie auch gefährlich sein, wenn man an Therapeuten gerät, die der Kraft, die sie da entfesseln, nicht gewachsen sind. Sorgfältige Auswahl des Therapeuten ist daher dringend anzuraten. Wenn man sich hinterher nicht harmonischer, sondern aufgewühlter fühlt, sollte man sich eine gute Nachbetreuung suchen. Eigentlich ist das aber nicht der Sinn der Sache und sollte nicht passieren. Die Realität lehrt aber, dass es gelegentlich eben doch vorkommt, und das liegt dann an der Auswahl eines ungeeigneten Therapeuten.

Im Buchhandel findet man viele Bücher zu Familienaufstellungen und auch einige Videos. Wobei ich die Auffassungen einiger Autoren nicht so ganz teile. Das Grundsystem ist genial, aber bei der Umsetzung kommt es auf den einzelnen Therapeuten an.

Geistiges Heilen im Internet

Das wohl umfangreichste Informationsangebot über Geistiges Heilen, das im deutschsprachigen Internet zurzeit zu finden ist, hat der Publizist Dr. Harald Wiesendanger auf seiner Website www.psi-infos.de zusammengestellt. Der Philosoph und Psychologe, Autor von sechs Sachbüchern zu diesem Thema und Mitorganisator der Basler »Weltkongresse für Geistiges Heilen«, bietet hier eine Fülle von einführenden Überblicken, Hintergrundberichten, Nachrichten, kritischen Kommentaren, Interviews, Literaturhinweisen, Tipps und Warnungen für Hilfesuchende.

Eine Datenbank belegt an über tausend Fallbeispielen zu 400 verschiedenen Diagnosen, wie wirksam Geistiges Heilen sein kann. Mehrere Online-Umfragen erfassen Erfahrungen und Einstellungen von Besuchern. Die Ergebnisse von zwei Dutzend Forschungsprojekten zum Geistigen Heilen, an denen Wiesendanger beteiligt war, werden vorgestellt.

Die Rückkehr der Alchemie mit Ei-Öl

Das alchemistisch hergestellte Ei-Öl (darüber habe ich schon in »Nutze die täglichen Wunder« berichtet, ich spare mir daher Details) des Frankfurter Arztes

Dr. Nawrocki wirkt bei mir persönlich und in der Familie schon seit Jahren seine kleinen und großen Wunder: Bei Wundheilung, juckenden Mückenstichen, Entzündungen, Herpes wirkt es schneller als alles, was mir bekannt ist (allenfalls bei Mückenstichen hilft Spitzwegerichsaft noch ein bisschen besser, wenn er frisch mit den Fingern aus dem Blatt geribbelt ist).

Die vielen Forschungen der letzten Jahre haben dies bestätigt:

- Ei-Öl fördert die Wundheilung. Es aktiviert die Mikrozirkulation, die Durchblutung der kleinsten und feinsten Blutgefäße.
- Ei-Öl verhindert die Wucherung von Narbengewebe.
- Im Reagenzglas, in vitro, konnte auch eine Wirkung gegen krankmachende Keime gefunden werden.
- Ei-Öl unterstützt aber auch die Immunabwehr in Magen, Darm und in der Haut. Es kann Entzündungen in diesem Bereich vorbeugen oder sie schneller ausheilen.

Lange Zeit gab es nur die Ei-Öl-Kosmetik-Creme mit dem Namen Crème du ciel (ca. 77,– Euro eine Dose). Seit einiger Zeit gibt es auch eine Bodylotion und Zahncreme dazu.

Und in naher Zukunft soll es Kapseln mit Ei-Öl geben und eine »Crème du ciel mystique« mit Wirkungen auf die Kundalinikraft und auf alte unverarbeitete Erinnerungen und Träume. Gesprächstherapien sind dann »out«. Wir cremen uns stattdessen mit der Mystikcreme die Fußsohlen ein. Wenn sie nur halb so gut ist wie das Basisprodukt, dann lohnt es sich auf jeden Fall. ☺

Näheres unter

www.Dr-Nawrocki.de
(dort unter »DuCIELProdukte« und unter: »Charismon«) oder unter:
http://www.manna-energy.com.
Telefon: 069-5601577 oder 030-8815159 oder 089-6413467.

Die Produkte sind unter PZN 3379431 auch in allen Apotheken erhältlich.

Vorsicht bei Magnetfeldmatten

Manche Firmen kriegen sich gar nicht ein vor Begeisterung beim Empfehlen der wunderbaren Wirkungen von Magnetfeldmatten. Ich habe dazu jedoch dringende Warnungen von zwei Stellen erhalten. Einmal von einem Physiker, der im Bereich athermischer elektromagnetischer Strahlung forscht und sagt, dass Magnetfelder eine schwere Belastung für den Organismus darstellen können, wenn das Feld nicht exakt die richtigen und verträglichen Frequenzen hat. Da die meisten Hersteller von Magnetfeldmatten so genau gar nicht ins Detail gehen, sei seiner Meinung nach vor den meisten auch eher zu warnen.

Zweitens führt das Holistic DiagCenter standardmäßig bei jedem Klienten Verträglichkeitstests mit Magnetfeldmatten durch und hat festgestellt, dass die Wirkung sehr unterschiedlich ausfällt. Bei manchen ist sie positiv, aber bei den meisten Menschen sei sie schwach bis sogar manchmal sehr stark negativ.

Negativ ist die Wirkung von Magnetfeldmatten vor allem bei elektrosmogsensiblen Menschen.

Last not least: Der Antistress-Fingermassage-Ring
Nicht nur ein netter kleiner Gag für 7,– Euro, sondern durchaus ernsthaft hilfreich ist dieser kleine Massagering aus rostfreiem Stahl mit Diamantbearbeitung und Silberimplantation. Wenn man ihn über die einzelnen Finger stülpt und auf und ab rollt, massiert und harmonisiert er die Meridiane. Damit bringt er den ganzen Körper wieder mehr ins Gleichgewicht.

Wer beispielsweise bei einer Autofahrt müde wird, kann kurz anhalten und über alle Finger rollen. Das aktiviert den Kreislauf wieder und macht wacher.

Das russische Erfinderteam mit seinen Ärzten ist überzeugt, dass man außerdem Lungenkrankheiten lindern kann, Darmfunktionen regulieren, den Blutdruck normalisieren, das Gedächtnis verbessern, die Sexualität anregen und vieles mehr. Die moderne Neurophysiologie, so die Erfinder, bestätige, dass die Hand einzigartige Verbindungen mit dem ganzen Gehirn habe, in dem alle inneren Organe projiziert sind, sodass man über diese ausgeklügelte feine Massage eine leichte Stimulation bewirken kann.

Zu beziehen über www.bioringe.de.

Quellen und Adressen

Einige Adressen befinden sich direkt im betreffenden Kapitel, aber die meisten sind hier zu finden.

Der Stand der aufgeführten Adressen ist von 2006. Wenn sich einzelne Anschriften ändern und ich darüber informiert werde, gebe ich diese Änderungen auf meiner Homepage bekannt: www.baerbelmohr.de – dort unter »Fragen & Co.« und dann unter Adressänderungen zu Büchern und Videos. Wenn ich Neuigkeiten auf dem Gesunderhaltungsmarkt entdecke, die ich für gut befinde, dann kommen Artikel darüber ebenfalls auf meine Homepage unter »Magazin« und dort unter »Neue Dimensionen der Heilung«.

http://www.verzeichnis-alternativmedizin.de/ ist ein Verzeichnis im Internet, in dem man fast alles finden kann, was es an Alternativmedizin gibt.

Kapitel Heilweisen der Indianer Mexikos

Kontakt für außergewöhnliche völkerkundliche Reisen und Naturtherapie:

Holger Kalweit,
Grünwalder Straße 30, 79853 Lenzkirch-Kappel,
Tel. und Fax: 07653-9458 und
Institut für Ethnomedizin,
Melusinenstr. 1, 81671 München
Tel. und Fax: 089-40908129,
E-Mail: ethnomedizin@web.de
www.institut-ethnomed.de

Das Institut für Ethnomedizin e.V. ist ein Netzwerk von über 7000 internationalen Wissenschaftlern, Forschern, Praktizierenden, Vereinigungen, Interessenten, traditionellen Heilern und Schamanen sowie über 100 ehrenamtlichen Mitarbeitern.

Kapitel Richtige Schwingung

Buchtipp:
»Die revolutionäre Therapie: Heilen mit Liebe« von Dean Ornish

Healers Who Share, David Alan Slater
Infos in Deutschland bei Doris Schneider,

Tel.: 09741-932350, Fax: 09741-932355,
Internet: www.healerswhoshare.com

Kapitel Selbstgebastelte Medizin vom Feinsten

www.gudjons.de Hier bekommt man uninformierte Globuli, um sich seine eigenen Schwingungsheilmittel herzustellen.

Kapitel Prana-Heilung

90 Minuten Prana-Heilung inklusive Beratung kosten 150,– € bei Angelika Hanke (die erste Sitzung dauert allerdings länger und kostet 225,–). Sie ist meine persönliche Prana-Heilerin, bei der ich die beschriebenen Erfolge hatte. Und ich führe ihre Erfolge darauf zurück, dass sie nicht nur mit Prana arbeitet, sondern in Gesprächen Ursachen angeht und mit dem Kunden gemeinsam Lösungen erarbeitet.

Sie wohnt in München und hat die Telefonnummer 089-43909686, mobil 0172-8888669

Unter www.prana-heilung.de findet man weitere Therapeuten im Internet. Die Preise und Qualitäten variieren jedoch wie überall im Leben. Man muss selbst herausfinden, wo man gut aufgehoben ist. Vorträge halten in vielen Städten sowohl Meister Choa Kok Sui als auch sein Schüler Sai Cholleti. Bei ihren Vorträgen kann man viel über Prana-Heilung erfahren.

Kapitel Reinkarnationssitzungen & Co.

Im Raum Frankfurt ist sehr zu empfehlen

Dr. Werner Ch. Nawrocki,
Landvogtstr. 4, 60320 Frankfurt am Main,
Tel.: 069-5601089 Fax: 069-5604158,
E-Mail: star@Dr-Nawrocki.de,
www.Dr-Nawrocki.de

Die »Turbomethode« kann man mit spirituell und kinesiologisch arbeitenden Therapeuten absprechen und fragen, ob sie sie durchführen. Sie sollten allerdings auch die entstehenden Energien erkennen und transformieren können, ansonsten kommt nur »Larifari« dabei heraus.

Kapitel Selbstheilung mit Wasser

»Wasser – die gesunde Lösung«, ein Umlernbuch von F. Batmanghelidj mit vielen Fallbeispielen und anschaulichen Erklärungen. ISBN 3-924077-83-5.

»Die Botschaft des Wassers«, »Wasserkristalle« und »Die Antwort des Wassers« von Dr. Masaru Emoto.

www.hado.net und
http://www.thank-water.net/english/index.htm

Kapitel Ätherische Öle

Bezugsadressen:
Die Gary-Young-Öle sind nur erhältlich in den USA direkt bei:

http//www.youngliving.us

Für die »europäischen« Öle:

Prof. Dr. Dietrich Wabner
Ätherische Öle, Rosenwasser, Parfumöle, Körper-, Badeöle und Schädlingsbekämpfungsöle von
WADI GmbH, Danzigerstr. 62, 85748 Garching
Tel.: 089-28913098, Fax: 089-28914599
Prof.wabner@EtherischeOele.de
www.EtherischeOele.de
oder
www.primavera-life.de

Literatur:
»Wie Körpergeruch die Partnerwahl beeinflußt« von Wolfgang Ruppert, Institut für Didaktik der Biologie, Joh. W. Goethe-Universität, Frankfurt a. M.

»Körperdüfte. Erotische Geruchserinnerungen« von Ingelore Ebberfeld

»Botenstoffe der Liebe. Über das innige Verhältnis von Geruch und Sexualität« von Ingelore Ebberfeld, Campus Fachbuch (1999)

Info am Rande:
Manche Hersteller und Vertreiber schreiben »etherische Öle« statt dem üblichen Begriff »ätherische Öle«. Das liegt daran, dass sie Wert darauf legen, dass man erkennt, dass sie den Begriff chemisch meinen. In der Chemie bedeutet Ether Lösungsmittel. Man kann zwar auch diesen Ether mit »Ä« schreiben, dann ist aber unklar, ob der feinstoffliche, himmlische Äther oder der chemische Äther gemeint ist.

Andere Hersteller betonen lieber die himmlische, sanfte Wirkungsweise ihrer Öle und schreiben daher »ätherische Öle«.

Kapitel Ayurveda

Internet:
www.ayurveda-produkte.de,
www.vedic-health.com (für die Vibrationstherapie)

Buchempfehlungen:
»Aufbruch zur Stille: Eine leise Medizin für eine laute Zeit« von Dr. med. Ulrich Bauhofer; »Ayurveda Kursbuch für Mutter und Kind« von Dr. Karin Pirc

Klinik:

Maharishi Ayur-Veda
Gesundheits- und Seminarzentrum
Am Robert-Kampe-Sprudel, 53130 Bad Ems,
Tel.: 02603-94070

Weitere Adressen auch von TM-Lehrinstituten bei:

Samhita, Gesellschaft zur Förderung von Maharishis
Vedischer Wissenschaft in Deutschland mbH,
49143 Bissendorf
Tel.: 05402-8559 und 8483

Kapitel Entsäuerung

Die Orgon-Entsäuerungskur-Produkte können entweder bestellt werden bei:

Dr. Jutta Schreiber,
Kaiserstr.10, 85579 Neubiberg
Tel.: 089-6888858, Fax 089-6888859

oder erfragt die Vertriebsadressen bei:

Firma Orgon,
Dülmener Str. 33, 48163 Münster,
Tel.: 02536-33100

Die Produkte werden ausschließlich von Ärzten und Heilpraktikern vertrieben.

Kapitel Parasiten und Umweltgifte

Buchtipp:

Dr. Hulda Regehr Clark »Heilung ist möglich«

Dies kann als das Basiswerk von Dr. Hulda Clark zum Thema Parasiten angesehen werden. Hinten im Buch stehen zudem weitere Bezugsadressen für ihre Kurmittel, Infostellen für Therapeuten etc.

Bestelladresse:

www.drclark.de
Dr. Clark-Zentrum,
Bilstrasse 12, CH-3053 Münchenbuchsee
Telefon in der Schweiz: 031-8683131,
Fax: 031-8683132

Alle Produkte, Kuren, Zapper, Bücher, Videos, Erfolgsberichte, etc.

Adressenlisten für Clark-Therapeuten gibt es z. B. beim

Naturheilverein »Hilfe zur Selbsthilfe« e.V.,
Postfach 1238, 65302 Bad Schwalbach,
Tel.: 06128-41097

Weitere Buchtipps:

»Parasiten – nein danke!« von Anita Hessmann-Kosaris; »Parasiten. Die verborgene Ursache vieler Erkrankungen« von Alan Baklayan

Kapitel Die Gesundheit sitzt im Darm

Die Nicht-Koch-Kurse hält Urs Hochstrasser ab.

Urs Hochstrasser,
School of Life, CH-5606 Dintikon

0041/5662402 02,
urshochstrasser@hotmail.com

Bücher zum Thema Rohkost, u.a. von Urs Hochstrasser bekommt man z. B. bei

Puravita-Versand, Tel.: 08143-959501
E-Mail: naturwaren@puravita.de

Näheres über die ausgewogene Ernährung mit Rohkost findet man neben vielen anderen Autoren in den Büchern von Norman Walker (siehe z. B. bei www.amazon.de) oder von Urs Hochstrasser.

Die Sonnenkost-Diät von David Wolfe
Siehe auch www.rawfood.com

Die leckersten Rezepte, auch mit Nahrungsmitteltrockner-Rezepten gibt es in dem Buch: »Leben mit Green Life – Eine Rohkost-Rezeptsammlung für Feinschmecker« von Elysa Markowitz

Zwei Rohkostmagazine mit vielen Kontaktadressen:

Wandmaker aktuell,
Tel.: 04838-78047,
Fax: 04834-7435
Natürlich Leben,
Tel.: 02452-22678

Zuckerersatz Stevia: Bezugsquellen findet man unter dem Suchbegriff »Stevia« im Web. Leider wechseln sie dauernd, weshalb Adressangaben nicht lohnen.

(Dass Süßstoff kein geeigneter Ersatz ist, kann man

nachlesen bei: »Wasser – die gesunde Lösung«, ein Umlernbuch von F. Batmanghelidj.)

Buchtipp:
»Zucker – der süße Verführer« Franz Binder und Josef Wahler

www.freestevia.de Hier gibt es umfassende Informationen über Stevia und viele Bezugsadressen.

Per Versand bekommt man es beispielsweise bei Steviasol, Information darüber unter:

www.barbara-simonsohn.de/das-authentische-reiki/adressen.htm

EVIVA ist ein Versand für Trockenfrüchte und Nahrungsmittelergänzungsprodukte:

Erwin Kaussner,
Tel.: 08662-669995,
http://EVIVA.org

ORKOS ist der biologische Obst- und Gemüseversand für echte Gourmets, leider sind auch die Preise manchmal für Gourmets. Wer aber einmal den Geschmack von Papayas, Mangos, den vielen Bananensorten, Kirschen oder anderen Produkten von Orkos getestet hat und an seinen letzten Urlaub auf irgendeiner Sonneninsel erinnert wurde, der kann meist nicht umhin und bestellt doch ab und zu dort:

Orkos free call: 0800-9998881,
Tel. Internat.: 0033-164602121
Fax: 0800 9998882,

order@orkos.com
(Kataloge werden per Mail oder Post versandt, je nach Wunsch)

Life Plus in England bietet exzellente Nahrungsergänzungsmittel und Mittel für eine gesunde Darmflora.

Telefon für Anrufer aus Deutschland:
0044-1480-224620,
E-Mail: sales@lifeplus-europe.com
Internet: www.lifeplus.com

Die Ernährung nach 5 Elementen gibt es von zwei Autoren und die beiden Lehren unterscheiden sich auch in wesentlichen Bereichen. Man sieht mal wieder, dass nicht eine Lehre die einzig wahre ist, sondern dass unterschiedliche Systeme in sich harmonisch und stimmig sein können.

1) »Ernährung nach den 5 Elementen« von Barbara Temelie (für Fleischesser geeignet)

2) »Abenteuer Gesundheit« von Jörg Krebber heißt das Buch über eine 5-Elemente-Ernährung für Vegetarier. Jörg selbst rettete sich vor über 30 Jahren damit das Leben und seitdem auch vielen anderen. Zu beziehen beim Wu-Wei-Verlag in Schondorf am Ammersee und über die Homepage www.wu-wei-verlag.de. Nähere Infos über Jörg Krebber, Vorträge und Seminare auf seiner Homepage www.5elements-4you.com

Nahrungsergänzungsmittel

Das Video »Der Kampf um die Gesundheit«, das unter anderem natürliche Lösungen zur Krebsproblematik anbietet, ist erhältlich bei:

www.credence.org oder
E-Mail: bodyconservation@aol.com
Tel.: 0049-(0)89-17095483.

Diverse weiterführende Bücher zu Nahrungsergänzungen:

- »Die Ernährungslüge« von Hans-Ulrich Grimm
- »Die pH-Formel für das Säure-Basen-Gleichgewicht« von Robert O. Young und Shelley Redford Young
- »An vollen Töpfen verhungern« von Hans-Günter Berner

Nahrungsergänzungen gibt es u.a. hier:
Grundsätzlich sollten die Produkte weder Zucker noch Alkohol enthalten und möglichst auch keine Mikroalgen oder Pilze (Speisepilze) noch deren Sporen. Auch Hefen sind abzulehnen. Damit kann man dann die meisten am Markt erhältlichen Produkte bereits wieder aussortieren.

Möglicherweise ist es sowieso sinnvoll, Kuren mit verschiedenen Mitteln durchzuführen und dann zu entscheiden, was einem am besten bekommt und was die größten Erfolge bringt. Jeder Körper ist anders. Der goldene Mittelweg ist sicherlich trotzdem auch hier richtig und »alles auf einmal einzuwerfen« oder ständig hin- und herzuwechseln verwirrt unseren Körper sicher auch. Gemäßigte Testkuren sind das, was ich meine.

Beraterin der Firma Neways und für Nahrungsergänzungen allgemein zuständig ist unter anderem

Claudia Wedekind
Leutstettener Straße 28, 82319 Starnberg

Tel.: 0 81 51-66 61 13
Fax: 0 81 51-6 665 80
E-Mail: licht@lebensquelle-hahn.de

Auf der Homepage www.niedermaier-pharma.de oder unter 0 89-66 07 97-0 findet man interessante Infos über das sogenannte Rechtsregulat. Das ist ein Nahrungsergänzungsprodukt, bei dem durch die patentierte Kaskadenfermentation eine Fülle von Enzymen in besonderer Weise aufgeschlossen werden. Bestes Resultat im Bekanntenkreis: Erste Besserung verschiedener Symptome innerhalb von wenigen Stunden. Näheres, inklusive vieler Fallbeispiele, auch in der Info-Broschüre zu Rechtsregulat, das von 3 Heilpraktikerinnen und 2 Ärzten gemeinschaftlich entwickelt wurde. Das Mittel ist übrigens auch über jede Apotheke zu beziehen und kostet € 39 (reicht für etwa einen Monat).

Es gibt noch mehr Interessantes, aber leider ist auch nicht alles in Deutschland erhältlich. Wenn ich von interessanten Neuerungen erfahre oder weitere gute Produkte auch in Deutschland erhältlich werden, wird es Berichte dazu im kostenlosen Update zu diesem Buch auf meiner Homepage www.baerbelmohr.de (dort im Magazin unter »kostenloses Update«) geben.

Kapitel Zähne

Literatur:

»Zähne natürlich gesund erhalten. Sanfte Heilung durch biologische Zahnheilkunde« von Dietrich Volkmer

Englischsprachiges Script von Dr. Dietrich Klinghardt Dental Information – Compilation of work published by other researchers. Dieses Script enthält eine Übersicht über die NICO-Aktivitäten (Neuralgia-Inducing Cavitational Osteonecrosis) in den 90er Jahren mit umfangreichen Literaturhinweisen zum Kiefer-/Zahnbereich. Ein Artikel von Dr. Boyd Haley beschreibt das Testen von Giften und die Vorgehensweise bei toten Zähnen. Weiterhin wird die Amalgamfrage diskutiert mit Hinweis auf die verschiedensten Studien. Ebenso gibt es eine Liste internationaler Selbsthilfegruppen in diesem Bereich. Eine Studie über DMSA sowie ein Artikel über Mundhygiene runden das Script ab. Art.-Nr.: 92, € 24,55 zu beziehen bei:

Institut für Neurobiologie nach
Dr. Klinghardt GmbH
Magirusstraße 21 b, 70469 Stuttgart-Feuerbach
Tel.: 0711-80 60 87-0,
Fax: 0711-80 60 87-13
Markus Fußer, »Ruinöse Zahnwerkstoffe«
Nur direkt zu beziehen bei:
Atemraum Verlag
Neckarstr. 14, 76199 Karlsruhe,
Tel.: 0721-9892140
www.atemraum.de,
E-Mail: bestellen@atemraum.de

Zahnärzte:
Dr. Jutta Schreiber,
Kaiserstr. 10, 85579 Neubiberg
Tel.: 089-6 88 88 58, Fax 089-6 88 88 59

Friedrich Ochsenreither war ein Heilpraktiker, der sehr akribisch alle Materialien getestet hat und der auch sehr gründlich entgiftet hat (erst alles Störende raus, dann fast ein Jahr lang entgiften, dann testen, wer was verträgt und erst dann neu versorgen). Er arbeitete mit langzeitpolymerisierten Kunststoffen und Prothesen ohne Lötstellen etc. Es gibt Vorträge und Fortbildungen in Materialkunde nach Ochsenreither. Infos bitte im Internet nachsehen. Wobei ich persönlich davon überzeugt bin, dass vieles von dem, was er gemacht hat, sinnvoll und wertvoll ist und dass man als Zahnarzt viel von seinen Ausbildungen lernen kann, von allem bin ich jedoch leider nicht zu begeistern. Mir scheint es sinnvoller dem Zahnerhalt die Priorität zu geben, was er so nicht sah. Genau deswegen gibt es aber viele Zahnärzte, die Teile von Ochsenreither in ihre Praxisarbeit integrieren, ohne jedoch alles zu übernehmen.

Dr. Jörg Christian Heidemann,
Hermann-Müller-Str. 11, 38315 Schladen,
Tel.: 05335-90666,
Fax: -90668

Dr. med. dent. Christoph Herrmann,
Franz-Knauff-Str. 2-4, 69115 Heidelberg,
Tel.: 06221-905370,
Fax: 06221-9053777
bildet aus in ganzheitlicher Kieferorthopädie und der Verwendung von Crozat und Bionator.

GKO –
Gesellschaft für Ganzheitliche Kieferorthopädie
Von-Groote-Str. 30, D-50968 Köln,
Tel.: 0221-3406135
Fax: 0221-3406137,
vermittelt Anschriften von weiteren ganzheitlichen Kieferorthopäden.

GZM – Internationale Gesellschaft für
Ganzheitliche Zahn-Medizin e.V.,
Seckenheimer Hauptstraße 111, 68239 Mannheim
Tel.: 0621-476400,
Fax: 0621-473949,
E-Mail: gzm@gzm.org
Internet: www.gzm.org
Hier kann man Adressen von weiteren ganzheitlich arbeitenden Zahnärzten bundesweit bekommen.

Last not least gibt es unter www.radiumforschung.com noch eine ganz andere Sicht, aus der fast alle, in der Zahnmedizin verwendeten Materialien entweder radioaktiv sind oder radioaktiv reagieren. Frau Schabitz, die Inhaberin dieser Homepage, empfiehlt eigene Zahnärzte, die nur mit Materialien arbeiten, die ihrer Meinung nach nicht radioaktiv sind. Ich habe keine näheren Erfahrungen damit und erwähne es nur der Vollständigkeit halber. Leider muss ich die Leser und mich selbst hier wieder der eigenen Intuition und der eigenen Entscheidung überlassen ☺.

Kapitel Alternative Diagnosemethoden

Mit dem RAC und Polarisationsfilter arbeitet Sybille Schraml in München, Tel. 089-33089158 (oder 0173-9540543). Sie testet sowohl Allergien aus als auch allgemein Verträglichkeiten und was immer dem Klienten so einfällt, was er auf Wirkung und Verträglichkeit getestet haben möchte (die Tests zur Wirksamkeit von Handyentstörungen habe ich mit ihr gemeinsam durchgeführt).

In Frankfurt arbeitet mit dem RAC (ohne Polfilter):

Dr. Werner Ch. Nawrocki,
Landvogtstr. 4, 60320 Frankfurt am Main
Tel.: 069-5601089,
Fax: 069-5604158,
E-Mail: star@Dr-Nawrocki.de,
www.Dr-Nawrocki.de

In der Anwendung des RAC ausbilden kann die Deutsche Gesellschaft für Akupunktur, Frank Bahr in München.

Pulsdiagnose
Therapeuten, die damit arbeiten, kann man erfragen bei:

Gesellschaft zur Förderung von Maharishis
Vedischer Wissenschaft in Deutschland mbH,
49143 Bissendorf
Tel.: 05402-8559 und -8483

Oder bei Ärzten und Heilpraktikern, die mit der Traditionellen Chinesischen Medizin arbeiten (TCM).

Im Tao Health Resort in Thailand wird ebenfalls mit der Puls- und Zungendiagnose gearbeitet:

www.universal-tao.com,
www.tao-garden.com oder
www.taohealthresort.com
Die Telefonnummer in Thailand (es wird englisch gesprochen): 0066-53-495-596 oder
0066-53-865-034.

Das Gerät Quantec hat u.a. Dr. Nawrocki, siehe zwei Absätze weiter oben.

Ansonsten gibt Auskünfte über Anwender und Therapeuten (über 500 mittlerweile) die Firma m-tec, die das Gerät Quantec herstellt.

m-tec,
Marxnweg 4, 82054 Altkirchen,
Tel.: 08104-629089
Internet: www.m-tec.ag,
E-Mail: info@m-tec.ag

Der Preis für eine Quantec-Software, inklusive Laptop und digitaler Kamera, beträgt zirka 10 200 Euro.

Dasselbe kostet auch das Programm zur instrumentellen Kinesiologie von derselben Firma.

Internet: www.instrumentelle-kinesiologie.de
E-Mail: kintec@m-tec.ag

Prognos
Mit dem Prognos-Gerät testet das Diagnosezentrum

Holistic DiagCenter,
Buchbichl 52, 83737 Irschenberg
Tel.: 0 80 25-28 10 42,
Fax: 0 80 25-28 10 45,
E-Mail: info@diagcenter.de

ACHTUNG:
Neuere und weiterentwickelte Geräte sind ebenfalls inzwischen im Einsatz. Leider habe ich zum Redaktionsschluss für die überarbeitete Auflage dieses Buches

(Sommer 2006) nicht geschafft, sie zu testen. Das wird aber noch passieren und die Ergebnisse werden auf meiner Homepage zu finden sein: www.baerbelmohr.de unter »Kostenloses Online-Magazin«, dort bei »Kostenloses Update zum Buch ›Neue Dimensionen der Heilung‹«.

Zur Kinesiologie kann das Buch »Emotionale Balance« von Dr. Roy Martina empfohlen werden.

Therapeuten sollte man mit großer Vorsicht suchen, da man »nix Gscheits« messen wird, wenn man sich innerlich nicht ganz leer machen kann und solange der Verstand noch mit reinbrabbelt.

Dr. Klinghardt, Entwickler der Psycho-Kinesiologie, arbeitet in den USA, gibt aber öfter Kurse in Deutschland. Informationen beim:

Institut für Angewandte Kinesiologie,
IAK GmbH
Eschbachstr. 5, 79199 Kirchzarten,
Tel.: 07661-98710,
Fax: 07661-987149,
www.iak-freiburg.de,
E-Mail: info@iak-freiburg.de

Grundsätzlich ist schwer zu sagen, ob ein Gerät oder ein Mensch besser testet. Das Gerät kann seine eigene Meinung nicht aus Versehen mit reinmischen, was ein Vorteil ist, dafür hat es auch keine eigene lebendige Intuition, was ein Nachteil ist.

Kapitel Sonstige Stolpersteine, Handy adieu

Die messbare Störung im Energiefeld des Menschen beim Telefonieren mit dem Handy auf null reduziert (nach RAC und Prognos) hat die Handy-Strahlenschutzpyramide aus dem Labor Monade für 99,– € zzgl. Versandkosten. Erhältlich per Versand bei:

Ramona Stoige,
Tel.: 03 72 06-57 90 80
stoa.r@web.de

Den Organo (90 Euro) und den Wasserenergetisierer gibt es bei:

Josef Bauer,
Cinderella GmbH
Wolfratshauser Str. 50–52
82067 Ebenhausen
Tel.: 0 81 78-49 31
E-Mail: creationoffice@aol.com
www.schuledeslebens.com

VORSICHT: Die Test-Messungen von mir wurden alle nur an wenigen Testpersonen durchgeführt und zeigen keine absoluten Werte an. Vor allem zeigt sich auch, dass unterschiedliche Personen unterschiedlich stark auf verschiedene Entstörgeräte reagieren. Bedauerlicherweise gibt es viele sensationell angekündigte Entstörer, die bei allen unseren Testpersonen nur sehr dürftige Ergebnisse gezeigt haben.

Wenn einem der Sinn danach steht, größer angelegte Studien zu machen, um Herstellerangaben zu überprüfen, muss man leider selbst aktiv werden.

Die Heilpraktikerin Sybille Schraml führt nach Absprache auch Testungen mit dem RAC wie beschrieben durch.

Tel.: 089-33089158

Kapitel Wie dringend möchte ich über Gesundheit nachdenken

Zentrum zur Dokumentation
für Naturheilverfahren e.V.
Virchowstraße 50, 45147 Essen,
Tel.: 0201-745551
Fax: 0201-702284,
www.zdn.de

Kapitel Schlussbetrachtungen

Zahnforschungsbuch von A. von Haller »Gefährdete Menschheit – Ursache und Verhütung von Degeneration«, ISBN 3-7773-1698-9, Hippokrates-Verlag

Kostenloses Update auf meiner Homepage

Wir leben in einer Zeit, in der, neben vielem anderen, ebenso die Naturheilkunde schnelle und sprunghafte Fortschritte macht und in der auch immer mehr vom Wissen alter Kulturen wieder bekannt wird. Ein Buch über natürliche Gesundheit kann daher immer nur Auszüge bieten, niemals vollständig und auch niemals fertig sein.

Für Interessierte biete ich daher auf meiner Homepage ein kostenloses Update zu diesem Buch an. Wann immer ich interessante Dinge zur Naturmedizin recherchiert und in Artikelform gebracht habe, wird es dort erscheinen. (Wobei ich einiges Neue bereits in die überarbeitete Fassung für die Taschenbuchausgabe bereits mitintegriert habe.)

Da ich schon jetzt mit Informationen überhäuft werde und unmöglich alles verarbeiten kann, habe ich ein spezielles System von Zeichen, die das Leben mir senden muss, bevor ich mich mit einem neuen Thema befasse. Bitte daher nicht ungefragt Berge von Material an den Verlag einsenden. Ich habe zwei kleine Kinder, befinde mich hauptberuflich im Kinderurlaub und kann unmöglich alles ansehen. Vielen Dank für das Verständnis und alles Gute auf eurem ganz persönlichen Gesundheitsweg.

www.baerbelmohr.de
Magazin
Neue Dimensionen der Heilung Update

Liste von Heilern:
www.baerbelmohr.de
auf der Startseite Link zu »Heiler & Co.«

Personenregister

Sachregister